鹈鹕丛书

A PELICAN BOOK

基本收入

Basic Income

[英] 盖伊·斯坦丁 著　　陈仪 译

上海文艺出版社

目录 | Contents

1 引言

7 第一章
基本收入的意义与历史起源

31 第二章
以基本收入实现社会正义

55 第三章
基本收入与自由

79 第四章
改善贫困、不平等与不安全

103 第五章
支持基本收入的经济理由

117 第六章
反对基本收入的标准意见

137 第七章

基本收入的财政负担能力问题

165 第八章

基本收入对工作与劳动的意义

195 第九章

基本收入的替代方案

227 第十章

基本收入与经济发展

257 第十一章

基本收入创议与试点计划

289 第十二章

政治挑战——如何从这里到那里

309 附录：如何实施基本收入试点计划

325 BIEN 相关机构清单

329 致谢

331 附注

引　言

至少从托马斯·莫尔（Thomas More）在1516年完成《乌托邦》（*Utopia*）后，很多思想家就常常不经意地提起“基本收入”（basic income）的概念。所谓基本收入是指社会上的每一个人都拥有领取一笔固定金额的收入的权利。某些人认为这个概念极端厚颜无耻，并因此敬而远之；某些人把它看成笑话一则，认为它是会威胁到人类文明的空想，不过，他们也认为这个威胁极不可能发生；某些人将这个概念藏在内心深处，认为是痴心妄想；某些人虽一开始对这个概念怀抱热情，但随后日益消减。总之，世人对这个概念的想法与反应一直都相当两极化。

直到20世纪80年代，才终于有人成立一个国际网络来促进以这个议题为中心的辩论。在一小群西欧经济学家、哲学家与其他社会科学家的奔走下，基本收入欧洲网络（Basic Income European Network，简称BIEN）终于在1986年9月正式成立，并于比利时的新鲁汶（Louvain-la-Neuve）集会。这个集会地点极具象征意义——有史以来率先阐述“社会以公共财源来支应基本收入”愿景的《乌托邦》一书，最初就是在鲁汶

(Louvain，即佛兰德语的 Leuven) 发表。我是这个网络的创始成员，它的名称也是我取的。BIEN 除了代表这个网络的缩写名称，以法语来说，它也代表“好”(well)，暗示我们相信基本收入将带来“幸福”(well-being)。

渐渐地，随着愈来愈多欧洲以外的人士加入，这个组织的名称似乎也到了该修改的时候了。2004 年，BIEN 中的“E”由原来的代表“European”，转为代表“Earth”(地球)。然而，直到这几年，无论是主流评论家、学术界人士或政治人物，都还是不怎么重视“应该将基本收入列为一种权利，对所有人发放”的理念。不过，这些圈子里有几个可敬的例外，包括法国前总理米歇尔·罗卡尔(Michel Rocard)，以及诺贝尔和平奖得主德斯蒙德·图图主教(Desmond Tutu)，他们都曾在 BIEN 大会上发表演说。到了 2007 年至 2008 年，全球金融崩溃威胁到世界经济，世人对基本收入的兴趣才明显上升，直至今日。

不过，请容我先感谢当年在它还不受重视时，所有不遗余力地通过 BIEN 的活动提倡相关理念的人，以及通过研究与写作来形塑相关思想并填补政策缺口的人。打从一开始，我们就力求在考量性别平等、种族平等以及打破自由与民主社会等限制的前提下，让各种不同政治色彩的人都有参与这个组织的机会。

事实上，自由至上主义者(libertarian)和更追求平等主义的人之间关系向来都有点紧张；而将基本收入视为某种“独立”政策的人和认为它隶属某种进步主义政治策略的人之间的紧张关系也从未彻底消除。不过，这种“百花齐放”的状态正是 BIEN 成功的关键，因为这样的氛围让我们得以发展必要的知识基础，并进而随着时机的日趋成熟，自信地宣告“这一理念的时代已经来临”。

基本收入在政治上迫在眉睫?

基本收入愈来愈受关注的原因之一是，一般人渐渐意识到，当前的经济与社会政策已导致不平等与不公正的情况严重恶化，并随时可能令社会分崩离析。随着全球化以惊人速度席卷整个世界、“新自由”经济学影响力扩大，以及科技革命促使劳动市场转型等，20 世纪的收入分配系统已经崩溃。而这个收入分配系统崩溃的结果之一，就是危产阶级（precariat）愈来愈庞大。所谓危产阶级是指面临不稳定且缺乏保障的劳动条件、缺乏职业认同、实质薪酬降低且起伏不定、失去津贴，与长期受慢性债务所苦的人，据估计，危产阶级的人数高达数百万。

在过去，国民收入流向“资本”和“劳动”的百分比大致上相当稳定，但这一旧秩序已不复存在。我们目前正处于第二个镀金时代（Second Gilded Age），愈来愈高比率的收入正流向少数“食利者”（rentiers），也就是纯粹靠着财产所有权——实体资产、金融资产与“智力”资产——的收益为生的人。无论是就道德或经济层面来说，这样的现象都不合理。而随着当前不平等的程度呈倍数增长，民怨当然也加速沸腾。社会上的忧虑、混乱、疏离和愤怒等情绪交杂，正酝酿成一场

“完美风暴”，而民粹主义政治人物也从中得到操弄恐惧的大好机会，他们顺势引诱民众支持诸多曾在第一个镀金时代后造成许多遗毒的危险主张。

除非我们能建构一套全新的收入分配系统，或至少在这个层面上跨出坚定的第一步，否则这个世界朝极右派倾斜的力量将会更加强大（已造成 2016 年英国脱欧公投的通过，以及特朗普的当选）。我敢说，基本收入作为一个更倾向平等主义与更解放的制度的支柱，已成为当今一项迫切的政治要务，而这也是我写这本书的理由之一。

关于本书

本书的目的是要引导读者了解支持与反对将基本收入列为一种权利（亦即对不分年龄、性别、婚姻状况、工作状况与工作经历的所有人发放现金或等价物）的论述。本书沿引了过去三十年间许多人的研究、主张和社会积极行动的成果，尤其是 BIEN 的成长轨迹——它的十六次国际大会（最近一次是 2016 年 7 月在首尔举办）与上百篇在这些大会上发表的研究报告等。我尽可能注明了参考来源，让有兴趣的读者能找到更详尽的资料，以便进行更深入的讨论。

然而，本书的主要目的是要介绍基本收入，并提供某种引导读者深思这个议题的指南。所以，接下来我会解释什么是基本收入，并讨论三个被用来证明基本收入有实施必要的主要观点——正义、自由与安全感，另外，我也会说明相关的经济基本理论。我还会讨论几个反对基本收入的意见，尤其是财政负担能力以及对劳动力供给的影响，另外，我也会探讨落实基本收入的实务挑战和政治挑战。

我希望本书能对政治人物、政策制定者和有时被某些自命不凡的人贬抑为“外行读者”的人有帮助。“对每个人发放基本收入”的诉求听起来很简单，但其实相关的议题很复杂，很多人常在缺乏证据与未深思熟虑的状况下，针对这个理念提出强烈的意见，所以，我迫切希望读者尽可能以开放的心胸来读这本书。

身为 BIEN 的创始成员暨该组织目前的荣誉联合主席之一，我当然是基本收入的坚定支持者。然而，我一直努力做到“持平而论”（好吧，假装是这样），好让读者能自行衡量各种不同的论述的合理性。我的真正目的是要鼓励大家展开没有偏见的对话（理当如此），不要老是各说各话。当然，要不要将这场对话推展为实际行动，则要看政治人物的决定。

要如何促使本来就倾向于支持基本收入的政治人物勇敢发声，为推动基本收入而努力？很多主要政治人物私下频频表示他们支持基本收入，只是不知如何“站出来”支持它；但这样的说法已让人们（包括我本人）愈来愈不耐烦。我希望本书提出的论述与近年的种种事件，能够让这些政治人物挺直腰杆，勇敢地站出来为基本收入发声。

第一章

CHAPTER I

基本收入的意义与历史起源

谁能出不由户？何莫由斯道也？

——孔子

首先我们必须定义什么是“基本收入”。虽然基本收入的定义众说纷纭、版本繁多（将在后面讨论），但我们可以将之界定为：定期（例如每个月）无条件向个人支付的一笔适当金额。通常它被称为全民基本收入（universal basic income，简称UBI），因为它的目标是要支付给所有人。然而，这个看似简单的定义却还是需要加以解析。

根本要点

“基本”是什么意思？

“基本”两字容易让人混淆，但就最低程度来说，它代表一笔能让某人在极端状态下，在他所属的社会中存活下来的金额。当然，这笔金额也可以高一些。然而，它的根本目的是要提供基本而非全面、充裕的经济安全感。毕竟社会无法给予所有人全面的安全感，那种程度的慷慨也不是世人所乐见。

判断基本安全感应该涵盖哪些要素是一项挑战，不过，直觉上它必须是容易理解的。如果一个社会提供的基本安全感是让所有人民皆能平等取得足够的食物与一个栖身之所、能获得学习的机会，以及能取得医疗照护，那么，这个社会就是一个“良好的社会”。另外，基本收入的多数倡议者相信，基本收入必须是一种无法随意撤销的“权利”。这个议题将在第三章进一步讨论。

有些人主张，基本收入必须足以确保“社会参与”。这样的定义似乎没有必要，而且太过笼统。不过，这个定义反映出一个值得称颂的愿望——根据托克维尔（Alexis de Tocqueville）的说法，那就是指所有公民都能拥有足够资源，并得以在平等的前提下在社会上立足。不过，一种较务实合理的立场是：基本收入的发放金额必须足够让人得以朝那个方向前进，换言之，我们应该把这个愿望当成长远目标，而非马上就要实现的成果。

那么，基本收入究竟应该要多高才够？有些倡议者认为，尽可能将基本收入设定在能持续支付的前提下的最高水平，而且最好是将它设在“贫困线以上”的水平。这是自由至上主义者的观点（将在第三章讨论），通常他们也主张一旦发放这种水平的基本收入，就能取代所有政府补贴与福利服务。

另外也有些人——包括我在内——认为基本收入一开始应该从低设定，接着再根据为了这个目的而设置的基金的规模以及国民收入水平的变化等逐步提高。然而，不管将基本收入设定在什么水平，它都不必然——也不应该——是一个摧毁福利国家（welfare state）的手段。

“全民”是什么意思？

在一个理想的世界，我们可能希望让每个人都拥有平等的基本收入保障。不过，这里的“全民”（universal）所代表的意义是，基本收入将对经常性居住在特定区域、省或国家的每一个人发放。严格来说，基本收入不会是某些人所指的一种“公民收入”（citizenship income），因为未居住在境内的公民没有资格领取。相反地，移入人口必须在成为法定居民（或者以外国人来说，取得永久居留权身份）一定期间过后，才得以领取基本收入。这些相关的资格设定属于政治事务，应该以民主手段来决定。

“对个人支付”是什么意思？

基本收入将发放给每一个独立的个人，无论他的婚姻、家庭（family）或家户（household）状况如何。所以，不管一个家户的组成是什么形态，都不会获得优惠或遭到歧视。另外，不同于根据“家庭状况”（family status）发放的补贴，基本收入不会假定同一家户内的收入会被自动分享，更别说平等分享，因为以实际情况来说，家庭收入通常不会被平等分享给每一个成员。

基本收入也应该是均一的，换言之，发给每一个成人的金额应相等，无论各人的环境如何。目前某些政府补贴是以家庭为单位来发放，这种政策是假设家庭内部存在规模经济，所以大家庭平均每个成员所获得的补贴金额比小家庭低。但基本收入就不做这种假设，所以能够避免非蓄意的歧视。

多数（但非全部）基本收入支持者也倡议对孩童发放较低的金额，而且通常指定应把孩童的基本收入交给母亲或母亲的代理人。很多人也提议应加发补助金额给退休人士、孱弱老人和伤残者，理由是这些人的生活成本较高，赚取额外收入的可能性也相对低。所以，所谓的“平等”可解释为基本生活水平的“平等”。

“无条件”是什么意思？

“政府应该无条件（unconditionally）发放基本收入”的这个重要主张有三个面向。首先，不设定收入条件，换言之，不进行财力调查。人们无需证明自己的收入是否低于特定金额，也无需证明低收入并非他们的“过错”或“责任”，因为那类调查其实比一般人所想象得更加武断且不公正。

第二个面向是，不设定支出条件；政府发放基本收入时，不会指示或限制领取人一定要把钱花在什么用途、什么时间花用，或如何花用。这让基本收入和实物补贴、补助金券或现金卡显得很不一样，因为实物补贴、补助金券和现金卡都只能花用在特定的项目，因而隐含温和专制主义（paternalistic，又称家长作风主义）倾向。相对地，基本收入允许人们自己决定要优先把钱花在什么用途。

第三个面向是，基本收入不会设定任何行为条件，它不会规定人们必须表现出什么特定的行为模式，例如要求人们接受一个就业机会或从事特定形态的职务，也不会要求人们为了获得领取基本收入的资格而甘愿去做那些事。以上三个面向就是基本收入的倡议者或批评者把基本收入通常称为“无条件”支付的意涵。

“定期”是什么意思？

基本收入每隔一段固定时间发放，通常建议每个月发放一次，不过，发放频率可以高一点，也可以低一点。重要的是，每次支付的金额接近，而且是自动发放，无需填写申请表格、排队领取等。可预期性（predictability）是基本安全感的关键要素之一，基本收入和其他多数形态的政府补贴不同，是事前就获得保证而且已知的。

另外，基本收入也是不可撤销的（non-withdrawable），换言之，基本收入必须类似其他基本权利（如自由权），除非经过正当的法律程序，否则不能剥夺。（某些基本收入倡议者提议应暂停发放基本收入给受刑人，不过，也有些人主张利用基本收入来支付监狱的维护成本、将基本收入发给受刑人的另一个家人，或甚至将受刑人的基本收入存起来，等到他出狱时再发给他，让他出狱后更容易重新融入社会。）另外，基本收入也必须是不可转偿还的（non-repayable），有些人称之为不可查封（non-foreclosable），用以说明基本收入不可因为领取人的未偿还债务而被扣押。总之，它必须是一种确保基本收入保障的经济权利。

提醒

因此，稳定且可预期的基本收入（风雨无阻）和最低收入保障（minimum income guarantee）是不同的，最低收入保障是将低收入者的收入拉高到某个特定的水平，通常需要进行复杂的财力调查。另外，基本收入也和负所得税（negative income tax）或税额抵减（tax credit）不同，因为这些福利会随着领取人收入的上升而被撤销。

然而，上述不同形式的福利或津贴经常被认作基本收入，的确，如果就“每个人都应该拥有某种基本收入保障”的概念来说，这些形式的福利和津贴与基本收入确实有着共同点。尽管本书所谓的“基本收入”是专指符合这一章一开始所定义的那种计划，但读者必须知道（而且必须小心），很多评论家经常会为上述各种多元的方法贴上“基本收入”的标签，其中某些人可能是有点恶意为之，但多数人常是因为不够了解这个主题所致。

基本收入与基本资本补助金的差异

我们必须厘清基本收入（定期发放，金额适中）和基本资本补助金（basic capital grants，单笔支付，金额较大）的差异。基本资本补助金的目的是要创造“立足点平等的资本主义”，它允许由市场驱动的不平等；相对地，基本收入的目的则是要创造“有收入维持底线（baseline income maintenance）的资本主义”。[1]

倡议发放基本资本补助金的人通常是设想对每一个年满特定年龄（如 21 岁）的人发放一笔一次性的款项。艾克曼（Bruce Ackerman）与艾斯托特（Anne Alstott）两位当代主要倡议者，称之为“利害关系人补助金”（stakeholder grant）[2]，而我则称之为“成年补助金”（coming-of-age grant，以下简称 COAG）。[3]

另一所谓“宝贝债券”（baby bond）的形式，是由英国的新工党政府提出——政府在每个孩童出生时，发放 250 英镑以上的补助金券给父母亲，让他们把这笔钱投资到一个待孩子满 18 岁时会支付相关款项的信托基金。但那个计划后来在第一批领取人都尚未成年时，就遭到 2010 年至 2015 年执政的联合政府废除，所以无从评估废除这项计划的决定究竟造成了什么影响。

对于一次性的资本补助金，最主要的批评是“意志力薄弱”效应。当你一次领到一大笔钱，尤其是在 18 岁或 21 岁那种年纪，你可能会禁不起诱惑，把这些钱拿去从事高风险投资，甚至可能直接把钱挥霍掉，到头来一分也不剩。另外还有时机的问题，因为某个年龄层的人可能在投资价值正在上升的阶段收到这笔补助金，某个年龄层的人则可能正好在投资机会短缺或甚至风险极高的阶段收到补助金。在某个时机，专家的建议（或是政府委任顾问的“怂恿”）有可能导致某个人承受很不好的后果，但如果换一个时间点，则可能对另一个人产生理想的结果。实际上，资本补助金造成了过大的不确定性。

在这种情况下，一旦领取这种一次性补助金的人基于某种理由而在事后陷入困境，当局就会很难拒绝再帮助他们。不过，这也将制造某种道德风险，因为如果补助金领取人预期一旦这笔补助金亏掉了，还会获得进一步的财务支持，那他们在做决定时就比较容易流于莽撞。相反地，以定期支付适度金额的方式发放的基本收入，就不会产生“鼓励过度承担风险”的后果，而且，这个方法还能产生额外的利益——让原本没有能力好好管理金钱的人有时间慢慢学习如何处理金钱。

基本收入的起源

最早提出“政府应该对所有公民发放一笔基本收入”概念的人，有可能是以下几位：首先，托马斯·莫尔爵士通过他在 1516 年以拉丁文发行的《乌托邦》（字面之意是“不存在之地”）一书提出的构想，被公认为史上第一份描绘基本收入社会的文献。

然而，也有人认为这个概念的起源可追溯到更早的伯里克利（Pericles）和厄菲阿尔特（Ephialtes），他们在公元前 461 年打败其他对手，成为古代雅典的“平民”（plebeians）领袖。事实上，厄菲阿尔特是史上第一个发起付费请公民提供陪审服务等相关民主改革的人。不过他不久后便被政治对手暗杀，于是由他的副手伯里克利接班。所以，虽然对基本收入来说可能不是个好兆头，我们还是可以说厄菲阿尔特是基本收入的真正发起人，或者至少他是“公民收入”版基本收入的发起人。

古希腊民主的精髓是，国家期待公民能参与城邦的政治事务。伯里克利创立了某种基本收入补助金，作为对花时间参与城邦事务的公民的一种奖励，而且，他的用意是希望让下层阶级（plebs）——也就是当时的危产阶级——也有机会参与国家事务。这项补助金没有针对实际的参与内容设定条件，所谓的参与被视为某种道德义务。遗憾的是，这个开明且思虑周到的民主制度——以基本收入来实现——在公元前 411 年被一场寡头政治支持者政变推翻。就这样，这条道路被阻断了非常久的时间。

接着，从划时代的《森林宪章》（*Charter of the Forest*）则可找到基本收入在中世纪的起源。《森林宪章》是公元 1217 年与《大宪章》（*Magna Carta*）同步发表（虽然公元 1215 年 6 月的原始《自由宪章》［*Charter of Liberties*］常被指为《大宪章》，但其实一直到《自由宪章》的某些条款于 1217 年被转移到《森林宪章》，并在当中得到详细阐述后，缩减后的《自由宪章》才被改称《大宪章》）。《森林宪章》声明一般人的维生权利以及当时所谓的“estovars”——在公有地的维生手段。13 世纪时，每个教会都被要求每年必须对信众朗读这个宪章四次。修正后《大宪章》所增补的重大要点之一是，它让寡妇有权利获得“合理的公有地维生手段”；每一位寡妇都有权获得基本收入，这种基本收入是以从公有地获取食物、燃料与居家耗材等的权利体现。

然而，历史上最先详细描绘设置基本收入的社会图景的人还是托马斯·莫尔。根据他的观点，若要减少窃盗的发生，基本收入的效果比绞刑（当时常用的惩罚手段）更好，这是一个非常新颖的辩护方式，现代也有不少人提出类似的观点。[4]他书中的一个人物说：

> 如果偷窃是取得食物的唯一渠道，那么世界上没有任何一种刑罚能够阻止人民偷窃……与其处以这些骇人的惩罚，对每一个人提供一些谋生手段会更有意义，这么一来，就没有人必须走上如此可怕的必由之路——先是成为小偷，然后被处死。

十年后，一名西班牙—佛兰德斯学者乔汉尼斯·威夫斯（Johannes Vives，他是莫尔的朋友）向布鲁日（Bruges）的市长提交了一份详细的提案——对城市里的所有居民发放能维持最低生计的收入；这个提案促使伊普尔镇（Ypres）针对这个理念进行了一个短暂的试验。也因如此，某些人遂认定威夫斯是史上第一个提出基本收入相关创议的人。不过，根据威夫斯的模型，他的救助（食物）只锁定穷人发放，另外，威夫斯也是“劳动福利计划”（workfare）的倡议者，他主张穷人必须以劳动力来换取这种福利。尽管如此，莫尔、威夫斯和其他人的贡献，让这种以公共财源资助且由公家发放穷人救济金的观念得以合法化，而非完全仰赖教会或有钱人的慈善捐助来支应。

莫尔之后的几个世纪，还有其他几个思想家追随他的脚步，例如法国的孟德斯鸠（Montesquieu）在1748年的《论法的精神》（*Spirit of the Laws*）中声明：“政府必须对所有公民负起保障其生存、食物与合身衣物的责任，并确保其生活方式不会危及他们的健康。”后来，当时的开明人士孔多塞（Marquis de Condorcet）也提出过类似的主张。不过，他在1794年被送上断头台，象征了这一理念再次半途而废。

然而，早期最有影响力的倡议者或许是托马斯·潘恩（Thomas Paine），他是伟大的共和主义者，也是《人的权利》（*The Rights of Man*）一书作者。他广为流传的宣传小册子《常识》（*Common Sense*，1776），催生了美国独立战争，据说当时每个美国家庭都有一本。不过他最重要的主张并不是通过这本小册，而是通过他影响深远的论文《土地正义》（*Agrarian Justice*，1795）[5]提出的；建议发放所谓“成年”资本补助金及老人基本收入，在他那个时代，都是极引人注目的创新提案。

潘恩并不孤单，在同一个时代，英格兰有一个激进人士也和他志同道合，那便是托马斯·斯宾塞（Thomas Spence）。斯宾塞也主张将基本收入视同一种自然权利，并认为这是一种确保公平正义的做法。他设想将原本存入教区基金的部分土地租金用来发放某种“社会红利”（social dividend），并主张每一季将这些红利平均分配给所有常住的居民。

19世纪时，也有几名作家非正式地谈论基本收入的一些主张。以欧陆来说，法国、荷兰与比利时的某些思想家是这一阶段最主要的基本收入倡议者，其中最值得一提的是傅立叶（Charles Fourier）、夏立尔（Joseph Charlier）与惠特（François Huet）等社会学家，其中，惠特在1853年倡议以遗赠相关税收，对所有年轻成年人发放无条件的移转金（transfer）。不过，随着共产主义热情的爆发，加上社会民主制度的温和专制主义盛行，这些人逐渐被边缘化。

在大西洋的对岸，为这一理念贡献心力的人物包括光芒四射的亨利·乔治（Henry George），他的《进步与贫困》（*Progress and Poverty*）一书销量达数百万册，由此可见他的影响力传播之广之久远。另一份极具影响力的出版物是爱德华·贝拉米（Edward Bellamy）的小说《向后看》（*Looking Backward!*，1888），当中详细描述了美国在公元 2000 年对所有公民发放一笔平等收入的景象。

而在英国，威廉·莫里斯（William Morris）激进的未来主义风小说《乌有乡消息》（*News from Nowhere*，1890，他写这本书一部分是为了呼应贝拉米的书），则设想英格兰将在 1956 年成为以工艺为主的合作社会。虽然这本小说迫切地想被视为伟大的文学，但莫里斯在描绘那个由政府发放基本收入，人们因而将工作当成一种创造性活动而不是一种只为老板付出劳力的苦差事的社会时，终究还是捕捉到了某些特别的想法。不过，20 世纪初那几十年间，社会主义者和共产主义者那种执拗的“劳工主义”（labourism）盛行，使收入和福利都很仰赖工作，这份颇有远见的作品遂迅速被这一股洪流吞噬。

第二波支持者是在第一次世界大战后浮上台面的，伯特兰·罗素（Bertrand Russell）、玛贝尔与丹尼斯·米尔纳（Mabel and Dennis Milner）、伯特兰姆·皮卡德（Bertram Pickard）、柯尔（G. D. H. Cole）以及亨利·乔治的门徒等，都在各自著作中提到这个概念。[6]瓦尔特·凡·特莱尔（Walter van Trier）写了一篇引人入胜的博士论文，推举米尔纳夫妇为主张“将基本收入（他们称之为‘政府红利’）纳入实用政策”的先驱者。[7]在他们之后不久，20 世纪 20 年代的相关著作有英国工程师道格拉斯（C. H. Douglas）的作品。道格拉斯是“社会信贷”（social credit）运动的创始人，也是第一个受“技术变迁导致经济产出与工人收入/购买力之间的差距日益扩大”的前景启发的倡议者。21 世纪有很多思想家也抱有和他一样的想法。

罗素将之作为一项普遍原则，清楚阐述了基本收入的目标：

> 实质上，我们目前倡议的计划可归结为：应保证对每一个人（不管有没有工作）发放一笔特定金额且足以支应必需品的小额收入，所以应该也让愿意从事某种被社区视为有用工作的人获得较高收入——可能应该根据他们生产的总商品量，尽可能多发放额外的收入给他们……任何人完成教育时，都不应该强迫他们去工作，选择不工作的人应该能够领取足以维持其基本生计的收入，并保有全然的自由。[8]

罗素生活在一个非常紧张的社会环境里，当时的经济状况因 1914 年至 1918 年世界大战的残酷杀戮（有十分之一的欧洲工业劳动阶级遭到屠杀）而陷入悲惨境地，所以，那时怀抱类似诉求的人非常多。不过，1920 年在党员年度大会中讨论基本收入与政府红利等理念的工党，却在来年正式否决了这些提议。一个促进不同形态社会的机会就此又被错过。

接下来，美国也传出少数孤独的声音，其中最值得一提的是休伊·朗（Huey Long）参议员。在英国，和打造福利国家有关的辩论也连带提到了各种不同的相关提案，其中最值得一提的建议出现在1943年米德（James Meade）与茱莉叶·莱斯-威廉斯（Juliet Rhys-Williams）的一本早期著作中；莱斯-威廉斯之子布兰登成为保守党的下议院议员后，进一步推动相关构想。可惜当时“劳工主义者”版本的福利国家占优势，主张收入及各种津贴的发放应取决于支薪劳工的表现，于是，基本收入目标再次遭到放弃。

法兰克福学派的心理分析学家艾里希·弗洛姆（Erich Fromm）在他1955年出版的名著《健全的社会》（*The Sane Society*）及后续一篇名为“保证收入的心理面貌”的文章中，倡议一种“全民生存保障”（universal subsistence guarantee）。不过，当时劳工主义者倡议的福利国家制度占主流地位，因此几乎没有人理睬他和其他类似的呼声。

堪称第三波的浪潮在20世纪60年代展开，主要势力是在美国，形成这股浪潮的主因是当时世人愈来愈忧虑“结构性”与“技术性”失业问题。一般人认为理查德·尼克松总统（Richard Nixon）在1972年提出的家庭救助计划（Family Assistance Plan）和这个问题有关，不过，他的计划其实属于某种负所得税。他拒绝采用“保证年度收入”的字眼，所以若只因尼克松提出这个提案，而认定他改变信念转向支持基本收入运动，实在有点言过其实。因为说穿了，他虽认同应支持“贫困的劳动阶级”——从事低薪职业的人，却漠视从事许多种无报酬工作的人。

尽管如此，这个提案对基本收入的发展来说终究是个进展。可惜这个获得公共意见调查压倒性支持的计划虽在众议院通过，却遭到参议院否决。讽刺的是，这项改革是被民主党人扼杀的，而其中某些人扼杀它的理由，竟然是认为尼克松建议的金额不够高。这个理由虽冠冕堂皇，却使迈向基本收入目标的道路再次被阻断。取而代之地，税额抵减的时代来临。

在稍早的 1968 年，有高达 150 所大学的经济学家共同签署了一份支持负所得税的请愿书，签署人数高达 1200 名，令人震惊。另外，马丁·路德·金（Martin Luther King）在遭到暗杀前不久，也于 1967 年写了以下意见（尽管这些意见早已被遗忘）：

> 现在我确信事实将证明，最简单的方法将是最有效率的。解决贫困的方法，就是采用目前广泛受到讨论的对策：直接以保证收入来消灭贫困……我们必须为无法找到传统工作的人创造一些足以提升社会福祉的新形态工作……广泛的经济安全感势必将带来非常多正面的心理变化……当一个人有能力掌控和自身的生活有关的决策、当他确信自身的收入将是稳定且确定的，且当他知道他拥有寻求自我改善（self-improvement）的财力时，就能拥有光芒耀眼的个人尊严。[9]

那段期间还有很多其他倡议者，不过他们支持的似乎多半都是某种财力调查式的保证最低收入。这些人包括多位荣获诺贝尔奖的经济学家——米德（James Meade）、哈耶克（Friedrich Hayek）、弗里德曼（Milton Friedman）、丁伯根（Jan Tinbergen）、托宾（James Tobin）、萨缪尔森（Paul Samuelson）与缪尔达尔（Gunnar Myrdal）。另外，诸如加尔布雷思（J. K. Galbraith）等其他重要的经济学家也支持这个设想，部分社会学家亦然，其中最值得一提的是纽约州参议员丹尼尔·帕特里克·莫尼汉（Daniel Patrick Moynihan），虽然他是民主党人，尼克松提出的家庭救助计划却受他影响甚深。[10]

第四波浪潮应该是从基本收入欧洲（目前为“地球”）网络在1986年成立后低调地展开。这吸引到一群从善如流的支持者，并在2007年至2008年金融崩溃后，蓄积了真正强大的动能；从那时开始，来自各方的经济学家与评论家纷纷挺身而出，公开支持某种形式的基本收入，而他们愿意为此发声的理由，通常与技术性失业、贫富差距恶化、高失业率等忧虑有关。

第四波浪潮的支持者包括诺贝尔奖得主詹姆斯·布坎南（James Buchanan）、赫伯特·西蒙（Herbert Simon）、安格斯·迪顿（Angus Deaton）、克里斯托弗·皮萨里德斯（Christopher Pissarides）与约瑟夫·斯蒂格里茨（Joseph Stiglitz）；学术界人士托尼·阿特金斯（Tony Atkinson）、罗伯特·斯基德尔斯基（Robert Skidelsky）与曾在克林顿总统执政时期担任劳工部部长的罗伯特·赖克（Robert Reich）；杰出的经济媒体工作者萨姆·布里坦（Sam Brittan）与马丁·沃夫（Martin Wolf），以及BIEN运动中的几位领导人物，如德国的社会学家克劳斯·欧费（Claus Offe）以及比利时的哲学家菲利普·范·帕雷斯（Philippe van Parijs）。

后来，硅谷的几名杰出人士与创业资本家也纷纷接受这个概念，一如我们所见，其中某些人还基于这个宗旨而拨出资金。他们包括热布卡公司（Zipcar）的联合创办人罗宾·蔡斯（Robin Chase），创业孵化器Y Combinator的老板萨姆·阿特曼（Sam Altman），杰出的创业资本家阿尔伯特·温格（Albert Wenger），脸书（Facebook）的联合创办人克里斯·休斯（Chris Hughes），太阳城（SolarCity）、特斯拉（Tesla）与太空探索技术公司（SpaceX）的创办人埃隆·马斯克（Elon Musk），软件营销部队公司（Salesforce）执行官马克·贝尼奥夫（Marc Benioff），易趣（eBay）创办人皮耶·欧米迪亚（Pierre Omidyar），以及谷歌（Google）母公司“字母表”（Alphabet）的执行董事长艾瑞克·施密特（Eric Schmidt）。

有些人基于相当粗鲁的论述而拒绝接受基本收入概念——他们认为就是因为上述人士的支持，所以基本收入必然是错的！无论如何，以眼前的阶段来说，由于基本收入获得政治领域、企业高管、工会领袖乃至社会活动家及各个社会科学领域人士的广泛支持，基本收入运动的动能已蓄积到前所未见的强大水平。

回顾这四波倡议基本收入的浪潮，第一波可以说是对工业资本主义之兴起所产生的种种反应，因为工业资本主义的兴起引发很多矛盾与冲突；当时的倡议者设想了一个期许社会继续保有共同体形态并重视“工作”价值的方法，以反制当时促进无产阶级劳动的浪潮。第二波浪潮的动力主要来自社会正义的诉求——这是针对第一次世界大战的错误与大量劳动阶级悲惨死去的必要修复。不过，由于当时社会民主主义者、共产主义者与费边（Fabian）社会主义者所信仰的全面性劳工主义的力量完全无可抗拒，所以这一波浪潮最终也彻底被瓦解。

第三波浪潮表现出世人对技术性失业的恐惧，而当那恐惧渐渐消退，那一波浪潮也逐渐式微。第四波浪潮是受到不安全感的大规模发生与贫富差距恶化的驱动，当然，人类劳工遭到机器人、自动化设备与人工智能取代的忧虑，也是促成第四波浪潮的因素之一。随着左派人士领悟到劳工主义的气数已尽、右派人士意识到长期不安全感与贫富差距等问题已导致市场经济体系愈来愈不稳定且无法持续，基本收入似乎更深地嵌入公共辩论中了。

名称里有玄机？

几个世纪以来，世人以很多不同名称来指称这个根本概念，不过，不同名称分别具有独特的涵义。

基本收入（basic income）。这个名称的优点是简单与平易近人。它和“最低收入”（minimum income）不同，“最低收入”通常用来表示以财力调查为依据的计划，政府表面上保证每一个能证明自己确实贫困且在某方面“理应”获得某种收入的穷人可以领取某些收入。基本收入也和“保证年度收入”

(guaranteed annual income）不同，后者主要常见于加拿大与美国的辩论，它似乎代表某种财力调查式的收入保障，是某种形态的负所得税。基本收入也和“最低薪资”（minimum wage）不同，所谓最低薪资是指雇主依法必须支付给任职员工的一笔法定金额，通常以时薪费率计算。

基本收入补助金（basic income grant，简称 BIG)。BIG 是非洲南部（southern Africa）用来形容基本收入的常用语言。而在美国，USBIG 代表美国基本收入保证网络（US Basic Income Guarantee Network)。

全民基本收入（universal basic income，简称 UBI)。这个用语在北美和欧洲广泛使用，它传达平等地对每个个人——不考量家庭或财务状况——发放基本收入的概念。

无条件基本收入（unconditional basic income)。某些从事基本收入运动的人为基本收入附加了“无条件”字眼，目的是要清楚表达不能针对支付资格设定支出、收入或行为条件的诉求。然而，“完全不设任何形式的条件”似乎又不太正确。它最显而易见的瑕疵是，要符合领取基本收入的资格，某人必须是特定基本收入计划所涵盖的社区或国家的（合法）居民。所以，“无条件”字眼可能无法达到澄清效果，反而令人更混淆。

公民收入或公民权收入（citizen's income 或 citizenship income)。这个名称堪称第三常用的名称，它意味一个国家的所有公民都有权领取基本收入，而且唯有公民才有资格领取。但那样的定义会导致问题变得加倍复杂；几乎所有基本收入提案都将居住在海外的公民排除在外，而且多数提案也都将尚不具公民身份但已长期居住的合法居民纳入在内。所以，即使这个用语确实传达了基本收入作为一种公民权利的概念，但就文字上的意义来说，这个用语并不准确。最新常用的版本为“公民基本收入”（citizen's basic income）。

参与收入/补助金（participation income/grant）。稍后将更详细讨论这个概念，这个名称和它长期以来的倡议者托尼·阿特金斯的关系最为密切。它和基本收入有几个共同特质：全民，定期以现金形式发放给个人；但和基本收入不同的是，参与收入要求领取人必须从事某种经济活动，以交换领取此一收入的资格。不过，这种设定行为条件的做法，导致它在某个关键的层面上不符合基本收入的定义。

社会红利或全民红利（social dividend 或 dividends-for-all）。我偏好“社会红利”，这个用语来自一个高尚的词源，而且能充分体现支持发放基本收入的某个关键正当理由——也就是说，基本收入代表其主事者将整个社会通过投资活动与财富积累活动所衍生的报酬返还给人们（见第二章）。

政府红利（state bonus）。这个用语获得米尔纳与皮卡德等人采用，它在 20 世纪初那几十年间颇为盛行。它的吸引力在于它让人联想到这种收入是由政府发放的某种社会支付。

人民补助金（demogrant）。这个用语于 20 世纪 60 年代末期在美国成为主流，民主党参议员乔治·麦高文（George McGovern）在最后没成功的总统竞选期间曾短暂采用这个用语。虽然他后来没有再使用它，不过直到今天，它还是一个吸引人的名称，因为它令人联想到“民主”与“补助金”。

自由补助金（freedom grant）。这是曼德拉（Nelson Mandela）成为南非后种族隔离时期的第一任总统后，我针对南非当地倡议的基本收入补助金（BIG）所提议的名称。[11]遗憾的是，国际货币基金组织与当时的南非财政部长反对实施BIG，从那时开始，贫富差距与长期的不安全感问题便如影随形且愈来愈严重。

稳定补助金（stabilization grant）。这个用语是我提议的另一个名称，它是指某种随着经济周期变动的基本收入（或基本收入的某个要素），换言之，在经济衰退时期，这种补助金会为了鼓励支出而提高，而在景气好转后，便会调降。我将在第五章进一步讨论这个概念。

利害关系人补助金（stakeholder grant）。这个名称是“资本补助金”概念的新名称，它牵涉到对成年后的个人发放的一笔大额补助。资本补助金与收入补助金之间的根本差异是先前提到的意志薄弱问题。不过，资本补助金和基本收入之间有几个共同的原则，比如支付必须是全民、无条件、发给个人且不可撤销的。

上述和这个重要概念有关的众多名称当中，我最偏好的两个是“基本收入”和“社会红利”。这两个名称各有另一名称所欠缺的优点，个中意义将在后续章节陆续阐述。

在接着讨论前，我们要再次强调，实施基本收入并不意味要自动或绝对废除所有或多数其他现有的政府津贴，这个立场和某些评论家所声称的完全相反。[12]相对地，不管基本收入是否取代其他政府津贴，我们都应该将它视为一个新收入分配制度的理想最低收入，因为基本收入并非“福利”的另一个名称，它是收入。

第二章

CHAPTER II

以基本收入实现社会正义

“从享用过度的人手里夺下一点来，让每个人都得到他应得的一份吧。”

——莎士比亚，《李尔王》

从道德或哲学层面来看，支持发放基本收入的正当理由是什么？一种最根本的主张是：基本收入是一种实现社会正义的手段，这里的社会正义本质上指的是，社会的财富是社会性或集体性的。我个人的观点则是，社会正义是推动基本收入成为某种经济权利的最重要理论基础，这个理论基础补充了另外两个实施基本收入的理由——分别是自由与经济安全感。

遗憾的是，很多与基本收入有关的公开辩论的焦点，都误把它当成现有社会保障政策的替代方案之一，因此，很多讨论都只聚焦在所谓的“后果”层面，例如它对劳动与工作的可能影响。但支持实施基本收入的真正理由并不是那些影响，最重要的理由便是社会正义。

社会遗产——托马斯·潘恩与社会红利

社会正义观点和这一直觉上看起来合理的主张有关，亦即社会的财富是集体性的；我们今日的收入和财富，主要来自前人的努力和成就，和我们本身的关系反而不那么密切。让我们看看托马斯·潘恩的《土地正义》（1795 年冬天完成，并在 1796 年寄给法兰西共和国的督政府）中经常被引用的语句：

> 天然且未经开垦状态的地球是人类的共同财产，这观点没有任何辩驳余地，过去如此，未来也将是如此……属于个人的财产仅限于改良的价值——而非地球本身……因此，每一片经开垦之土地的所有权人，都因他持有的那一片土地而欠整个社会一笔地租（我想不出更好的用语来表达这个概念），而这些地租便可用来支应这个计划所提议发放的基金。[1]

潘恩是在美国撰写这份小册子的，当时法国与美国境内的社会与政治情势相当动荡，考量到那样的背景，他通过这个理论而归纳出来的计划可说非常清晰和激进。他的提案是：

> 借由引入土地财产系统来建立一笔全国基金（National Fund），并用这笔基金向每个年满 21 岁的人发放 15 英镑，以部分弥补他们损失的大自然遗产。另外，对每一个 50 岁以上的在世者以及未来将年满 50 岁的人终生

> 给予每年10英镑的金额。[2]

潘恩也建议“视障与肢障者”应获得和老年人相等的定期款项。潘恩所说的其实是一种非经常资本补助金，而非定期发放的基本收入，不过，我们不该因此怪罪于他，因为根据当时的行政结构，基本收入理当是不可行的。另外，他也进一步针对他的普遍主义（universalism）诉求提出辩护：

> 我建议这些款项……要不分贫富地给予每一个人。为了防止衍生令人反感的差别待遇，最好是发放给每一个人。这么做也无可厚非，因为它代替了自然遗产，自然遗产属于每一个人，那是在他可能创造的财产或继承而来的财产以外的一种权利。而选择不接受这笔款项的人可以将它转存到共同的基金。[3]

从中可见，就核心意义来说，“社会红利”和基本收入很接近，另外，潘恩也在数页篇幅之后，以值得所有当代政治人物与评论家细细品味的文字，强力主张：“我恳求的并不是施舍，而是一种权利，不是恩惠，而是正义……只要没有人因它而遭受苦难，我不在乎某些人可能会有多么富裕。”[4]

所以，基本收入可视为一种以“人类祖先所创造并维护下来的集体社会财富”来发放的社会红利，另外，也可将它视为属于所有人的共同财富及自然资源所衍生之报酬的一种分享。这个论述是以社会正义的角度支持基本收入，而不是基于它是一种应对贫困的方法，而且，它和19世纪与20世纪因社会保险计划而兴起的以直接提拨款为基础的应得权益（entitlements）制度大不相同。

自由至上主义者的辩论

当代与社会正义有关的哲学文献，主要和“右派”与“左派”自由至上主义者之间的辩论有关。这两派人士的基本论述都主张，每一个个人都拥有或应该拥有“自我拥有权”（self-ownership），所以除非出于自愿行为，否则每一个人都没有义务为其他人做什么。然而，这两派人士对大自然——“自然资源”与“财产”——的态度却大不相同。

右派的观点是以一个假想为出发点：首先，他们认为大自然、自然资源——尤其是土地——不属任何人，所以第一个主动声称他对某项资源拥有权利的人，可以私下占用那些资源，无须事先取得社会上其他成员的同意，也无须因此付钱给社会上的其他成员来作为补偿。左派自由至上主义者的观点则是从下述前提出发：自然状态下的大自然是属于所有人类的“共同财产”，所以除非经过民主途径取得大众的同意，并让大众获得补偿，否则私下占用就是不正当的行为。

亨利·乔治留给后人的瑰宝

自19世纪末在美国崭露头角以来，亨利·乔治一直都是个极具影响力的人物。他最著名的书籍《进步与贫困》在1879年出版后，就立即售出三百多万本，而他在纽约一场选举活动上因中风而过世后，更有超过十万人到他的墓前致哀。[5]

乔治主张土地是属于所有人的共同遗产，所以，每一个人都应该被分享自己通过土地取得的租金收入。他建议对所有私人土地课征某种土地租税，并主张将相关的结余款直接分配给大众，他表示，这种“单一税”（single tax）可取代其他所有税赋，包括对劳工与生产活动课征的税赋。从那时开始，很多人就引用他的论述，呼吁利用土地相关税金来发放基本收入。虽然乔治的“土地集体所有权”观点是秉持左派自由至上主义者立场，但他的方法特别合右派自由至上主义者的意，因为仰赖土地税而非个人所得税与消费税的做法，和右派讲求的自由概念不谋而合。

乔治也体察到这个世界上有非常庞大的财富来自经济租（economic rents），经济租不仅是来自土地所有权，也来自其他天然资源和诸如专利等“知识产权”的所有权，乔治认为专利权是不合理的。近几十年来，这类其他来源的租金收入暴增。[6] 诚如我们将在第七章进一步讨论的，若将乔治的论述加以引申，针对所有形式的租金征税，将有助于筹措基本收入的财源。

米德尔斯堡的故事

我们可以用米德尔斯堡（Middleslorough）的例子来阐述社会正义这个理论基础的意义。米德尔斯堡是位于英格兰东北部的一个没落工业城镇[7]，19 世纪 20 年代时还是一个不起眼的小村庄，但附近发现铁矿砂后不到十年，米德尔斯堡和周遭的提赛德（Teesside）地区就成为工业革命乃至大英帝国的中心。它是这个国家第一个制铁业重镇，后来又延伸发展出炼钢业与化学业。旧金山的金门大桥就是以米德尔斯堡的钢铁建造，悉尼的港湾大桥也是，印度的多数铁路系统也是采用此地的钢铁建造。米德尔斯堡的一个城门上挂着刻有“由铁而生，以钢制成”字样的图腾装饰。

尽管曾经风光一时，如今米德尔斯堡的旧城镇公署大楼孤独地矗立在一座山丘上，周遭尽是杂草丛生的荒野。特雷西·席尔德瑞克（Tracy Shildrick）和他同事曾对当地的废弃住宅房地产进行研究，那里到处都是荒废的房屋，原本的窗户全堵上了砖块。[8] 目前还有大约十四万人继续住在这个小镇，很多人不愿离乡背井，但也因此必须承受历史的残酷折磨。

当今英国其他较富裕地区的居民的财富，多半是靠着 19 世纪与 20 世纪提赛德地区的工人努力打拼而来。那么，为什么他们可以过得远比最先为这个国家创造财富与实力的那些工人的后代更舒适，并享受更多保障？

想想米德尔斯堡和其他工业社会的类似地方，应该会让人不禁想起潘恩的论述。很多社区创造了让其他人也能连带受惠的财富，但它们后续有可能因去工业化（deindustrialization）与陷入贫困而受苦；相反地，因这些社区的生产成果而获益的人，却可能继续享受繁荣，通常是通过继承来的财富和特权。所以，基本收入可视为某种财富转移——将我们集体继承的遗产部分转移给较少享受到特权的社区。让所有人分享那些钢铁业工人及其后继者一手创造的继承财富，堪称一种代际

（inter-generational）社会正义。

反对根据社会红利的理论基础来发放基本收入的标准意见是，没有任何个人有权利享受前人传承下来的社会财富，因为他们先前没有付出，所以不应得到那些财富。而若根据这个逻辑，私人继承权也应该废除才对。如果私人继承权被允许存在，那么，社会继承权的原理也应该被接受。

食利者经济

我们继承的财富不仅包含土地及有形资产，还包括金融资产与“知识产权”等无形资产。无形资产也能衍生因天然或非天然稀少性而来的经济租，所以，拥有无形资产的企业与个人一样能单纯通过这种所有权而获得收入；就知识产权的案例来说，政府创造并强制执行一些规定和法律，让某些人得以通过专利、版权和品牌等取得庞大的租金收入。

1813年时，托马斯·杰斐逊（Thomas Jefferson）认为“观念”（ideas）应归属为某种自然公共财产（natural public goods），因为将一个观念传达给别人，并不会对观念的发想人造成剥夺。他还补充，专利权“为社会带来的困窘大于为社会带来的利益”。然而，现代的国家却不断强化专利权保护，允许极少数人得以享受长达二十年的独占收入，而版权更可以延续九十五年之久。[9] 不仅如此，这种租金收入还因巨额的政府补贴——主要是以所得税宽减的形式——而进一步扩大，而且政府也未要求取得这种收入的人负起回馈社会的义务。

追本溯源，很多专利发明其实来自获得公共资源补贴的研究。既然如此，个人或单一企业有什么权利独享相关的所有收入？基本收入是一种将利益分享给整个社会的手段。毕竟先有社会才会有收入，而且知识产权制造的潜在风险其实大多是大众在共同承担。让现代情势变得更不公不义的是，全球化经济体系让有钱人或有钱企业能轻易将他们通过本国社会的慷慨大度而赚来的收入转移到海外，从而逃漏相关的税赋。

就上述脉络来说，让我们看看微软公司（Microsoft）的比尔·盖茨（Bill Gates）那惊人的财富，以及从中衍生的可累积收入。他在世界首富排行榜上一直名列前茅，2016 年年底的总财产高达八百亿美元以上。不可讳言，他个人的科技贡献确实非常大，但那些贡献其实是建立于旁人的一系列发明与想法之上，而他却成为那些发明与想法（当然也包括他自己的发明与想法）所衍生的收入的最大受益者。不仅如此，那些收入来自他通过微软公司的软件与其他产品所享受到的长期垄断地位——这都要“感谢”世界贸易组织（World Trade Organization）在 1995 年大幅强化专利与版权等规定。所以说，拜政府与国际法规所赐，盖茨才得以累积那么可观的财富，换言之，他并不单是靠着一己的努力赚到那些钱。他的收入主要并非来自“功劳”或“努力工作”，而是来自一些让他拥有能赚取巨额收入的特有权利，而这些特有权利受到人为规定的保障。

通常个人的财富来自运气、法律、继承或幸运时机的成分高于来自个人的才华。除了通过犯罪行为取得的财富，很多人致富的主要原因是他们用各种商业手段来掠夺属于其他所有人的共同财产，要不然就是通过公共服务与设施商业化及民营化所衍生的租金来累积财富。这个事实是支持对租金收入课税，以便对每一个人发放社会红利的另一个正当理由，换言之，发放社会红利的目的是为了让所有人都能分享社会所创造的财富。

菲利普·范·帕雷斯已提出另一个版本的食利者论述。他主张，在一个高失业经济体系里拥有一份工作是一种特权，所以，课征“就业租”（employment rent，一种税赋）来作为对所有人发放基本收入的财源，是一种正当的做法。[10]但这样的主张似乎有流于笼统概括之嫌，因为很多（甚至大多数）就业机会绝对称不上什么特权。然而，特定就业机会和职业——尤其是有进入限制的——确实堪称取得租金收入的渠道，这让主张基于正义而对那类收入课税的说法更站得住脚。

我们可以把“分享来自资产所有权（包括所谓知识产权）的租金收入”，视为左派自由至上主义者支持发放基本收入（作为社会红利来发放）的理由，而这样的理由实属正当。[11]归结来说，这个观点主张让每个人适当分享那类收入是符合社会正义的。

社会正义的政策原则

罗尔斯（John Rawls）在他极具影响力的巨著《正义论》（*Theory of Justice*）中，阐述了如何判断一个社会政策是否牵涉到社会正义原则。[12]他的“差别原则”（Difference Principle）明确指出，除非一项政策改善了最弱势者的处境，否则就不算达到正义的要求。我个人以另一个名称——“保障差别原则”

(Security Difference Principle) 来表达这个概念，根据这个名称，一项社会政策或制度变革只有能加强保障社会上最没有安全感的群体，才能被视为具社会正义的政策。

我们将在第四章讨论“保障”的整体攸关性。不过，如果一般人能接受保障差别原则的概念，那么，基本收入当然满足这个原则的要求。若发放基本收入，导致某些人在经济安全层面暂时变糟——例如基本收入取代了某种明确锁定最穷困者的计划——那么，对因此而发生损失的人加发某种补贴，并让所有群体都不会成为输家，将是符合社会正义的。

罗尔斯倡议“正义即公平”(justice as fairness)，他主张“最合理的正义原则就是每个站在公平立场的人都能接受且认同的原则”。所以，看待正义原则的另一个方法，就是询问人们认为“怎样才叫公平”。在罗尔斯和一向批判他不遗余力的海萨尼(John Harsanyi，他以为多数人一定会选择能让平均收入最大化的功利主义做法)之间的漫长辩论后，心理学家秉持所谓的“实验伦理”，想出一个别出心裁的方法——直接询问人们的看法；后来这个方法也经常被复制。

在最初于加拿大、波兰和美国进行的一系列重要实验中，实验者要求来自不同背景、怀抱不同价值观的群体，针对四个可能的规定，选出一个最优先的收入分配原则，这些人是在“无知之幕”(veil of ignorance) 背后做选择，换言之，他们并不知道自己在收入分配的光谱上属于哪个区域。[13]这些规定分别是：

将最低限制收入最大化，其文字表达方式是："最公平的收入分配是将社会上的最低收入限制最大化"。

将平均收入最大化。

将平均收入最大化，并对最低收入设限。

将平均收入最大化，并对区间设限。

实际上，为简化复杂的分析，研究人员先谨慎向受访者解释上述每个选项的意义，接着再询问他们最偏好哪个选项。在所有状况下，绝大多数人都选择设有最低收入限制（实质上就是基本收入）的那两个选项。

接着，实施小组讨论后，这些实验又变得更有意思。经过几个小时的这种"审议式民主"（deliberative democracy）程序，选择最低"基本收入"的人数比例大幅上升，换言之，它成为所有群体压倒性偏好的正义选项。

我本人在国际劳工组织（International Labour Organization）指导的一个大规模研究计划，也通过许多发展中国家与中欧及东欧几个"转型"国家的多项调查（被调查人高达数千），给予被调查者相同的选项。[14]我们询问受访者是否"非常同意"、"同意"、"不同意"、"非常不同意"或"不确定"每一个收入规定。最后的结果显示，每个国家的受访者最支持的选项，都是有设定最低收入的原则，而且女性比男性更倾向于强烈认同这个选项。

因此，各种实证方法加强了基本收入合乎"正义"的事实。虽然这种实证方法并非绝对可靠，至少显示这是一个值得采行的路径。

租税正义

典型的自由派人士立场是，社会上的税制与津贴结构应该力求“公平”。在实务上，一般人对于“公平”的意义或有歧见，但若处于“无知之幕”之后（意即他们本身也参与了社会成果的分配），多数人都认同低收入者被课征的税不应该比高收入者高。

不过在所有国家，这个“正义即公平”的要求却遭到滥用。原因之一是，各国政府已将社会保障制度改为财力调查式的社会救助。在英国、德国及多数其他工业国家，原本领取微薄政府津贴的人一旦转而从事低薪工作（这种工作可能是他们能找到的唯一就业机会），便可能面临超过 80% 的边际“税”率，因为他们原本领取的津贴会因此被撤销，而这样的税率远比中高薪资收入者的税率高。对照之下，如果一个制度的最低社会保障是不课税（且不可撤销）的基本收入，而且所有高于最低收入标准的收入都只课征一个标准税率（或许对较高收入级距的群体设定较高税率），那才堪称符合租税正义。

租税不公的另一个原因是现行的税制针对不同来源的收入课征不同的税率，而这个税制对较富裕的群体比较有利。如果所有来源的收入都以类似的标准来课税，当然较符合社会正义。其中，劳动薪资收入的税率尤其不应该高于财产或投资收入的税率。然而实际上，多数社会的财产与利润税收却远低于薪资税收。

基本收入制度应该有助于矫正这种矛盾现象。一旦实施基本收入制度，劳工的边际与平均所得税率将降低，而且还留下提高非薪资所得税的空间，从而让各种来源收入的税率趋于平等。那些税收将可作为基本收入的部分财源，让国家更有能力负担基本收入的发放。

人口统计学上的正义

基本收入是否将促进男性与女性之间、所有年龄群体之间，以及在现代市场经济体系中被以残疾者对待的失能或受伤者而言的社会正义？和这些议题有关的文献非常丰富，我不打算在此归纳那些文献的结论。不过，这个问题有一个简短的答案："基本收入本身无法达到这个目的"，但有助于达成这个目标，特别是与反歧视措施与机制相结合，加强弱势群体与个人的声音。

第一个理由是，基本收入是对个人发放，不会只发给被指定或自我指定的"家长"或"户长"，也不会以家庭或家户为单位发放，因为家人与家人之间的权力关系鲜少是平等的。对个人发放的基本收入当然不可能消弭家户或家庭内部的所有结构性不平等，但至少能降低家庭成员之间的财务依赖度，并让每个成员得以检视家庭内的货币资源是否公平分配，因为每一个人都会知道自己理当领到多少钱。

第二个理由是，基本收入是全民且均一的（家庭里的每个成员或每个成年成员都会领到同等的金额）；相反地，以财力调查式津贴来说，高于贫困线的家庭里没有财务自主能力的女性被排除在领取资格之外。相同的道理也适用（甚至常常更强烈适用）于伤残的家庭成员，以及需依赖旁人照顾的年迈家庭成员。因此，对个人发放的全民支付将较公平。

第三个理由是，基本收入是无条件的，行为条件限制（behavioural conditionality）不仅在道德上引发质疑，它在设计上也对某些人造成麻烦（对另一些人却不会），所以是不公平的。观察某些有条件的现金转移计划便可清楚了解这个情况，这类计划在拉丁美洲等地获得广泛采用：计划本身通常规定，只要低收入妇女的子女正常上学并接受健康检查，她们就会获得计划所发放的补助金。这类计划很受“自由至上主义温和专制派人士”支持，而这些人的“推动”议程（‘nudge’agenda）对政策的制定很有影响力，尤其是在美国和英国（见第三章）。不过，这些条件限制几乎不约而同地强加义务在为人母的女性身上，而未强制男性同步履行。尽管理论上可能不是如此，实际上这样的情况却明显可见，所以，这对那些低收入妇女构成了一些不公平的负担，包括多花费时间与承受较大的心理压力等。

因此，以人际正义的角度来说，不管反对或赞成者的意见如何，基本收入都将是有利的。

生态上的迫切要务

人类和地球因气候变迁的威胁而面临一触即发的生态浩劫。一如我们所见，目前已有很多物种逐渐消失，另外，冰川不断融化、海平面持续上升、沙漠面积持续扩大，极端雨量与干旱现象以及具备空前破坏力量的异常风暴、气旋与飓风等也屡见不鲜。其他很多形式的环境污染也处处可见，这些和工业化与城市化直接相关的污染，导致人类健康与福祉变得岌岌可危。如果我们真心重视代际正义，也想爱护这个世界的大自然奇景，就必须赶紧采取行动来避免浩劫发生。

这和基本收入有什么关系？或许最显而易见的是，基本收入将鼓励一般人把一部分时间从消耗资源的劳动活动转移到保护资源的“再生产”（reproductive）活动，如看护或义工工作。我们将在第八章和工作与劳动有关的主题上，进一步讨论相关问题。无论如何，这些事全都牵涉到正义议题。

环境污染是一种具累退税效果的现象，因为有钱人能设法让自己不受脏空气与用水、绿色空间减少等问题伤害。此外，很多污染其实是肇因于让较有钱的人受益的生产与活动，最显著的例子包括航空运输、车辆所有权、空调的使用，以及各式各样的消费品等。所以从社会正义的角度来说，某种程度上，基本收入可解释为对被莫名被迫背负污染成本的人的一种局部补贴。

相反来看，对于因各项环保对策而受到负面影响的人来说，基本收入也可当成对他们的一种补贴。如果能实施基本收入，各国政府就比较容易针对可能影响到生计或会产生累退税效应的污染活动课征税赋，因为那种税赋会导致商品价格上涨，导致低收入家户的购物成本上升，而基本收入的发放就能给予那些受创的低收入家庭一些补贴。举个例子，沉重的碳税能抑制化石燃料的使用，所以一旦实施，将能降低温室气体排放、舒缓气候变迁后遗症，同时减轻空气污染程度；而就政治层面来说，如果课征到的碳税税收能用来发放基本收入，补偿低收入者、矿工与其他因此失去赚取薪资收入机会的人，那么导入碳税的政治阻力就会比较低。

谈到废除石化燃料补贴相关的议题，支持基本收入的论点尤其强有力。放眼世界各地，无论是富国还是穷国的政府都长期使用补贴——压低燃料价格——来作为改善贫困的方法之一。但这么做等于变相鼓励消费化石燃料，甚至鼓励浪费。此外，燃料补贴会产生累退税的效果，因为有钱人消费的燃料比穷人多，通过那类补贴获得的利益当然也较多。不过，各国政府因担心选票流失，一向不愿意降低或废除相关补贴。事实上，许多国家曾尝试降低燃料补贴，但在愤怒群众的示威活动威吓下又纷纷改弦易辙。

由伊朗的例子就可看出基本收入能打破这个僵局（见第十章）。如果废除化石燃料的补贴，燃料价格势必会上涨。然而，政府从此就能把原本耗费在那种有害补贴的巨额资金，重新导向筹资“绿色红利”（green dividends）平等发放给每一个人。绿色红利的补偿能产生累进税（progressive）效果，换言之，使用较多化石燃料的人必须付出较多代价，而对低收入者来说，这项红利的价值将相对高于他们的化石燃料支出与收入。如果除了废除补贴，还为了弥补“外部性”（externalitie，即未被反映到市场价格的成本，例如因空气与水污染而生病或死亡的代价）而针对化石燃料课税，相关税金也可重新导往增补绿色红利的方向。通过这种双重做法，低收入国民的经济状况将会好转，届时所有人也都能因化石燃料用量的减少而受惠，因为污染减少、健康状况改善，且地球未来的生态也将改善。

某些倡议者，如气候科学家詹姆斯·汉森（James Hansen），主张应将碳税收入百分之百用来发放均等的绿色红利。[15]其他人则建议利用部分碳税收入补贴以化石燃料来从事生产活动的企业，至少在这些企业转采其他能源以前的特定期间内给予补贴。不管怎么做，碳税都可作为支应基本收入的财源之一，它是建立基本收入财源的重要财务基础，而且在社会正义原则上站得住脚。

以上所述进一步证明基本收入制度确实是对抗环境恶化的宝贵武器，也是一种争取代际正义的有效手段。不过，支持基本收入更重要的生态论点是——基本收入能让人们产生某种温和的诱因，去从事有助于再生产与改善家庭和社会生活的工作，这种形态的工作更有价值。基本收入将让相对贫困的人得以参与社会，并促成约翰·伯格（John Berger）在他的《肮脏的地球》（*Pig Earth*）一书中所言的“以生存为目的的文化”（the culture of survival），而非不断消费与累积财富的“以进步为目的的文化”（the culture of progress）。

公民权的强化

作为一种源自社会集体财富的普遍权利，基本收入能强化共同公民权的意识。这可以联结到某些基本收入的共同社群（communitarian）案例。基本收入体现了我们身为人类对彼此的一种道德义务，所以有助于凝聚整个社会。

社群主义的先行者阿米泰·伊兹欧尼（Amitai Etzioni）曾

主张，人们愈自视为社会共同体的一分子，就会愈偏好财富重分配。全民基本收入将能强化那种共同体意识。

另外还有一个更广义的论述。当一个社会是由社会地位大致平等的人组成，这个社会倾向于更民主，容忍度也较高，而基本收入制度就是那种平等的展现，它能促进社会上休戚与共的连带感及共同公民意识。

宗教方面的理论基础

我们能否找到支持基本收入的宗教理由？为基本收入辩护的宗教论述应与社会政策的“宗教化”（religification）对照。所有宗教都重视慈善捐助，但通常宗教领袖也非常讲究道德教化，对于“应得的”与“不应得的”各有定见；而且很多宗教人士强调，穷人有义务为接受慈善捐助而付出他们的劳动力。幸好这绝对不是唯一的宗教观点。

值得一提的是，1918 年后“第一波”支持基本收入的人当中，最重要的倡议者是一群年轻的“贵格教派人士”（Quakers，如第一章提到的米尔诺与皮卡德）。他们信守一个原则：每个人都有平等权利可享有“生命的根本需要”。

马尔科姆·托瑞（Malcolm Torry）与托尔斯坦·梅瑞斯（Torsten Meireis）则曾简洁表达基督教徒支持基本收入的理论基础——他们秉持路德教派（Lutheran）的观点，认为基本收入让人民得以追求自己的“天职”（calling）。[16]基督教的观点是，为忠实遵守耶稣宣扬的教义，每一个基督教徒都应该努力将社会打造成理想中的上帝的国的样貌，让人能透过那些社会样貌，产生“上帝的国即将到来”的印象。

根据此脉络，基本收入就象征着上帝的恩惠，而上帝的恩惠本就遍及全民。托瑞将基本收入类比为献血，在英国和许多国家，献血者并不求取任何报酬，献血人和被捐血人互不相识。它是一种不要求互惠的赠礼，双方之间也不会去算计它的价值高低。基督教的观点也主张，所有财富都是上帝的赠礼，所以本来就应该将之视为公共财产，上帝赠礼的目的不是为了让少数人致富、多数人无法享受。而由于意识到实际上，这项上帝赠礼并没有依照上帝期待的方式来分配，所以，基督教认为借由基本收入的发放，便可达到绝大多数人共享财富的目的。[17]

教宗方济各（Pope Francis）在2015年的《教宗通谕》（*Encyclical Letter*）中写道：“地球实质上是一项共享遗产，地球的果实是要让每一个人受益。”[18]他又接着拥护代际平等原则，主张“每一个社群都能通过地球的慷慨博爱，取得生存所需的所有物资，不过，它也有义务保护地球，以确保地球能创造可供未来世代子孙享用的丰硕果实”。

基督教支持基本收入的论述和阶级导向的观点恰好相反，支持阶级导向观点的立场最为鲜明的人之一，是2013年担任伦敦市长的鲍里斯·约翰逊（Boris Johnson）。他以摇晃早餐玉米片包装来做比喻——在摇晃的过程中，最好的玉米片会跑到上层，主张如果某人的遗传天赋优于一般人，他就有权利获得较大的经济报酬。自然，任何基督徒听到这样的说法，应该都会迅速反驳，由于那种天赋是上帝给予的赠礼，而且上帝不是赠与每个人平等的天赋，所以，受到上帝最多眷顾的人理应被课征最多税，而受到最少眷顾的人应该有权获得补偿。（左派自由至上主义者也提出类似的论点，他们将遗传的天赋视为理应重新分配的“天然资源”）。

其他宗教也各用不同的方式，将慈善捐助解读为一种正义。以犹太教来说，常被用来代表捐献的“tzedakah”一词，其实是指从事正确与正义之举的宗教责任；伊斯兰教的五功（five pillars of Islam）之一的“天课”（Zakat），则要求追随者建立一个没有贫困的社会；另外，韩国人也有一种无条件送东西给别人的信诺。中国的孔子思想、佛教思想与道教思想，也都支持“众生理应获得平等的尊重与照料”的信念。

因此，宗教可能可以证明基本收入是合理的。不过，宗教信仰不应该被用来作为激励、奖赏或惩罚个人的工具，也不应该区别谁“理当”贫穷或谁“不理当”贫穷，因为若是如此，宗教一定会失去它的道德指南地位。幸好很多神学家都察觉到这个风险，并因此聚焦在宗教的慈悲与人道层面。

结论反思

根据所谓“激进民主”观点，每个人都应该获得一份基本收入，这个权利是他们作为政治实体的平等成员（而非仰赖政府抚养的贫困团体的成员）的一种宣示。每个公民都有权分享一部分经济余裕，那等于是对愿意依从目前实行之经济生活法则的公民的一种酬谢，因为这些法则一定会让某些群体享受到比其他群体更多的特权。

基本收入实施与否，也和国家利他主义（altruism）有关。利他主义能促进因利他主义而受惠的人的利他之心，而政府以我们的名义而采取的卑劣行为，也会助长公民的卑劣行为。整体来说，我们希望公平，所以，若政府能采取公平正义的行动，通常就能引导其公民采取类似的行动。

这并不是天真的想象。当然，不是每一个人都会以利他主义来回报自己因利他主义而获得的利益。不过，道德劝说堪称所有致力于追求社会正义的良性社会的软实力。那些以财力调查、行为调查、惩罚与侵入性窥探等为基础建构福利制度的国家，将利他主义意识视为过时的骑士精神，是不应该的。那些国家的做法与态度并没有创造任何良好结果，还导致不公不义情况更加恶化。

第三章

CHAPTER III

基本收入与自由的关系

政府的实际功能是要在维护生活条件之余，创造一个有道德的环境，而道德包含自愿承担各种义务的无私表现，但家长式政府竭尽所能地缩小它自愿承担各种义务与发挥无私动机的空间，从而导致政府的实际功能无法发挥。

——托马斯·希尔·格林（T. H. Green），1879 年

几乎每一个倡议基本收入的人都主张基本收入将会强化自由，并促使自由得以存在。这是主张发放基本收入的第二大正当理由。不过，到底什么是自由？作为本章的开场白，我们可以说，20 世纪的政治左派人士太不关注如何强化个人自由的问题，而政治右派人士眼中的自由又过度朝自由至上主义倾斜，这严重违反某个极其重要的历史传统——即“共和主义式”自由。

标准的自由主义与自由至上主义观点是，自由权牵涉到免于约束的自由（消极自由权），以及采取行动的自由（积极自

由权）。这个观点常被联系到功利主义的政治哲学——也就是支配近年来中间偏右与偏左派政治策略的主要看法。功利主义的目的是要促进绝大多数人的幸福（通常被统称为"最多数人的最大幸福"），而这个目的明显可能导致政治人物过度忽略"导致少数人陷入悲惨"的事。[1]

长期以来，典型的自由主义者（格林是新自由主义者）和自由至上主义者联合起来反对各式各样的温和专制主义，尤其反对所谓国家温和专制主义（state paternalism），但与孩童或精神疾患者有关的事务除外。不过，现代政治人物向来缺乏思想连贯性（intellectual consistency）的美德，左派或右派皆然；很多人毫不避讳或暗地拥抱某种可称为"家长式自由至上主义"（libertarian paternalism）的危险混合体，这个立场主张"领导"或"助推"民众"做出正确的选择"。如今，它对自由的威胁可能已经比露骨的独裁主义更加严重，因为家长式自由至上主义实在太令人反感且操纵欲太强。我们将在这一章的稍后篇幅探讨相关的意涵。

基本收入可视为某种基本经济权利，是自由主义所秉持之自由观的一个必要条件。基本收入是所谓基本自由权之一，是其他基本自由权——言论自由、思想自由、宗教自由与结社自由的基础。不过，基本收入在自由至上主义者与共和主义者的自由概念中，则是两回事。

自由至上主义者的观点

自由至上主义者支持"小政府"，他们的理由是：政府会破坏个人的自由权。就希望政府“消亡”这件事来说，纯粹的自由至上主义者和共产主义者与无政府主义者的立场是一致的。在他们眼中，政府必然是具侵入性的，而且一定会征税，而侵入与征税都被视为对个人自由的限制。

因此，很多自由至上主义者拥护政府发放基本收入的现象看起来可能有点奇怪。不过，他们针对这种立场所提出的辩解是，这是促使政府全面从社会政策领域撤退的次优选择，而且他们也经常沮丧地承认，自由至上主义者心目中的“乌托邦”，在政治上是不可能行得通的。那类自由至上主义者包括政治右派的罗伯特·诺齐克（Robert Nozick）与查尔斯·默里（Charles Murray）以及自称拥护“真正的自由至上主义”（real libertarianism）的范·帕雷斯，还有左派的卡尔·维德奎斯特（Karl Widerquist）等。[2]

范·帕雷斯主张，基本收入能让人民选择做自己真正想做的事。不过这个观点遭到批判，原因是，它没有将几种最主要的自由列为优先考量，未能体察到某些人比别人更难以将收入转化为自由，而且鼓吹不负责任的自由。[3] 维德奎斯特的论点则是，基本收入提供“有效控制自我拥有权的自由”——也就是接纳或拒绝与其他有意愿者合作的有效力量。

右派自由至上主义传统阵营中，近来发言支持发放基本收入的人包括卡托研究所（Cato Institute）的迈克尔·坦纳（Michael Tanner），以及利用已故诺贝尔经济学奖得主布坎南的著作进一步发挥的马特·佐林斯基（Matt Zwolinski）。[4] 不过，这个阵营中最杰出的倡议者向来是默里，他在 2014 年将他名义上的自由至上主义的论点归纳如下：

> 这个社会太过富裕，所以我们不能事不关己地摆出一副“我们将不会为贫困人民做任何事”的姿态。我了解那个事实、认同那个事实，也抱持那样的同理心。但我希望左派和右派人士能协调出一个宏观折中方案。我们这些右派人士主张，以政府支出金额来衡量，我们会给你们一个巨大的政府，而就“不让政府有能力把人民的生活搞得乱七八糟”的层面来说，就采用你们主张的小政府。所以，综合双方的主张，就是采用以下制度：每个月存一张支票到每一个年满21岁以上的人的电子银行账户，他们可以把这笔钱花到他们认为合适的任何用途。每个人也都可以选择要不要和其他人联合起来，集合大家的资源。不过，人们可以过自己想要的生活，我们让人们得以自行决定要过什么样的生活……
>
> 关于这一切，我的真正目标是复兴文明社会。我的意思是，根据这个制度，某个人每一个月都能领到一张支票。不过，若这个人自甘堕落地把这笔钱挥霍在饮酒作乐上，结果，离下一张支票入账的时间还有十天，他就把钱全部花光，这时，他变成穷光蛋，连活下去都有问题。于是，他必须去找朋友、亲戚、邻居或救世军之类的人帮忙，向他们坦诚“我真的需要活下去”。他一定会得到帮助。而由于这是一个保证基本收入制度，所以他不能再把自己塑造成一个不管多么努力都无济于事的无助受害者。

所以说，这个制度能形成以下的回馈循环：别人（在帮他以前）会说："好，我们不会让你饿死在街上，但你自己也应该一起努力才行。不要说你做不到，因为我们知道你几天后即将收到另一张支票。"[5]

不过，默里另外还主张"福利国家会自我毁灭"[6]。他向来是个颇具争议性的人物，而且很多政治左派人士因他对种族与文化等方面缺乏道德的观点而嫌恶他。不过，他的上述论述确实值得我们深思。他错在不该利用不负责任的酒鬼或赌徒给人的刻板印象来主张废除所有的福利计划，再以基本收入取而代之。

如果默里只锁定对个人自由妥协的福利计划，那他的意见确实会对那类计划构成比较大的挑战。因为无疑地，很多现代福利计划确实侵犯到自由，而且通常是相当蓄意地侵犯。不采用那类计划当然有助于强化自由，但很多公共服务也具备强化自由的功能。举个例子，公共医疗服务就能让某个生病或遭受意外伤害的人恢复自由行动的能力。相似地，对伤残者的津贴与服务，以及公共礼仪的要求等，都有助于打造让每个人享有平等自由的社会。

在右派自由至上主义者眼中，"如果我们能废除现行所有福利计划"[7]，基本收入就是完美的，这个观点相当讨他们喜欢，部分原因是，这么做有助于促成较低的税赋。关于这个立论，典型的例子是新墨西哥州前州长加里·约翰逊（Gary Johnson，他曾是自由至上主义阵营的美国总统候选人），他在

2016 年年中出面支持基本收入，并表示基本收入能节省“官僚成本”。[8]

如果沿着这个理论基础继续前进，右派自由至上主义者应该会发现他们最终必须在“基本收入的发放水准”和“其他福利计划应废除的程度”之间做一个取舍。不过，某些人的厄运或弱势并无法归因于他们的“自由选择”，所以，基本收入不能取代寻求矫正或补偿那种厄运或弱势者的福利计划。我们不能因一个人伤残而怪他产生额外的生活成本或需求。所以，根据特定需求而加发的增额补贴——以货币津贴或公共服务等形式提供——应该永远保留。

另一位公开支持基本收入的自由至上主义者佐林斯基一向倡议采用他所谓的基本收入保证（BIG），他提到美国联邦福利计划一年要花费超过 6680 亿美元的成本到至少 126 个非常分散的计划上。这还不含 2840 亿美元的州与地方福利支出，所以说，美国每年发给每个穷人两万美元以上，总额几乎达一万亿美元。[9] 与此同时，补贴递减之类的规定（不同计划的规定各有差异）意味着原本以领津贴度日的人开始尝试去做低薪工作后，就必须承受非常高的边际税率。

佐林斯基表示：“没有一个自由至上主义者会希望 BIG 成为现有福利国家制度以外的额外福利。”这样的说法对左派自由至上主义者或许不公平，却精准彰显出右派自由至上主义者的根本立场，也就是说，他们主张基本收入将是替代由政府驱动且极具侵入性的福利国家相关制度的方案之一，而且是一种可强化自由的替代方案。

非自由至上主义者的政治左派阵营对自由至上主义者的理论基础向来极端反感，很多人甚至完全拒绝接受基本收入的可能性，他们选择将基本收入视为摧毁福利国家的某种阴谋。虽然很多自由至上主义者确实怀抱那样的目标，但非自由至上主义者左派阵营这种憎恶基本收入的态度，主要是来自情绪上的反应，一点也不理性，因为其实基本收入的多数当代倡议者也认同公共社会服务与以资助穷困者为主的福利补贴。

尽管如此，许多著名的自由至上主义者提议以基本收入直接取代所有公共福利的事实，已在 BIEN 社群内部引发一场猛烈的辩论，最后甚至促使我们在首尔举办的第十六届国际大会上通过一项决议，声明基本收入的支付不该危及福利国家制度。通过这项决议的理由是，我们体察到政治圈将基本收入视为万灵丹的潜在危险。

但也有某些自由至上主义者反对基本收入，他们反对的理由是，如果要达到取代所有福利计划、满足个人多数基本需求，同时保护弱势者的自由等目标，基本收入的发放金额势必会高得吓人，到时候就不得不以远高于目前的税赋来支应，而他们认为提高税赋将会侵犯到纳税公民的自由。

佐林斯基在捍卫他所谓的基本收入“结果论”自由至上主义的（‘consequential’ libertarian）论述时，坦承了这个取舍的困难：

> 我们要强调的观点是，基本收入有助于保护特定弱势人群的自由。不过，我承认，广大到足以实现那个目的的

> 基本收入，可能必须借由会侵犯到其他人之自由的税赋来支应。所以，那等于是牺牲一些人的自由来谋取另一些人的自由。[10]

我们可以用各种不同的方式来反驳这个立论，其中最简单的反驳方式是：除非国家保护它最弱势国民的基本自由，否则那些弱势者会为了反击导致他们变得更弱势的那些人，而不惜侵犯那些人的自由。如果自由至上主义者成功打造出一个让弱势者感到了无希望的最小政府（minimalist social state），那么到最后，弱势者的积怨将导致惩罚性正义（retributive justice）的事态发生。

家长式自由至上主义的危险

很多自由至上主义者表现得比道德保守主义者更道德保守主义。也因如此，默里才会将基本收入视为一种鼓励“更良善”行为和复兴“公民文化”的工具。这其实是家长式的论述，和自由无关。不过，他至少不像新一代的家长式自由至上主义者那么直言不讳；家长式自由至上主义者以“行为经济学”（behavioural economics）和“助推理论”（nudge theory），为他们的主张——赋予政府操纵或温和促使人民做出“正确选择”的重要角色——进行辩护。一直以来，这些家长式自由至上主义者都相当有影响力，以致这个主题的畅销书《助推》（*Nudge*）的作者之一，还成为奥巴马总统执政时期的重要监管官员，另一位作者也成为英国首相的顾问。[11]

在这个全球化时代，家长式自由至上主义已成为各国政策制定的主要模式之一，自称自由主义者（liberals，如参与联合政府时期的英国自由民主党人）、社会民主党人以及保守派人士都倡议且落实家长式自由至上主义。这个主义的“正确”与“错误”观，源自功利主义的政治哲学，其中，边沁（Jeremy Bentham，1748～1832）的著作是他们的重要理论依据，而家长式自由至上主义更是源于边沁的“圆形监狱”（panopticon）构想，那种监狱的设计是为了让狱监能随时监看受刑人的行为。边沁的想法是要给予受刑人明显的自由选择，但同时也让他们知道一旦自己做出“错误”的选择就会被惩罚。

《助推》一书的作者依样画葫芦地直接引用边沁的文字，但又只字未提到他的名字和圆形监狱。他们无疑是用心良苦的，事实上，多数家长主义者的出发点都是良善的，问题是，当今的政府比过往任何时代的政府更仰赖潜意识手段或其他工具（包括激励、惩罚和时间障碍）来诱使人们采用或摒弃某种行为方法。当然，在侵入性家长式心理学家和行为经济学家的推波助澜下，政府的力量变得愈来愈强大，而那样的结果当然极受独裁主义者的欢迎，而这正是支持发放基本收入的另一个重大的新理由。

自由和家长式自由至上主义是不相容的。只要看看众多反对意见里的一个就能理解这一点：如果人们在被操纵的情况下，最后做出了错误的选择（不管是个人或整体的错误选择），那该怎么办？到时候，谁该为相关的成本负责，尤其如果这个人完全不知道自己根本是被动做出选择的？

从很多国家的退休金计划便可看出那种做法最后可能出什么乱子，这些计划都是很典型的实例。举最近一个例子来说，2016 年，智利人民因退休金制度民营化而发动愤怒的抗争，因为人们可领取的退休金与其最终薪资的典型比率[①]，从原本预期的 70% 降为 35%。这个政策大转弯的根本原因有几个：一、最初设定的提拨率过低；二、基金经理人收取的费用高得离谱；三、很多人因育儿责任、失业或从事非正式工作而多年未提拨退休金。这个退休制度改革对津贴金额仅足糊口的退休老人来说用处并不大。

所有形式的自由至上主义都带有某种与生俱来的达尔文主义气质，而家长式自由至上主义也未能克服这一点。最终来说，自由至上主义并不尊重弱势与脆弱群体的自由，问题是，多数人在人生的不同阶段都有可能成为那样的弱势与脆弱群体。自由至上主义或许有支持发放基本收入的理论基础，但他们不能将基本收入合理化为一种抛弃基于社会连带主义（solidaristic）原则而设置的公共社会服务的借口。

共和主义式自由

目前盛行的功利主义与自由主义观点将自由和不受干预（non-interference）画上等号。“共和主义”的版本则是，自由必须等于不受控制（non-domination）。共和主义式自由起源于

---

① 即所谓的收入替代率。——译注

亚里士多德，它要求自由必须是能免于受人、制度或莫名其妙的程序的潜在控制和实际控制。[12]换言之，如果权威人物或机构能够随心所欲地“专横干预”一个人的行动或思想（或发展）能力，就代表共和主义式自由已遭到损害。[13]很多人认为这个观点和“财产所有权的存在有可能摧毁或损害这种自由”的论述有关（这个论述部分来自卢梭的哲学），毕竟在土地遭到少数家族把持的情况下，硬要说每个人都拥有自由，其实是相当荒唐的。

如果社会上的每个人都能回避或免于受无谓干预的影响，且在合理程度上无需畏惧这种干预，那么，这个社会就拥有健全的共和主义式自由。一个人必须能不受他人的意志影响，那才叫自由，换言之，如果我合理且理性地担心冒犯某人就会失去自由，那么，我就是不自由的。

自由至上主义将所有政府视为对自由的一种妥协，相反地，共和主义式自由则需要政府，而且仰赖政府。不过，那个政府必须是民主且负责的政府，而且必须努力促进充分的自由，所谓充分自由的定义，主要是指连社会上最弱势的群体都拥有避免受控制的能力。共和主义式自由也要求政府必须确保强势群体的选择不能妨碍其他人做出自己的选择。所以，如果社会上的一切都是以竞争和“竞争力”为基础，那么自由就自然而然会受到限制，因为在竞争的情境下，势必会有输家，而且是很多输家。所以，如果一个社会对个人的奖励完全取决于他的竞争力，实难想象那会是一个自由的社会。

就共和主义者的观点来说，人们必须拥有能让他们进行合理选择的充足资源——不管他们的偏好和其他人的意见如何——才算拥有自由。而要达到充分的自由，每一个人都必须知道这项自由的存在，并因此不能以怜悯或鄙视的高姿态看轻某人。自由必须意味对个人决策的中立性，它不是某种经谨慎建构且用以引诱人（不管出发点有多么仁慈）做出“符合规范”之行为的黑箱策略结构。这清楚证明发放基本收入是有道理的，相反地，它反对将人们丑化为叫花子——被污名化的祈求者——的恶性概念①。

共和主义者的部分传统与汉娜·阿伦特（Hannah Arendt）和亚里士多德有关，另外，共和主义者也接纳结社自由（associational freedom）的概念，所谓结社自由是指有机会以和谐群体模式采取行动的能力。新自由主义（neo-liberal）国家基于“社团”可能被描绘为反市场动力及扭曲市场动力等单纯理由，而无情挞伐结社自由。但唯有团体里的每一个伙伴都同等自信且都免于生存恐惧，共和政体才可能存在。这是德国左翼党（Die Linke）的重要国会议员之一卡特娅·基平（Katja Kipping）的立场。[14]

根据共和主义者的传统，一群人共同和谐展开商议并采取行动，就是自由的展现，而要达到和谐商议及行动，有极大程度取决于每个人参与时是否有尊严，地位是否平等。托克维尔以著名的手法，将之描述为早期美国民主制度的精髓（遗憾的是，目前已不复存在）。

① 即财力调查式津贴。——译注

传统的自由主义主张，本质上来说自由是取决于个人的。它代表消费者在不同选项之间选择的自由权，像是买 A 产品而不买 B 产品、接受 A 工作而不接受 B 工作、选择支持 A 政治偶像而不选择另一个政治偶像等。但共和主义式自由已超越这个层次，它主张由于我们能在政治上共同采取行动，所以我们是自由的。这是对抗自由至上主义（尤其是它的现代版本——家长式自由至上主义）种种不节制的好论点。[15]

共和主义与结社自由还有另一个向来不怎么受关注的面向：限制权威者的权力与影响力也是必要的。如果一个富豪或精英分子能借由他们一手掌控的操纵工具——包括媒体——来形塑公共议论甚至决策，那么自由就会遭到危害。

不管信仰哪一种版本的自由，基本收入都能强化这些自由。根据自由主义的传统，若要达到满足基本需求的标准，基本收入是必要且充足的。但根据共和主义传统，基本收入虽是必要的，却不能充足，需要适当增补其他制度与政策来共同促进自由。

基本收入将能强化以下林林总总的日常自由：

- 拒绝从事繁重、枯燥乏味、低薪或纯属肮脏的工作的自由。
- 接受以上工作除外的其他所有工作的自由（若纯粹考量财务需要，你可能不愿意接受那些工作，但有了基本收入后，你变得愿意接受那些工作）。
- 即使薪资比以前少或财务安全感降低，却继续从事同一工作的自由。

• 开创小规模事业（虽然高风险，但报酬潜力大）的自由。

• 长时间为亲友从事照护工作的自由，或为社区从事义工活动的自由（若基于财务需要而必须长时间投入有薪的劳动工作，可能就无法自由从事这类工作）。

• 从事各式各样创意工作与活动的自由。

• 冒险学习新技术或职能的自由。

• 免受官僚干预、窥探与胁迫的自由。

• 建立关系及与某人成立“家庭”的自由——当今很多人因财务缺乏安全感而无法做到。

• 脱离恶化关系或虐待关系的自由。

• 养育小孩的自由。

• 偶尔偷懒的自由，我们稍后将回头讨论这项重要的自由。

各种替代的社会政策能给予我们以上任何自由吗？就最低限度来说，一个社会保障政策不应对行为自由产生任何影响，不能讲求道德主义、命令、胁迫或惩罚性。所以，目前世界各地采用财力调查式津贴的趋势，已违背所有自由概念，而基本收入则相反。

诉求自由的政策原则

任何一个社会政策都必须适用两个普遍原则，尤其是宣称能取代无条件基本收入的政策。第一个原则是：

家长主义检验原则（*the Paternalism Test Principle*）。如果一个社会政策强行控制某些群体，但社会上最自由的团体不受那些控制，那么，这个社会政策就是不公不义的。

命令一个人可以做什么或指导民众采取某种行为模式（而非其他〔合法〕行为方式）的政策，显然都违反这个原则。很多政治人物一方面宣称自己信仰自由，一方面却支持一些命令“穷人”可以做什么、不可以做什么的政策。家长式自由至上主义的基本理论（不民主地被内嵌在社会政策的现代结构中）主张，蓄意怂恿或操纵民众去接受某些选项而非其他选项，是“为民众好”或对民众最有利的做法。

但这么做不符合道德意识，因为那些“推手”虽把话说得冠冕堂皇，却没有说话算话。如果他们说他们指导民众选择的某个决定对民众最有利，那一旦结果不如预期，他们理当为那个结果负起责任，而不是那些被指导的民众要负责，换言之，国家理当要补偿那些领取人，但事实并非如此。

第二个以自由与社会正义为诉求的普遍原则就稍微复杂一点：

权利而非慈善捐助原则（*the Rights-not-Charity Principle*）。唯有能促进领取人或被锁定的人群的权利或自由，而非助长提供者的裁决权或权力的社会政策，才是符合公义的社会政策。

基本收入能通过这种考验，而任何要求实际或潜在领取人必须符合特定行为条件的社会补贴计划，则无法通过。政治人物或公务员设想的资格条件限制多少都流于武断，而且多数那种条件都会导致相关人士产生很多不同的解读。而且裁决的权力经常都掌握在地方层级的官僚手上，贫困的人无疑会沦落为“祈求者”。

“享有权利”的权利

> “如果你相信你是个世界公民，那么你哪里的公民也不是。”
>
> ——特蕾莎·梅（Theresa May），英国首相，2016 年 10 月

谁拥有享受权利的权利？公民的传统定义是“拥有权利的人”，而且这可能适用于各个层级的社群。1948 年的联合国《世界人权宣言》（*Universal Declaration of Human Rights*）及 1966 年的《经济社会文化权利国际公约》（*International Covenant on Economic, Social and Cultural Rights*）永久规定，每个地方的每一个人都享有权利。所以特蕾莎·梅那一句挖苦的话是大错特错；身为世界公民的我们全都拥有人权。

然而，权利可分为很多层次，有些是世界性的，有些则是国家设定的，而且只在国内适用，有些只在特定地区内适用，有些甚至只是社团赋予其成员的权利和特权。以国家层面来说，最名副其实的权利就是人民有要求国家保障其生命的权利。还有很多权利一开始是以“主张权”（claim rights）的形式存在，那是要求社会应该朝实现某些目标的方向前进（而非反其道而行）的一种权利。基本收入就是其中一种主张权。

实际的疑问是：谁应该拥有领取基本收入的权利？这个问

题一部分属于道德疑问，一部分属于实际的务实疑问。在一个理想的未来乌托邦，我们可能会很愉悦地说每个人不管身在何处都应该拥有基本收入领取权。但以目前的情况来说，我们必须聚焦在国家层面，尤其是目前还在打造与施行社会政策的民族国家。

典型的出发点是，每个公民都应该拥有领取基本收入的权利。不过，这项权利是否应该扩大适用到在海外生活与工作的公民？多数倡议者将相关的资格规定调整为：每个经常定居在本国的公民。那么，“经常”的意思是什么？我们必须针对这个用语设定一个明确的切实规定，例如公民必须将国家视为永久的居住地，或每年至少在本国居住六个月等。但无论如何，没有一个规定是完美的，每个规定多多少少都会有流于武断的可能。

比较困难的是经常居住在国内的非公民的资格规定。将合法居民排除在外是不公平的，但在设定权利的定义时，还是必须实际明确，例如，一旦某人合法居住在某个国家至少两年或取得永久居留权，他就应该符合资格规定。

就理想状况来说，基本收入应该是永久的，应该将之订立为宪法权利的一种。不过，主张这项权利确立后永远也不可撤销的立场，有可能阻碍政界对基本收入的接受度，而那将会导致政府打消进行基本收入实验的念头，或不愿意实施暂时性或分批导入型（取决于资格权利的变化、基本收入的水准或其他规定等）的基本收入。一开始就排除以民主决策方式来设定政策并不明智，导入短期（如五年）基本收入的做法甚至更蠢。

因为喜欢在文字上做文章的人可能会出言反对，并主张短期基本收入称不上一种“权利”。不过，在特定期间内，它理当拥有相当于“权利”的地位，因为在那段期间，所有人的基本收入都不能被任意撤销。尽管如此，国家原则上还是应该将基本收入确立为某种终生的承诺，就算要调整，也必须经过民主程序。

权利的另一项特征是“不可撤销”，换言之，未经适当的法律流程不能撤销。基本收入的某个层面鲜少被强调：基本收入不能被扣押作为偿债用途。这是基本收入和某些财力调查式补贴的区别所在——财力调查式补贴可用来抵偿对国家的债务。

为何基本收入的解放价值超过它的货币价值

> “毫厘之差足以改变整个世界。”
>
> ——罗伯特·勃朗宁（Robert Browning）

2010~2013年间，我参与了印度中央邦（Madhya Pradesh）的一个大规模基本收入试点计划，这项计划对九个村庄的全部（6000个）居民发放一笔小额基本收入。[16]其他相似的村庄则被选为评估该试点计划成效的对照组成员。很快我们就发现，基本收入所衍生的正面影响远远超过基本收入本身的金额所能让人想象到的成效。根本的理由是，对那些社群与家庭来说，金钱本身就是一种稀有商品。

如果人们需要的某种商品很稀少或很难取得，它的价格通常会上涨。举个例子，可用收入或储蓄非常少的人通常会被迫举借短期性的贷款来支应日常需要或意料之外的成本（例如医疗费用），而且这种短期贷款的利率通常非常高，这些人一定也经常必须牺牲某些保障来换取金钱。另外，他们无法把钱存在较高报酬的长期储蓄上，因为他们必须随时把仅有的稀少资源摆在身边，用以支应日常需要与突发性的事件。

在这些情境下，对所有家庭成员与邻居发放的基本收入就像是某种“不会违约”的保证，它让人们得以用更低廉的代价向专业放款人或邻居借钱；相对地，商品或服务补贴（目前印度对穷人的主要资助形式就是这类补贴）、财力调查式或行为调查式有条件补贴等就不是如此，因为在定义上，那些补贴有可能被拒绝或撤销，而且并不是每个人能获得平等对待。基本收入具有确定性（或几乎确定），故能降低领取人和领取社群的生活成本，因为在个人面临压力的时期，它让群体有了集体行动的空间。所以，就相似的金额来说，以基本收入的名义发放的钱，比财力调查式补贴发放的钱更有价值。

在印度的基本收入试点计划中，领取基本收入的人缩减债务的可能性高于其他人，也因此他们较可能储蓄，某些人甚至在还没还清债务前就开始储蓄，因为他们了解到货币流动（monetary liquidity）的价值。[17]货币流动也让个人和家庭能更策略性地制定决策，让某些人以更低利率借到资金，进而在需要时购买小型设备、种子和肥料。

基本收入的解放价值不仅止于此。地主与放款人（通常是同一群人）一向善于利用货币经常短缺的状况来牟取利益，从而使低收入的村民陷入被债务奴役的深渊——由于无力偿还长期累积的债务，所以地主任何时刻都可以要求借钱的村民提供劳动力，作为还债的方法之一。一旦碰上收成期间，这样的状况常会导致小自耕农处理自家农务的宝贵时间遭到债主剥夺，贫穷的小自耕农也因此变得更加贫穷。所以，如果那类遭到债务奴役的人及他们的亲友能通过自身的基本收入，逐渐累积足够资金来换取自由，那会是相当令人乐见的。

解放价值不仅止于财务层面。在实施试点计划的某个村庄，所有年轻女性原本都戴着面纱，所以，她们必须在禁止男人进入的小茅房里拍摄办理身份证（领取基本收入必须使用身份证）所需的照片。不过，基本收入发放几个月后，我和研究团队的一名同事再去拜访那个村庄，发现当地所有年轻女性都不再戴面纱。我们问她们为何会有那样的转变，其中一名年轻女性解释，以前她们是遵从长辈的交代而戴面纱，但现在既然她们自己有钱了，就能自己决定要做什么，不做什么。

领取基本收入后，她们终于得以反制某种形式的文化支配力量，变得更有胆识，最后，她们的文化权也获得提升。这些年轻女性毅然决定卸下面纱后，得以更自由地参与村庄的生活，不再受制于他人的目光，更敢于正视他人，不再屈从于他人的意志。这一点对共和主义式自由非常重要。

代言人的必要性

诚如先前提到的，若要实现共和主义式自由，基本收入的发放是必要条件之一，但并非充分条件。它能产生解放效果，但也非万灵丹。代言人（即代理人）的必要性依旧存在。长期以来，我一向认为最重要的两项保障是基本收入保障和代言人保障；若没有经济能力取得为个人与集体发声的资源，一个人就算有基本收入，一样可能容易受不合理的控制，丧失共和主义式自由。不过，在实施代言人保障时，也应对富豪与精英分子的势力加以限制，那是确保所有人都能获得基本保障的必要因素。

根据这个脉络，20 世纪有关基本收入的辩论中，最奇怪的面向之一是工会领袖竟是最激烈反对基本收入的一个群体。虽然某些重要工会思想家事后也站出来支持基本收入，但到目前为止，这种习惯性的反抗行为并未消失。至少从表面上来说，某些反对立场导因于以下信念：基本收入将使雇主降低薪资支付金额。

我将在后续的另一个章节再度回头探讨这个论述。不过，重要工会领袖持反对立场的另一个原因更让人坐立难安——他们私下表示那个原因和以下观点有关：如果工人有基本收入，就没有理由加入工会。这个观点反映出工会领袖的缺乏自信。事实上，诚如很多心理学研究显示的，拥有基本保障的人其实反而比较可能（而非较不可能）加入能代表其利害关系的团体。

最后，基本收入是一种民主化工具，因为所有公民都需要能够取得有助于他们实现自身权利的资源。[18]基本收入将有助于实现个人自治（self-government）并建立均等的自尊心。早期的民主倡议者将民主化视为自由、平等与独立的普及化，其中，“独立”是以约翰·洛克（John Locke）阐述的“自然自由”（natural freedom）原则为基础。这个原则主张，除了为害他人，一个人必须能够在无须请求同意且无须担忧遭到惩罚的情况下采取行动，才算拥有自由。

这种独立的感受是最重要的一种解放，当然，如果未能享有生存权利，就没有独立可言。美国宪法的起草人之一亚历山大·汉密尔顿（Alexander Hamilton）就曾在 1788 年如此形容：“控制一个人的生存的权力等于控制其意志的权力。”

虽然基本收入能促进实质的自由，但共和主义者式自由——即充分自由——的保证需要代理机构来实现。唯有通过能为集体与个别发声的制度与机制，才能实现所谓的充分自由，尤其是在个人处于脆弱与苦难之际。不过，即使基本收入可能不足以让我们获得充分的自由，却是获得充分自由的必要途径。

第四章

CHAPTER IV

基本收入能改善贫困、贫富差距与不安全感问题

人人有权享受为维持本人及家人之健康与福祉所需的生活水准，包括食物、衣着、住宅、医疗和必要的社会服务；在因失业、疾病、伤残、鳏寡、衰老或其他无法控制的情况而丧失谋生能力时，亦有权享受保障。

——联合国《世界人权宣言》，第十四条

支持基本收入最常见的主张是：基本收入是改善贫困的最有效方法。原因很简单，因为它是最直接与最透明的方法，且行政成本相对较低。另一个主张和上述说法有关，但不全然相同：基本收入是一种提供基本经济安全感的好方法。这一点很重要，因为在今日这种市场导向的全球资本主义环境下，经济上的不确定性（uncertainty）是造成不安全感的主要导因，而且，不确定性和风险不同，无法以传统形式的保险来应对。

但首先我们也必须认识到，一个设计不良或未能彻底落实的基本收入制度，有可能导致人们的经济状况变得比在现有社会保障计划下更糟。不过，这绝对不是基本收入的固有特质。

贫困

虽然很多人认为世界各地绝对贫困状况的减轻（因为新兴市场经济体的生活水准逐渐提高）和全球化息息相关，但很多国家的贫困率（即生活在贫困状态的人口占该国总人口的比例）却在上升。此外，全球化与2007～2008年金融崩溃后广泛被采用的财政紧缩政策，已使得工业国家数千万人口陷入绝对贫困状态。

在堪称世界最富裕国家的美国，竟有大约一百五十万个家庭——包括三百万名孩童——一天的人均现金收入（per capita cash incomes）不到两美元。[1] 另外，诚如诺贝尔奖经济学奖得主安格斯·迪顿（Angus Deaton）与安·凯斯（Anne Case）所阐述，美国“因绝望而死”（deaths of despair）的潮流（自杀、服用过量处方药与非法药品、酗酒等）正愈演愈烈。[2] 欧洲和日本的情况虽然稍微好一点，也相去不远。

尽管以全世界的整体收入来看，目前这个世界已达到有史以来最富裕的状态，但从目前的趋势观察，短期或中期内，收入匮乏的情况并没有消失的迹象。进入21世纪后，名义上的富裕国家的绝对与相对贫困状况其实是恶化的，而非改善，而且无家可归的人数也创下历史新高。这对世界上所有国家的政府来说，是一个强有力的控诉。

全球化与市场弹性政策和因全球化而起（或与全球化有关）的科技革命结合在一起，还制造了一个愈来愈庞大的危产阶级，这个阶级分布在世界各地，人数高达数百万，他们生活长期缺乏安全感且逐渐失去所有形式的权利。[3] 未来就算经济增长率将持续上升（看似不可能），这些危产阶级也无法获得任何经济利益。

这个世纪开始后的二十年间，危产阶级当然也没有获得任何经济利益。以相对观点来看，危产阶级几乎百分之百会成为经济增长的输家，因为当前这种经济增长而产生的利益，不成比例（甚至全部）地流向富豪、精英分子与白领阶层的口袋。[4]

雪上加霜的是，创造就业机会这个老药方——“工作是脱离贫困的最佳途径”——愈来愈行不通，甚至产生反效果。为了提升劳动市场的弹性，各国政府或许可借由撤销劳动保障规定来提升职缺数量，但这么做的同时，却会让更多人变得更没有经济安全感。而且，让更多人变得愤怒，随时准备把坚持这种做法的政治人物扫地出门。

渐渐地，世界各地多数国家（包括所有富裕的工业国家）创造出来的就业机会，不再是帮助人们脱离贫困的可靠路线。就实质层面来说，若考量价格通货膨胀，发达国家的平均工资已停滞超过三十年，而且，未来预期应该会继续长期停滞。对危产阶级来说，实质工资甚至是降低的，而且起伏程度愈来愈大；一次不幸事件、一个失误或意外，都可能导致他们进一步沦落为真正的贫困阶级。

愈来愈多处于相对贫困与经济不安全感状态下的人没有能力脱离那样的窘境，就算再怎么努力工作也无济于事，而就算是持续提高的税额抵减与法定最低薪资，也未能抑制这个趋势。总之，收入分配系统已彻底瓦解。

普遍主义与透明度

基本收入和多数替代方案不同，它是一种能改善贫困又不会污名化领取人的方法，换言之，它不会导致领取人成为乞丐或祈求者。诚如许多研究所显示，因申请目标锁定型的财力调查式福利而可能背负的污名，导致很多真正有需要的人出于自尊心、恐惧感或无知而不去申请。尽管上述固有缺陷已人尽皆知，但政治人物却还是持续支持那类计划，实在可耻。

加拿大在曼尼托巴省多芬镇（Dauphin，Manitoba）进行的“Mincome”实验（详见第十一章，这是一个全民型计划）的结果，和上述污名化福利计划的结果呈现明显对比。[5] 很多低收入者——包括失业者——出于污名的考量而未申请标准的“福利”，但他们欣然接受这种让低工资工人、失业者和社会救助领取人之间的差异变模糊的无条件最低收入支付。

接受这个实验相关问卷调查的受访者表示，他们欣然接受 Mincome 支付的原因是，这种支付让他们感觉自己是独立的、能够去工作，又无须忍受财力调查式福利那种侵入式且令人感到耻辱的申请程序。有一个人就说，那类侵入式福利导致“家庭背负了恶劣的形象”。另一个人则说 Mincome“信任加拿大人，并让众人保有自尊”。

因为基本收入是全民且无条件的支付，所以它也避免采用一些用来区隔哪些穷人“理应领取”，哪些穷人又“理应不能领取”的标准功利主义“标签”，那种武断、不公平且应用成本高得荒谬的标签，是道德主义政治人物惯常采用的手段。

我们应该将“消除社会污名”列为较优先的理想目标，

万万不该蓄意借由“污名”来阻碍穷人申请政府津贴，从而达到降低政府津贴成本的目的。另外，社会政策制定者也应该停止为人们贴上“理应领取”或“理应不能领取”等标签的不光彩作为。

克服贫困与飘零陷阱

基本收入是最能有效改善贫困的方法，理由之一是它能克服“贫困陷阱”，且将改善“飘零陷阱”（Precarity Trap）。举个例子，英国某些已领取微薄政府津贴的人一旦从领取津贴的状态转而从事低薪工作，就会面临实质上高达80%以上的边际税率。这还只是官方计算的数字，如果把运输、保姆等因去工作而产生的成本纳入计算，税率会更高。

在丹麦、芬兰与德国等许多欧陆国家，这项边际税率甚至更高。如果中产阶级面临那么高的边际税率，早就发生暴动了！一般人多半都认同40%以上的税率会促使高薪资收入者想方设法地避税或逃税。相形之下，评论家却以“乞丐”甚至更难听的字眼来形容那些“继续领津贴”和为了不想支付80%税率而不接受低薪工作的穷人。

不管是左派或右派自由至上主义者都承认，由于基本收入的发放不考虑工作地位高低或其他收入的多寡，所以将能移除隐含在现有福利计划中的固有贫困陷阱。而在移除贫困陷阱的同时，基本收入也能增加人们接受相对低薪的工作或从事高风险个体户经济活动的诱因。

除了贫困陷阱，津贴发放的拖延也成了阻碍他们接受短期或非正式工作的因素之一，我称之为“飘零陷阱”。现代各种财力调查式津贴与有条件津贴的错综复杂，意味当一个人开始有权领取某项津贴后，也鲜少马上获得支付。此外，很多人可能不太能确定自己是否真的有权获得救助——申请人可能要耗费非常多时间和精力填写冗长的表格，并回答许多侵入式的疑问，但到头来还是不太确定自己能否通过审核。而就算通过审核，为了能继续领取那些津贴，领取人还必须持续汇报实际情况来证明自己符合某些有损人格的条件。

这些陷阱、污名和阻碍，导致津贴领取率（take-up rates）偏低，某些捍卫这种制度的人热切且一厢情愿地将这样的现象，解读为“不去申请津贴的人就不需要或理当不应领取津贴”。而对最后终于领到津贴的人来说，担心再失去领取资格与害怕从头申请的那种恐惧，则导致他们不愿意接受非正式的短期低薪工作。

让我们以一个领取伤残津贴的英国人为例子来证明这个现象：

> 很多年前，我的健康状况自然好转。我一半的理智催促我勇敢面对，尽快走出家门并投入职场；但我另一半的理智却被这个制度特有的官僚障碍吓得不敢轻举妄动；那些障碍逼得我只能选择两条路：一是放弃这一笔对我攸关重大的津贴，指望靠一己之力赚钱来代替；二是对就业与国民年金事务部（Department of Work and Pensions）说谎，以便继续领取这笔津贴。后来，我的确外出工作了一小段

> 时间，但当时我必须非常努力工作才能赚回失去的津贴，于是，最后，我再度堕落地去申请津贴，且从此没有再投入职场。[6]

作为一种权利发放的基本收入能排除最糟糕的贫困陷阱和这种飘零陷阱。它能减轻现有社会救助计划所造成的道德风险问题——即人们不去做自己真的想做的事（例如去找一份工作）。基本收入也能降低人们进入灰色经济（即地下经济）体系的不道德风险（immoral hazard），因为实施基本收入后，进入合法纳税经济体系的障碍就不是那么高。

尽管如此，我们能将基本收入宣传为一种根除贫困的方法吗？如果这么做，将会引来以下反击：实际上最初发放的金额将无法达到根除贫困的目的；而如果将基本收入的最初发放金额设定在足以根除贫困的水准，财政压力将会大到让基本收入难以获得大众与政治人物的青睐。

然而，如果设计得当，基本收入应该能降低贫困的发生率，减少生活在相对贫困状态的人数，同时改善处于或接近贫困线的人们的贫困程度。基本收入将无法根除贫困，事实上，没有任何政策能达到这个目的。不过，基本收入应该能降低贫困对生活在仅略高于贫困线的人们的威胁。

举个例子，英国智库金巴斯集团（Compass）计算过，假定一个保留目前多数福利津贴的过渡型全民基本收入制度，每周发给每个成人 71 英镑、每个退休老人 51 英镑（不含基本的政府退休金），以及每个孩童 59 英镑。以 2015 ~ 2016 年来说，这个制度一旦实施，落在收入分布最底层五分之一的人口，有60%将多获得五分之一以上的支付，届时儿童贫困率将降低一半。[7]当然，这些数字都仅属说明性质，不过，从这些数字却可看出，即使只发放相当节制的基本收入金额，都能显著改善贫困。

穷人是否懂得聪明消费?

反对发放基本收入的意见之一是，低收入的人会把基本收入挥霍在“私人恶习”（private bads）上，有时是出于无知，有时是出于意志薄弱（他们因为不良习惯或成瘾而无法抗拒这么做），有时则是因为“不良性格”。某些批判者更过火，他们暗示所有需要政府津贴的人可能都具备上述所有特质，但事实正好相反。

过去的几个现金转移计划与基本收入试点计划的经验显示，相关支付款项多半被领取人花在“私人良善用途”（private goods），例如子女的食物、医疗保健与就学费用等。不仅如此，多项研究更显示，由于领到基本收入或现金移转，领取人用来缓解困境或绝望状况的所谓“治疗公害”（又称为“补偿性公害”）——毒品、酒精与香烟等——的支出反而降低了，这些研究结果和一般人的成见恰恰相反。

相关情境有四个例子值得提出来探讨。利比亚当局从贫民区聘请了一群酒精成瘾者、毒瘾者和轻刑犯，每人无条件发给约等于两百美元的金额。三年后，相关单位访问这些人，以便了解他们把钱花到什么用途。答案主要是食物、衣物与医药。

其中一个研究人员纳闷，如果连这种人都没有随便挥霍基本收入补助，那还有哪些人会这么做？[8]

《经济学人》（*The Economist*）则报道了另一份在伦敦西堤区所做的研究。在当地，每到黄昏就会有一大群“神秘的无家可归者大军”出没。[9]一个名为百老汇（Broadway）的慈善机构找出其中338个人，这些人多数已成为游民一年以上，并进一步针对最资深的游民——在街头游荡超过四年——询问他们需要什么东西才能改变他们的生活，同时也为他们提供了那些东西。相关的平均支出为794英镑。在参与这个活动的十三个人当中，有十一个人在一年内就脱离游民生活。而这些游民被问到自己“需要什么东西才能改变生活”时，没有人回答想要钱来买酒、毒品或用来赌博。有几个人告诉研究人员，他们愿意合作的原因是，这么做让他们拥有掌控自己人生的机会，不需要再被迫住进青年旅舍。更值得一提的是，相关的成本仅约为每年估计花费到每个无家可归者的医疗、治安及监禁成本——26000英镑——的极低百分比。

第三份研究是在美国进行，这份研究发现，相较于广受推崇的早期学前教育计划——如美国的启蒙计划（Head Start），直接发放给家庭的现金移转，对孩童教育的正面影响更大。[10]财务安全感很重要，它能减轻压力，并让双亲得以花更多时间陪伴小孩、读书给他们听，带他们去博物馆等场所。

最后一份研究来自犹他州，那是美国最保守的地区之一，当局实施一项鼓舞人心的政策，给予无家可归者永久性的住所，而不是沿用长久以来的做法——仅给予暂时居所。最初的成本看似非常高，但最后其实省下更多钱。原因是，这个做法所带来的确定感，让那些游民得以重新融入社会，主管当局因此省下更多各式各样的支出，像是毒瘾戒除、抑郁症治疗等。后来，美国有数百个城市也如法炮制采行这项政策。诚如全美无家协会（National Association of Homelessness）执行长所言："某种程度来说，这个结果凭直觉就能得知。一旦获得安定感，任何人都能表现得更好。"[11]

观察家和评论人员经常预设穷人是"愚蠢"的、不理性的或没有能力做出理性决策。但某些发人深省的实验显示，穷人只不过是拥有的资源比较少罢了。无疑地，"信任"的结果有时难免会令人失望，但信任仍是引导社会政策的良好原则。此外，每一个人都需要拥有做出坏决策的自由（虽然最好不要产生悲惨的结局），唯有如此，我们才能从那些坏决策里实验并学到教训。如果人们没有犯错的自由，就无法学习如何成功掌控自身生活。

财富分配不均与公平

整体收入及财富的分配不均对社会、经济体系有害，最重要的是对收入与财富最微薄的那一群人有害。近几十年间，多数国家的贫富差距情况恶化，而且很多国家的贫富差距状况都达到有统计数据以来的最严重水平。另外，也有强烈的证据显示，若贫富严重不均且持续恶化，将阻碍经济增长（这不尽然是坏事，不过一般人都把它当成坏事）并损害经济持续发展的能力。

全民基本收入是否倾向于改善收入分配不均问题？就某个意义来说，它确实可以。如果政府支付每个人一笔相等金额，那么对低收入者来说，那笔金额占他们整体收入的比率会比较高。不过，有一点必须特别留意：基本收入对贫富差距的影响将取决它的导入方式与相关财源的取得方式。

但也有些杰出的经济学家主张，基本收入会导致贫富差距状况恶化而非改善，让我们看看曾担任美国奥巴马总统经济顾问委员会主席的杰森·弗曼（Jason Furman）的说法：

> 以 UBI 取代我国现行的扶贫计划，不仅无法改善收入分配状况，反而会让情况更加恶化，不管它的设计有多么实在。我们的税赋与转移制度多半锁定位于收入分配下半部的人群，那代表这个制度能有效改善贫困与收入分配不均的问题。若以全民现金补助——也就是对所有美国人发放，不管他的收入有多高——来部分或彻底取代那个系统，这个系统可用以聚焦协助最底层人口的资源将相对减少，因此，这么做会导致收入分配不均恶化，而非改善。[12]

弗曼是根据某些偏颇的假设而提出上述说法。首先，基本收入不需要“取代”扶贫计划。基本收入的多数支持者并不提倡废除所有或多数扶贫计划，尤其是以解决某些特殊需求为目的的扶贫计划，像是对伤残者、病患与病弱者的补助。第二，即使我们接受现有计划“多半已明确锁定特定有需要的人”的说法（但这个说法令人质疑），实际上还是有很多有需要的人没被纳入补助对象，连弗曼本人都承认这一点。第三，通过财力调查与行为调查来锁定明确补助对象的做法，会产生众所周知的恶劣影响，引诱或迫使人们采取与其最大利益相悖的行动，例如不去做真正值得做的事，而去上一些没有用的训练课程，或参加无济于事的求职计划。

无论如何，美国的社会政策支出的目标锁定成效并不比任何其他国家好。与此同时，花费在所得税减免和其形式补贴的支出，反而主要流入有钱人的口袋。很难理解为何这个经济顾问委员会主席未能体察到以某种基本收入来“取代”上述某些补贴的好处，无论如何，弗曼的论点实在很站不住脚。

要处理贫富差距的问题，较理想的方式是先承认一个事实：由于21世纪的收入分配系统已然瓦解，故基本收入有实施的必要。目前国民收入流向劳动的比例明显下降，而且未来极不可能再度上升。而由于全球化与技术变革，愈来愈高比例的职位不再能提供足以让人摆脱贫困或借由社会流动来提高自身社会地位的工资或收入。因此，目前我们迫切需要建立新的收入分配系统，而基本收入必须在这个系统中占有重要的一席之地。

根据以上脉络，让我们来看看以下说法：

> 饼虽然愈来愈大，但如果我们放任市场自由发展，没有人敢保证所有人都将分到一口饼。事实上，我们认为若放任市场自由发展，并非每个人都能受惠。因此，我们必须研拟一套新的收入重新分配制度，再拟定一些新政策，

> 把收入从受益于市场体系较多的人手上，重新分配到较少受这个市场体系“照顾”的人，以作为对后者的一种支持。发放全民最低收入就是收入重新分配的方法之一。事实上，我本人就非常支持这个方法，只要在实施这个方法的同时，知道如何防止处于市场体系较低阶层的人因这种收入的发放而失去工作的诱因即可。[13]

这是克里斯托弗·皮萨里德斯（Christopher Pissarides）爵士提出的理论说明，他在2010年获得诺贝尔经济学奖。我只对他的主张中使用“重新分配”而非“分配”字眼，以及他提出的最后一点略有微词。真正导致劳工因贫困陷阱与飘零陷阱的缘故而失去工作诱因的，是现有的财力调查式补贴，不是基本收入，基本收入反而能提高劳工的工作诱因。

人与人之间的平等

当一个具备某种特质的人因直接或间接差别待遇而一贯处于低下的社会地位时，就会发生不平等的情况。在世界上很多地方，因身份因素而衍生的不平等可以说已多少有所改善，但矛盾的是，收入与财富上的不平等却在恶化。法规与社会态度的改变已使得伤残、种族与种族划分、性别与性取向及多元关系与伴侣关系等歧视获得改善。不过要确保上述所有层面的平等，还是有很长的路要走。

一个以基本收入为基础的系统将非常有助于解决上述问题。对每一个人发放等额的基本收入，最后创造出来的价值，绝对高于只补助缺少赚取额外收入机会的人。不过，建立多层式系统是合理的，这样就能（也应该）通过这个系统，对必须负担额外生活成本或是确实较缺乏机会赚取额外收入的人多提供一些金钱补贴，而这实质上就等于是补偿市场所造成的不平等。

关键资产的分配不均

我们还可以用另一种互补的方式来看待基本收入与不平等之间的关系。目前这个世界上的不平等不仅是金钱收入的不平等，取得攸关良好生活的其他资产——安全感（包括物质与经济上的安全感）、优质时间、优质空间、教育和知识以及财务资本等资产——的渠道一样不平等。[14]

安全感是最枢纽的关键资产，但安全感的分配甚至比传统定义与衡量标准中的收入和财富更不均。有钱人可以购买物质安全感，而且他们几乎拥有全然的经济安全感。但危产阶级或低收入与收入不稳定的人则全然没有安全感。基本收入能矫正这种慢性不平等的问题。

相似地，长期下来，控制权的不平等已变得非常巨大。收入与财富较高的阶层能彻底控制他们的时间，能付钱请别人做他们不想做的事。相反地，危产阶级则不太有能力（甚至无法）控制自己的时间。即使无法达到全然或充分，基本收入还是能让人更有能力控制时间的分配，举个例子，财务压力的降低，将使人无须长时间工作或在非社交时间工作，以致牺牲与家人及社群相处的时间。这些都是对每一个人非常重要且真实存在的不平等。

经济安全感——不确定性的胁迫

> “不患寡而患不均。”
>
> ——孔子

支持基本收入的另一个强烈理论基础是，基本收入将能提供基本的安全感，而且是连续的安全感，这是其他所有替代方案所不能及的。亚里士多德曾说过一句名言：唯有不安的人才是自由的。不过，若没有基本的安全感，人们就无法理性发挥他们的能力，任何人都不该期待缺乏基本安全感的人能理性发挥其能力。当然，如果太有安全感，人也会流于漫不经心与怠惰。孔子和亚里士多德的内心显然都有不同程度的不安。

除此之外，显然以“经济安全感的需要”来为基本收入辩护，会比用“根除贫困的期望”来为它辩护更好。马丁·路德·金在他 1967 年的书《今后我们该怎么做?》（*Where Do We Go from Here?*）里，相当精准地传达了和这一点有关的几个面向。

> 雨露均沾的经济安全感必然将促使人们产生许多正面的心理变化。当一个人掌握了和自身生命有关的决策，当他确信自己的收入很稳定且确定，以及当他知道自己有寻求自我提升的工具时，他将会感觉非常有尊严。当我们摒弃以金钱这种不公平的指标来衡量人类的价值，丈夫、妻子和孩子之间的个人冲突一定会逐渐减少。[15]

20世纪的福利国家试图以提拨型保险计划来降低特定不安全感的风险。在一个工业经济体，所谓“概率事件风险”——例如生病、公安意外、失业与伤残——的概率，确实有可能通过保险统计来估计，所以，当然可根据“对多数人适度合用”的原则来建构一个社会保险系统。

但在一个明显属于“第三纪”（tertiary）的经济体，从事与退出暂时性兼职与非正式就业机会的人较多，而且很多人在非固定的上班时间与地点从事很多无酬无职但和职缺有关的工作，前述这条提供基本安全感的路线已经瓦解。目前提拨的基础已经遭到侵蚀，受保障的人变少了，而为了取得或继续取得津贴而隐匿收入或经济状况的固有“不道德风险”，也促使各国政府以侵入与惩罚的方式，来回应“津贴遭到滥用”的观感，从而削弱这个制度的合法性。

然而，社会保险模型趋于式微的最重要原因是，今日的经济不安全感和20世纪中叶常见的那种经济不安全感完全不同，至少结构上不同。如今的慢性不安全感主要特色是不确定性。诚如经济学家所了解，不确定性和风险不同，和“未知的未知”有关。

不确定性会伤害最根本的恢复能力——也就是应对冲击（意料外的负面事件）与偶发事件（会衍生成本与风险的常见生命周期事件，例如结婚、生小孩或死亡）并设法补偿与复原的能力。没有人能确定和理解各种冲击与偶发事件的影响，更不知道如果负面后果成真，应该怎么做最好，或许那是因为没有所谓的“最好”。风险可以用保险来应对（因为风险可量化），不确定性则无法。而基本收入能提供或多或少的事前保障，减轻不确定性造成的压力，并降低个人或家庭因区区一场冲击或偶发事件而陷入财务危机的概率。

根据美国联邦储备委员会（Federal Reserve Board）的调查，除非向别人开口借钱或出售物品，否则几乎一半的美国家户没有能力随手拿出400美元，其中有些人根本一毛钱都拿不出来。[16]让我们通过以下的例子来说明这个现象所代表的真正意义：

> 换轮胎对我来说似乎是轻而易举，只要到最近的轮胎店去修理就好。不过，杰琳是个月光族，连110美元都没有。而因为车子的轮胎破了，她没办法去上班，所以老板要她卷铺盖走路。失业后她付不起房租，所以很快就沦为游民，一切只因为她在真正需要的时候，连（修理轮胎的）110美元都凑不出来。杰琳是在我担任食物布施志愿者时向我述说她的故事。她的经验是促使我支持基本收入概念的最后一根稻草。[17]

基本收入能提供比贝弗里奇（William Beveridge）① 与俾斯麦（Otto von Bismarck）式社会保险计划更全面的安全感，因为那类计划未能普及到更多处于或濒临危产阶级的人们，因为这个群体的人无法累积充足的提拨纪录，而且他们的收入不确

① 福利国家理论建构者之一。——译注

定且起伏不定。基本收入将比现有的财力调查式计划更有效改善安全感，因为财力调查式津贴计划只锁定穷人。这种津贴计划并未能提供事前的保障，因为计划本身就是一种不确定性，大规模的尊严剥夺、低津贴领取率以及因此而产生的污名等，都促使人们不敢去申请他们有权获得的补贴。

如今，经济不安全感的现象更全面化，情况远比福利国家全盛时期更严重，因为福利国家的运作是局限在封闭的经济体系，而且当时的技术变革与工业就业状况都很稳定。相对地，生活在一个开放式全球化经济体系下的我们，则要处理许多来自世界其他地方、不可预测、超乎我们掌控但又和我们息息相关的决策，包括会直接影响邻里就业与生产状况的决策。更糟的是，这些决策的影响还因破坏力强大的技术变革，及蓄意牺牲劳动保障以换取雇主经营灵活度的劳动市场政策而变得更加严重。

结果，上升的风险以及负面结果的成本全被转嫁给劳工与公民。此外，普遍低工资的现象意味人们变得比以前更可能活在无力偿债的边缘，这当然也导致他们应对负面冲击或偶发事件的能力减弱，从中恢复的能力也降低，因为持续变迁的劳动市场、全球化与技术的影响等已导致社会流动的通道遭到阻断。过去二十年间，社会保障制度的改革非但没有让不安全感获得改善，还导致不确定性升高、人们恢复力进一步受挫。财力调查、行为调查、惩罚与津贴的延迟发放等，让人们承受更大的不确定性。很少人敢肯定地说自己是否有权接受或能否继续接受他们认为自己有权利获得的津贴和服务。在这样的情况下，我们迫切需要一个全新的方向。

全民、无条件限制且受制度保障的基本收入，能提供财力调查式津贴、行为调查式津贴或非全民津贴系统所无法提供的一种心理安全感。心理安全感有助于维持精神稳定，父母亲的精神稳定能感染到孩子，而孩子又能进一步将那种稳定感染给他们的朋友。

风险承担、恢复力与心智频宽

新自由主义者与自由至上主义者并不怎么重视政府提供的基本安全感。不过，基本安全感是一种人性需求。最近一份研究显示，缺乏基本安全感不仅会伤害心理健康，也会伤害生理健康，进而引发各种不同的心理失序，并使短期的智力——也就是心智频宽（mental bandwidth）——降低。[18]当人们缺乏（或担心将缺乏）金钱或食物等必需品时，心智能量就会先被日常生活的柴米油盐酱醋茶等烦恼给消耗殆尽，在这种情况下，他们解决问题的能力将会降低，当然也会做出更糟的决定。缺乏安全感也会导致自尊心受创，对自己与周围人的期望也会下降。[19]

因此我们可以预期到，长期缺乏安全感的人可能经常会做出很不明智的行为，或者至少不会做出合理或最适当的决定，尤其是和策略性或长期规划有关的决定。所以，坚持“唯有行为负责且表现良好的人应该领取社会津贴与救助”的主张，只会让社会问题变得更严重。

基本收入对心理健康的影响也包括所谓的“关系效应”

(relational effects)，如一旦财务压力降低，人际关系将更平衡且更放松。一份针对切罗基（Cherokee）部落家庭的孩童所做的研究发现，定期领取以该保护区赌场盈余支应的部落家庭，父母较少发生争吵（主要是因为他们比较不会为了钱吵架），而孩子也较少见焦虑与行为失序等状况，在学校的表现改善了，而且比较不可能犯罪。[20]

基本收入也能强化个人的恢复能力。纳西姆·塔勒布（Nassim Taleb）发展出“反脆弱”（anti-fragility）概念，这个概念和应对罕见事件（也就是他所谓的“黑天鹅事件”）的冲击有关。[21]他认为过度努力回避冲击是错误的，一个有效率的经济体系需要有适度的波动性与崩溃（或许来自技术变革），当然也需要能让人做好应对冲击准备的机制。

举个例子，某个看似拥有铁饭碗的大企业职员可能很容易会产生某种依赖感，所以，一旦他突然失去那份工作，就会形同遭遇一场大冲击，对他的心理与财务造成灾难。相反地，如果一个人的就业保障比较低，那么他可能看似矛盾地较不容易受到类似冲击的伤害。因此，适度的不安全感的确能让人做好应对冲击的准备，一旦冲击发生，他们就会更有能力应对且复原。不过，这个概念的关键字是“适度”。基本的安全感能提高复原力。

所以，心理学家对基本收入的看法，证明了拥有基本安全感对心理健康与理性决策是有益的。

给予人们安全感也非常有助于提高人们采取集体行动的意愿。[22]举个例子，拥有基本安全感且参加工会的人将不那么害怕恐吓威胁。[23]这听起来很合理。如果基本收入真的能强化真正的工会团结，应该就会对工资产生正面的影响。尽管这可能让政治右派人士坐立难安，不过，好处是有经济安全感的人能成为更理性的交涉对手。

“强烈的个人主体感（sense of personal agency）”的实现与“基本收入保障”的实现是相辅相成的，两者缺一不可，但如今很多人都缺乏。

迈向“良善的社会”

如果一个社会上存在权力、地位与财产所有权的整体分配不均，但又假装它拥有形式上的平等，激进的愤恨种子就会开始萌芽。匮乏、屈辱、嫉妒、疏离与社会缺乏法纪等感受，将会酝酿不健康的政治冲动，促使人民支持最敢大声承诺要“翻转现状”的政治人物。这个时代的经济赢家向来支持稳步强化财产权、支持国家提高有利于他们自身利益的补贴，同时支持对资本、利润与食利者减税的政权，所以，这类经济赢家不该对上述的可能政治发展感到意外。

在上述脉络下，基本收入——即使只是推动基本收入的承诺——能让人合理预见到贫穷、不安全感与分配不均等可能得到改善的前景。基本收入代表着“赢家通吃”的心理与制度皆已至穷途末路。

但期待基本收入能根除贫困，就有过度期待之嫌。基本收入确实非常有助于朝那个目标前进，但距离那个目标还非常遥远。不过，在审慎看待根除贫困的目标之余，我们也可怀抱更有野心的态度：如果设计和实施得当，基本收入确实有助于改善贫困与分配不均问题，尤其若能搭配其他社会政策，包括对诸如伤残者或面临结构性额外生活成本的人加发补贴等，基本收入的效果会更好。

基本收入也不可能解除所有形式的经济不安全感。然而，它能让更多人拥有基本安全感，并让他们对自己的社群产生归属感。这些是每一个社会都想具备且可视为“良善”的特质。

不管根除贫穷有多么重要，基本收入最终不是要实现这个目标。基本收入的目的是要实现其他重要的目标：包括社会正义、自由与安全感。不管发放多少金额，基本收入都有助于接近这些目标，只不过金额愈高效果当然就愈大。

建构基本收入制度的另一个目的是要改变思维，这个制度必须赋予安全感，能让我们在“为自己、家人和社群创造良善生活”与“保护大自然的永续生存及美景”等必要性之间取得平衡。安全感是一种宝贵的资产，如果真心想要建构良善社会，而不是一个让蓄意借由他人的不安全感来获取利益的特权精英群体得以扩展势力范围的社会，就应该将“安全感”列为目标之一。“希望让他人也拥有你想要的东西”需要勇气，而这就是基本收入的真义。

第五章

CHAPTER V

支持基本收入的经济理由

虽然我认为支持基本收入的主要理由是社会正义、自由与安全感，但基本收入制度也将带来几个经济上的利益，包括较高、较可持续的经济增长，让经济周期更趋稳定，而且能保护经济体系免于受因破坏性技术变革而导致的大规模失业潮伤害。

经济增长

基本收入的发放对经济增长将有何意义？虽然我们不尽然能将经济增长本身视为全然有益的，但全民基本收入体系应该能带来几个正面的经济影响：流入经济体系的额外资金将能提高总体需求，从而促进经济增长——当然，前提是经济体系不存在严重的供给限制。就算基本收入的发放只是代替了其他公共支出，它还是能提振需求，因为基本收入将使低收入者的购买力上升，而相较于手头较阔绰的人，低收入者更倾向会花费领到的钱。

基于相同的理由，基本收入也能减轻因“振兴总体需求”而起的国际收支失衡。相较于低收入者，较高收入者倾向于购买较多进口商品（以及诸如海外旅游等进口服务）。因此，基本收入所刺激的经济成长，将较不可能导致本来就无以为继的国际收支赤字恶化，因为额外的支出多半将流向本地商品与服务，而非“奢侈”的进口品或服务。

不过，有一个反对的论述主张，如果基本收入是额外的货币，就会制造通货膨胀压力。我会在下一章更详细回应这个反对意见，不过，我现在就可以说，这个论述是一种“单方面”的经济推论。原因是，额外货币所衍生的新增需求可能会促使商品与劳务供给增加，这进一步将制造更多工作机会，并通过“乘数效果”（multiplier effect）使收入、消费能力与生产进一步增加。

以目前的情况来说，“提升消费能力”已成为各个工业国家忧心的问题之一，因为绝大多数人的收入不再能跟上生产产能的扩张速度。在过去，当生产力上升，扣除通货膨胀后的实际工资就会上升，并进一步刺激总体需求（消费）。但如今这样的模式早已不复存在，生产力的上升并未使平均工资同步上升，而这也导致经济增长率降低。[1]

各国政府可以尝试继续沿用老旧的收入政策，与劳工集体协商调整工资。不过，相较于20世纪60年代，这种政策在如今这个开放的经济体系下变得非常困难，而且即使是在广泛试验这个政策的20世纪60年代，最后成果顶多也是好坏参半。取而代之地，陷入工资停滞或降低窘境的家户，将不得不诉诸更多的信用和债务，最后导致经济体系愈来愈容易受债务泡沫破灭伤害。2007～2008年的大崩溃就是债务泡沫破灭造成的，而那样的状况随时可能重演。所以，基本收入制度将是维持高总体需求并让经济体系不那么脆弱的一种方法。

在考虑基本收入对经济增长的影响时，一般人鲜少注意到基本收入对小型企业与创业者的影响。[2] 基本收入对他们绝对有帮助：拥有经济安全感的人会更愿意承担创业风险，因为他们知道就算投资失利，最后还是有基本收入可依靠。以发展中国家来说，事实证明基本收入与现金转移能对创业精神产生正面影响。[3] 在印度中央邦，基本收入的发放和新创业活动息息相关。[4] 而在工业化国家，基本收入能为愈来愈多非自愿自雇者、独立合约型工作者以及怀抱创业雄心的人提供根本的安全感。更广泛来说，基本收入能鼓励人们积极寻找与自身技能和动机相符的受训与就业机会，而不只是为了糊口而屈就。这样的状况有助于促进人才的有效重新配置，同时提高工作投入度，从而使经济体系变得更有生产力。举个例子，在美国，员工不够敬业的问题使生产力降低，据估计，相关成本大约五千亿美元。[5]

基本收入制度也能鼓励人从有薪“劳动”转向无薪“工作”——照顾孩童与老人，从事更多义工工作、社区工作，并花更多时间在个人发展上。另外，基本收入也能降低政府为提振就业状况而不得不创造就业机会（包括消耗资源与制造污染的产业）的压力。通过上述两个渠道，基本收入将促使各项活动朝保护生态与社会更可持续发展的方向前进。

基本收入作为自动稳定因子

传统的凯恩斯学派论述偏好以福利国家——尤其是社会保

险制度——来担纲经济循环过程中的稳定因子。当经济一片繁荣，通货膨胀压力日益上升，福利津贴相关的公共支出就倾向于降低，因为此时需要救助的失业人口较少。而在经济衰退时期，失业与其他津贴的支出则倾向于上升，这是为了刺激需求与就业。

但现有福利制度扮演总体经济自动稳定因子的能力已明显降低，因为这些制度不断朝财力调查与有条件救助的方向倾斜，使得社会保险的保障程度遭到侵蚀。另外，隐藏在财政紧缩计划背后的新自由主义思维——目标是平衡预算与缩减公共债务——也促使各国政府蓄意在经济衰退时期缩减公共支出。

单纯的基本收入将能扮演某种形式的经济自动稳定因子，因为它能让经济衰退时期的购买力提高。然而，我在一些场合提议建立多层式（multi-tiered）的制度，就是在适当金额的固定基本收入之外，增加一个“稳定化”补助金。[6] 这个稳定化补助金的金额（基本上将随着经济的状况而起伏）可以由一个超然独立的基本收入政策委员会（沿袭英格兰银行的货币政策委员会的模式）来设定。

稳定补助金本质上将是公平的。当就业机会充沛时，人们有更多机会赚取更高的薪资收入，故此时发放较低金额的基本收入是合理的。而在经济衰退时期发放较高的稳定补助金，将能补偿整体“机会收入”（opportunity incomes）的降低。

相反地，现有的社会救助制度要求失业者努力去追逐就业机会，但在经济衰退时期，就业机会供给量本来就比较短缺。津贴计划要求领取人证明自己确实已持续不断地勤奋寻找工作机会，实质上会降低领取人的收入，因为找工作需要花费时间、金钱与信心成本，在一个没有工作机会的环境，那样的计划等于是迫使人去从事潜在报酬极低的活动。

未设定求职证据条件限制的稳定补助金制度有三重优点：它扮演经济体系的自动稳定因子、对领取人来说较不具侵入性、较不武断，以及节省公共支出——无需设置审核与惩罚弱势群体的官僚机构。

有趣的是，澳洲政府为响应 2007～2008 年金融危机，对退休人士、低收入家庭的照顾者与孩童等发放一千澳元以上的一次性补助金，作为刺激家户消费的策略之一。结果，这个对策奏效了，澳洲是少数及早摆脱经济衰退的工业国家之一。虽然那些补助金并非基本收入——因为只发给特定群体——这个计划却经由对数百万人发放额外可供消费的现金，而展现了提振经济的效率。[7]

对银行业的量化宽松不如对人民的量化宽松

在 2007～2008 年金融崩溃后，最早从日本开始实施（后来有更多国家实施）的反通货紧缩货币政策，导致各国错失了分阶段导入基本收入计划的机会，连短期的基本收入计划都未实现。美联储、日本央行、英格兰银行与欧洲央行等，通过所谓的“量化宽松”（QE），投入了数百亿甚至千亿美元、日元、英镑和欧元到金融市场，期许能刺激经济增长，但多半没有成功。

如果当初各国政府把上述 QE 金额的某个适中比率拨作基

本收入的财源，刺激经济增长的效率应该会更高，造成的累退税效果也会比较低，而且，那显然是财政上较负担得起的。其实，当时有几个经济学家提议这么做。[8]美联储实施的45000亿美元量化宽松，足够对美国的每个家户发放56000美元。相似地，如果英国把花在量化宽松的3750亿英镑用来发放基本收入，每个合法的英国居民理当可连续两年每周领取50英镑。但取而代之地，那些量化宽松政策只肥了金融家，导致收入分配不均恶化，并使得原本已迫在眉睫的退休金财源不足危机变得一触即发。[9]

直接发钱给民众来刺激经济增长的概念，最初是弗里德曼在1969年的一篇著名文章里提出，他以“直升机撒钱给大众”的比喻来阐述这个概念。[10]另外，美国债券投资人比尔·葛洛斯（Bill Gross）以及经济学新闻工作者马丁·沃夫等人也一向建议采用“直升机撒钱”的做法——也就是印钞票分配给民众。

但“直升机撒钱”这个用语有一个缺点，它令人联想到一个不堪画面：很多人争先恐后去抢夺从天而降的钱，而动作最快且最强壮的人将抢到最多。自由至上主义者可能自然而然会将它视为一种类达尔文主义观点，不过，其他人可能不会这么想。基于平等权而定期发放适当金额的系统化基本收入，将是比较公平、有效率的。

欧元红利

菲利普·范·帕雷斯在一份和基本收入有关的创新提案中，提议借由征收20%的增值税作为财源，[11]每个月平均发给每个欧盟居民（当然是指合法居民）两百欧元，这个提案吸引了欧盟各国的广泛兴趣。这个提案的总发放金额将约等于欧盟 GDP 的 10%。

欧元红利将有助于提供欧盟目前所欠缺但美国（与其他国家）在某种程度已存在的两个缓冲机制。第一个是劳工为应对不均等经济发展而跨州迁移的容易度。目前欧盟的跨国境移民随着其会员国增加而上升，不过，移民依旧受到语言及其他障碍的限制，这个现象和某些政治人物与媒体权威的夸大说法呈现极大反差。第二个缓冲机制是半自动跨州转移；当某一州的经济衰退，联邦对该州的转移金额就会上升，它对联邦政府的税捐也会降低，这可充当一种稳定政策。

欧元红利将提供一种稳定机制，有助于防止低收入区域的人向外迁移。另外，欧元红利也象征着欧洲整合的一种利益，它传达一项重要的讯息：欧洲联盟绝对不仅是单一的市场和官僚监理机关。

做好迎接机器人的准备

近年来基本收入的话题性转热的一个主要原因是，很多人认为在硅谷革命不久后，自动化与机器人将大量取代人类劳工，进而衍生大规模的“技术性失业”，我们很难说这个观点对或错（或者对错参半）。马丁·福特（Martin Ford）、尼克·瑟尼赛克（Nick Srnicek）、亚历克斯·威廉姆斯（Alex Williams）以及保罗·梅森（Paul Mason）等人在一些极具影响力的书里主张，“失业未来”（jobless future）使得基本收入变得不可或缺。[12]相同的疑虑也促使硅谷及其他地方的科技巨擘纷纷加入基本收入的支持者行列。

明星债券投资人比尔·葛洛斯也挺身而出支持基本收入，因为他认为机器人的盛行将导致“工作的终结”。[13]2016 年 7 月，白宫甚至举办了一场以自动化与基本收入为题的脸书直播圆桌论坛，只不过，那年 12 月，美国总统的经济顾问委员会发表的一篇报告断然否决了这个想法，那篇报告的立论似乎是以该委员会的主席在此前六个月发表的关键评论为基础，我们已在第四章剖析过他的评论。[14]

美国服务业雇员国际工会（以下简称 SEIU）前主席安迪·斯特恩（Andy Stern）是改变信念并认同技术性失业观点的一位重要人士，也是第一个站出来支持基本收入的重要工会人士。[15]斯特恩在 2016 年的一本美国畅销书里声称，在追求股东价值（shareholder value）的社会风气下，最终将有 58% 的就业机会转为自动化。他向美国媒体集团彭博社（Bloomberg）表示：“这和汽车与钢铁产业的没落不一样，那两个产业的没落只打击到国家的某个部门。但自动化的影响将会非常广泛。届时人们将了解到，那将不只是一场风暴，而是一场海啸。”[16]

然而，我们有很多理由对“失业未来”或甚至“工作的终结”等未来预期抱持怀疑的态度。最新版本的“劳动合成误谬”（lump of labour fallacy）概念主张，需要完成的劳动和工作量是固定的，所以，如果更多的工作或劳动可被自动化或通过智能机器人完成，人类劳工就会成为累赘。但无论如何，鲜少的工作可彻底自动化。有一份经常被引用的研究提到[17]，美国接近一半的工作有可能因自动化而消失，但这样的说法遭到 OECD 等机构的质疑，根据 OECD 的数据，“岌岌可危”的就业机会仅相当于工业国家总就业机会数的 9%。[18]

话虽如此，未来就业机会的本质一定会改变，甚至可能会快速改变，这是毋庸置疑的。尽管我本人并不相信“失业未来”（更遑论“零工作的未来”）会发生，但技术革命确实导致贫富差距严重恶化，它对收入的分配产生极深远的累退税效应，因为绝大多数的利润都进了势力强大的企业和企业老板的口袋。这正是我们主张应建构一套新收入分配制度的进一步理由，而且我们主张应该以基本收入来作为这个制度的支柱。我们将在第十二章回头讨论相关的论述。

所谓“第四次技术革命”的破坏性特质，看起来也比先前几次大变化来得更加广泛，那几次变化的确重创了低技术人力就业机会，[19]但目前不仅是低技术层次，所有层次的就业机会与职业都受到影响，因这些影响而起的经济不确定性势必会导致不安全感更加弥漫；这一切证明“实施基本收入是重建经济安全感的唯一可行途径”的呼声是正确的，因为基本收入的实施等于是以某种形式的社会控制（social control）来限制那种经济不确定性。

《经济学人》曾主张，尽管基本收入或许是解决大规模技术性失业的好办法，但目前为止还没有推行基本收入的必要，它的说法是：“基本收入是一个解决某个尚未发生的问题的答案。”[20]然而，这样的说法等于假设唯有发生技术性失业，基本收入的推行才有理论依据可言；而一如本书第一章试图解释的，基本收入的多数倡议者其实是基于另一个非常不同的理由来为基本收入辩护——他们主张，发放基本收入是解决经济不安全感、社会不正义与不自由的唯一可行方式。

尽管我们无法肯定地预测技术变迁绝对会导致人类劳工遭到大规模取代，但那样的可能性终究是无法排除的，而且，这样的忧虑与想法可能会渐渐形成一个约定成俗的观点。另外，我们完全有理由相信这些变化会继续导致贫富差距恶化，并通过不可预测的方式产生严重的破坏力，让很多无辜者遭受这种非战之罪的打击。在这些情况下，现在就导入基本收入制度，应该是一种防患于未然的合理做法，也是应对目前已显现的破坏与贫富差距的公平方法。

美国创业孵化器 Y Combinator 公司总裁山姆·阿特曼针对他将部分资金分配给某个基本收入试点计划（详见第十一章）的做法提出辩护，他的理由是，我们有必要知道如果“失业未来”成真，基本收入也开始实施，人们会有何响应。他向彭博社表示：“我相当有把握，到未来的某个时点，随着技术继续淘汰传统的就业机会与大量新财富被创造出来，某种全国性的此类计划（基本收入）一定会实施。”[21]他还在另一场访问中表示，那个时间点将落在“至少十年后”但“不超过一百年”。[22]

然而，眼前最为迫切的问题是收入分配，而不是人类就业机会突然消失。确实，这可能是史上第一场将创造更多工作的技术革命（尽管它的确导致支薪劳工陷入混乱并遭取代）。[23]不过，这场革命也将导致收入分配不均恶化。万维网（World Wide Web）发明人蒂姆·伯纳斯－李（Tim Berners-Lee）表示，他支持以基本收入作为一种工具来修正因技术变革而起的大规模贫富差距，[24]备受推崇的物理学家暨宇宙学家斯蒂芬·霍金（Stephen Hawking）也是。[25]连国际货币基金的资深经济学家都归纳出一个结论：因技术革命而恶化的贫富差距，代表"以征收资本税（capital taxation）来作为基本收入财源的好处变得愈发显而易见"。[26]基本收入将是一种方法，确保所有人都能受惠于技术发展所带来的经济利益。

经济回馈

另外，基本收入制度的经济回馈效应有可能庞大到促使实施基本收入的净成本降低。举个例子，现金转移计划和基本收入试点计划的证据显示，现金支付能改善营养与健康状况，尤其是婴儿和孩童的状况，另外，向来在家庭预算的优先考虑上屈居弱势的病弱与伤残者的营养及健康状况也改善了。在加拿大，一份针对老年人保证年度收入所做的七年期研究发现，食品不安全（food insecurity，又译为"食品缺乏保障"）的现象大幅改善，人们的健康状况自然也改善。[27]一份追踪母亲退休计划（这是美国政府赞助的第一个福利计划，期间自 1911 年至 1935 年）申请者子女的研究发现，申请成功者的子女的寿命较长，也接受较多学校教育，而且不太会有体重过轻的问题，另外，这些孩子成年后的收入也比母亲被驳回申请的子女高。[28]

另外，还有强烈的证据显示领取人心理健康得到了改善。加拿大一个近似基本收入的知名实验（将在第十一章讨论）

使医院许可入院的精神病患数减少，因意外与受伤住院的人数也降低。[29]而诚如第四章讨论过的，领取基本收入的切罗基部落家庭孩童较少出现情绪与行为失序问题，且根据这些家庭的双亲所提报的数据，他们的伴侣的毒品与酒精服用量都降低了。[30]这种种好处都倾向于使其他公共支出降低，包括公共医疗、犯罪司法系统以及社会支持服务等支出。

贫富差距与经济不安全感对精神和生理健康的影响至为巨大，但这些问题并没有获得应有的重视，而这些不良影响对公共部门与个人来说，成本都非常高。基本收入制度虽无法大幅度降低那些成本，却绝对有帮助。

第六章

CHAPTER VI

反对基本收入的标准意见

“这是一个彻底疯狂的制度。”

——约翰·凯伊（John Key），新西兰总理，2015 年 2 月

“这是长久以来我听过最彻底荒谬的想法之一。”

——布亚尼·本尼迪克森（Bjarni Benediktsson），冰岛财政部长，2016 年 9 月

多年来，持续有很多人针对基本收入概念提出反对意见，尽管赞同阵营提出不少反驳论述和证据，反对者还是像跳针的唱片一样，反复不断提出同样的反对意见。财政负担能力将在下一章讨论，第八章则将讨论与劳动力供给及工作有关的反对意见，而这一章要先讨论的是其他反对意见，而以下各项反对意见的排列顺序不代表重要性高低。

赫希曼的三项规则

伟大的政治经济学家赫希曼（Albert Hirschmann）在他的

《反动的修辞》（*The Rhetoric of Reaction*）一书中指出，任何伟大的新颖社会政策概念——或在提出时被视为新颖的概念——最初一定会被冠上“轻浮无益”（不会产生作用）、“堕落”（将产生非蓄意的负面后果）与“危险”（将会危及其他目标的实现）的恶名，饱受攻击。[1]

早在20世纪初，这些抨击性论述就曾被用来反对失业津贴相关的提案，在20世纪30年代也被用来反对家庭津贴以及后来的美国社会安全计划（老年退休金）等提案。不过，等到上述政策推行后几年，这三大批判便不见踪影，取而代之地，世人改以某种意味“必然性”与“常识”的修辞来描述那些政策。有鉴于此，我们至少应该质疑，以下这些反对基本收入的意见是否和那些批判一样站不住脚。

基本收入是乌托邦概念：以前从未实施过

基本收入的批评者强调，由于到目前为止，基本收入从未在任何地方实施，所以这个制度势必“隐含根本的缺陷”——这是《经济学人》某一篇文章里的说法。综观历史，所有新政策都曾遭遇这样的批评。反对者基于这个理由反对基本收入毫无道理可言。

以基本收入来说，我们可以用两种方式来反驳这项批判意见：首先，时间进入21世纪，世界各国已尝试过其他所有能为人民提供经济安全感的政策，但结果显示那些政策仍有不足；第二，今日的社会已经拥有落实基本收入的制度性与技术性工具，这是有史以来第一次。

政府将无力负担基本收入的支出

这是最常见的反对意见，而且，这个意见衍生了非常多复杂的问题，所以确实值得我们在下一章详细讨论。如果政府真的无力负担基本收入的成本，这个话题将就此打住。不过，太多批评者都犯了草率论断的毛病，含蓄地暗示基本收入支持者很蠢，连简单的数学都不会算。

但我们要反问那些质疑者："如果政府在合理范围内看起来有能力负担某种基本收入，你是否会支持发放基本收入?"换言之，宣称政府无力负担基本收入的那些人，有没有可能是基于其他较不具说服力的理由而反对发放基本收入?

基本收入将使福利国家走上解散一途

这是政治左派评论家以及温和专制社会民主福利国家的捍卫者常提出的批判。我们必须再次声明，不管某些支持基本收入的自由至上主义者倡议什么样的理念，基本收入的实施并不代表公共服务的废除，它也不会取代所有其他福利津贴。相对地，应该将基本收入视为某个新收入分配制度的"地板"，与其他必要的公共服务及津贴并存。

在我撰写这一章的草稿时，公民收入信托（Citizen's Income Trust）的成员之一向某个角逐伦敦自治市市长的工党候选人提问，希望了解他对基本收入有何想法。这个候选人轻蔑地回答：

> UBI，这是个有趣的想法，不过，基本上它是保守党设计出来消灭福利国家行政机关的，它一旦实施，公共部门的就业机会将被削减。问题是，公共部门的就业机会能促进经济体系的需求。我也担心基本收入将引发通货膨胀，最后导致穷人待在原地，却让已拥有就业保障的人获得额外的收入。[2]

我们稍后将讨论“基本收入会引发通货膨胀”的说法有什么问题。在此，我们要先厘清这个市长候选人念兹在兹的“公共部门就业机会”究竟是些什么样的职位？想必他是指负责审核各项津贴的低薪官僚职位——也就是为了判断申请人是否“理应”领取财力调查式津贴而窥探申请人生活的低阶公务员，或是某种有条件支付制度下，负责以有损人格的约见方式厘清申请人（只要申请人迟到五分钟就会加以惩罚）的行为是否符合既定条件的公务员。这些官僚难道找不到（或不能被安排去从事）其他更能善用其时间、精力与“技术”的工作吗？实质上来说，那个政治人物以及他的很多同路人反对为平民百姓提供基本安全感的原因，说穿了就是为了保护那些试图否决对人们发放津贴的公务员的就业机会！

讽刺的是，以基本收入会摧毁福利国家为由而反对基本收入的人，却倾向于支持某种形式的社会保险，而我们应该提醒这些反对者，当年最先导入社会保险的俾斯麦以激烈的手段来压制的，正是这些反对者意图代表的政治意识形态——他禁止人们信奉社会主义，并将他们的领导人物逐出普鲁士的各大城市。所以，逻辑上来说，基于“基本收入倡议者乃社会主义的死敌”这个错误观点而反对基本收入的那一群人，应该也要反对老牌福利国家的根本基础[①]才对。

但无论如何，诚如第四章提到的，贝弗里奇和俾斯麦的社会保险模式在一个充斥着愈来愈多危产阶级的开放式弹性经济体系根本行不通。然而，这里要强调的重点是，我们不能基于自己不喜欢的人支持或反对某一项政策而支持或反对一项政策。

基本收入将偏离如“充分就业”等进步主义政策

确实很多人像赫希曼所分析的那样，为基本收入扣上“危险”的大帽子，对这样的观点，有几个方式可加以反驳。首先，我们已进入21世纪的第二个十年，这个世界还有实现其他进步主义政策的压力吗？目前贫富差距的恶化程度与水平几乎前所未见，经济不安全感弥漫，充分就业被重新定义为大约5%的失业率，这还不包括遭到不适用的劳动统计数据蓄意掩盖的许多“未充分就业”人口，最重要的是，主流政治势力迄今还是不重视日益庞大的危产阶级。

第二，为什么要把“充分就业”视为一种进步主义政策？尽可能将最多人塞进各种从属于不同“老板”的“就业机会”，究竟有什么好值得高兴的？事实上，很多（甚至大多数）就业机会都很乏味、让人变蠢、有损人格、令人孤立或甚

① 即社会保险。——译注

至危险。基本收入至少有助于改善就业机会的本质，因为它让更多人有能力拒绝自己不喜欢的就业机会，或可以就投入特定工作而要求更高的薪资。

第三，有什么理由说基本收入会导致我们偏离其他进步主义政策？为什么不说基本收入能成为那类政策的必要基础？发放基本收入有可能强化人们积极采取行动的决心，所以反而更可能促进其他进步主义政策。此外，一如“充分就业”，某些长久以来被视为有助于促进进步的政策经更严格的检验后，证明一点也无法达到目标。我们将在第九章讨论较受欢迎的基本收入替代方案，不过，没有理由假设基本收入会阻碍我们追求其他目标。

基本收入的拥护者以为穷人只是缺钱

批评者通常主张基本收入倡议者把复杂的问题过于简单化，以为只要给穷人更多钱就能有效解决穷人的所有问题。其中一个类似的批评主张：

> 进步论者（progressives）与自由至上主义者不愿承认很多穷人和失业者缺少的不只是现金；这些穷人和失业者或因毒品、酒精成瘾，或因心理健康问题而受苦，或有犯罪前科，或者难以在一个复杂社会里与人正常相处。换言之，他们或许很需要金钱，但金钱本身并无法解决上述种种病害。[3]

当然，金钱确实无法解决那些病害，通情达理的基本收入拥护者当然也相信现金不可能解决所有问题。基本收入并非解决社会所有病害的万灵丹，而且，以这个基础来评断基本收入也不公平，毕竟那些批评者并没有依据相同的标准来评断其他社会政策。诚如第四章提到的，基本收入可能有助于改善心理健康，对金钱的焦虑常是直接因素，尤其是孩童。不过，要解决社会病害与脆弱，应该使用量身打造的公共社会服务措施，而非社会保障政策，因为我们必须体认到，所有人——不是只有“穷人”——都可能会在生命中的某个阶段需要支援。

不分贫富都给钱的做法很愚蠢

反对基本收入的标准本能反应之一是：为什么要发钱给不需要钱的人？诚如某个批评者所写：“如果要改善贫富差距，发较多钱给较没有钱的人（而不是发相同金额），效果会比较好。”[4] 批评者常根据这类主张提出补充意见：自动发放基本收入给每一个人，相关成本将会过高，后果令人难以想象。关于这样的批评，以下是三个反驳意见：

首先，如果基本收入被视为某种“社会红利”，就应该把整体社会一代代传承下来的公共粮食和财富作为一种属于全民的权利，并将它分配给每一个人或公民。权利必须是全民皆享有的，否则就称不上权利。对每个人发放均等金额的效果，绝对比只发放相对较高金额给低收入者的效果更好。

第二，就行政管理的角度来说，对每个人发放基本收入再借由向较富有的人课税（见下一章的“一位教授的脑筋急转弯题”短文）以取得基本收入财源的做法，成本较低也较容易实施。全民基本收入的设计与实施（并借由向较富有的人讨回发放出去的钱，一如英国在20世纪60年代实施的家庭免税额相关做法）可以很简单，而且能摆脱和津贴领取资格有关的武断复杂规定——这种规定造成的成本非常高，而且经常令人感到非常痛苦。

财力调查几乎都非常复杂、相关管理成本高，而且倾向于发生统计学上严重的“第一型错误”（Type 1 error，没有帮到想要帮助的人）与“第二型错误”（Type 2 error，发给某些根据规定不应该有资格领取的人）。每个财力调查计划都因污名化、无知或恐惧等，而有低领取率的现象，同时不可避免地衍生了贫困与飘零陷阱。

第三，目标锁定型的制度不会自动使贫困与贫富差距问题改善。那些问题的改善与否，取决于津贴领取率、产生的累进税效果（progressiveness）与行政效率。事实上，很多人曾主张，目标锁定型的制度反而比较可能导致贫富差距恶化，而非改善。[5] 基于国际上各种目标锁定型计划的失败率非常高，所以，我们不得不假设，继续拥护那类计划的人的真正目的，其实是想减少领取津贴的人数。

基本收入会让人产生不劳而获的习性

多数从事政治游说的道德主义者不断提出这个反对意见，不过，在21世纪头几年，最力倡这个反对观点的是“第三条道路”（Third Way）① 阵营的政治人物与学术界人士。第三条

---

① 又称“新中间路线”。——译注

道路和“互惠主义”（reciprocity）见解密不可分，它主张没有贡献就不能享受权利、未能证明已承担“责任”就不能享受权利。所以，这个阵营的人主张，应该要求领取政府补贴的人表现出“互惠”的姿态，换言之，领取人应该配合相关规定，不断找工作或甚至参与劳动福利计划，才符合领取标准。

以“不劳而获”为借口而反对基本收入的人最常提出的批评是，社会给予很多人太多不劳而获的东西。问题是，任何基于“不劳而获”理由而反对基本收入的人，应该也要反对所有财富继承收入以及其他所有非经由生产活动取得的各种收入才对。

他们应该也要反对国际版权制度，因为那个制度让握有版权的后代子孙可在原著作者过世后最多到七十年内都可继续获得版权收入；他们也应该反对所有选择性的所得税减免与补贴计划，因为那类减免与补贴的主要受惠者，多半是没有付出任何代价就得到这些好处的有钱人；他们应该反对各种避税工具，因为这些工具让有钱人能在不贡献公共服务成本的情况下就使用这些服务；另外，他们也应该反对很多其他只因坐拥资产而取得的各种“食利者”收入。[6] 除非基本收入的批评者也拥护（而且身体力行）无避税、无补贴与无继承等，否则这种“不劳而获”的反对意见就是伪善，在逻辑理论基础上站不住脚。

基本收入可能会导致花费在“公害”上的支出增加

很多人常主张，发放现金给穷人反而容易导致他们误入歧途，因为领取人将会把这些钱花在酒精、香烟和其他“公害”上，而不是花在子女与诸如粮食、衣物及热能等必需品上。所以取而代之地，他们主张应该以限制支出用途（经核准的用途）的补助金券（例如食物券）或卡片等形式来帮助穷人。

显然这是彻底温和专制式的攻击说词。要怎么在所谓“公益”与“公害”之间画出一条区隔线？为什么有钱人有自由购买并消费被政府官僚视为“公害”的任何东西，而穷人却没有那样的自由？何况政府真的知道什么东西对我们有益或有害吗？原本被视为有益的东西，事后可能会被宣称为有害，反之亦然。法律和规范应该对每个人一视同仁，这是根本原则。

更广泛来说，有一个道德上的推断认定穷人——尤其是领取津贴的人——不该把钱花在必需品以外的任何事物上，换言之，它主张就算是能让生活变得稍微不那么悲惨的最渺小“奢华”，穷人也不能享受。诚如马克思在 1844 年指出的，“工人的每一项享受似乎都应受谴责，所有超出最基础需求的事物似乎都被视为一种奢侈享受”。[7]

选择性地对低收入者或其他需要政府救助的群体实施温和专制主义，可能比全面性的温和专制主义更糟糕，因为政府不让弱势群体有机会以民主手段来推翻这项规定，而不受影响的绝大多数人或许会因为预期自己能受惠于较低税赋而不关心弱势群体，或是支持拒绝赋予弱势群体自由。

有时候，某些人也宣称纳税人有“权利”决定“他们”贡献的税赋应该怎么花。不过，这个世界实际上通常并不是如此。举个例子，很多英国人不喜欢为核武器买单，也有很高分贝的汽车游说活动，主张汽车燃料税必须全部用在道路相关支出上。所以，纳税人有什么理由认定自己应该在社会保障政策上有特权，甚至认为他们该被咨询？

无论如何，事实证据显示，基于这个理由而反对基本收入的意见都站不住脚。已实施的基本收入试点计划和现金转移计划显示，领取人其实是把绝大多数的钱用在私人的“良性用途”。以印度与纳米比亚的基本收入试点计划来说，领取基本收入的人比较倾向于不把钱花在所谓的“公害”上。非洲的现金转移计划也可发现相似的结果，其中最值得一提的是肯尼亚。[8] 虽然个中原因纯属猜测，但从印度中央邦试点计划可探究出相关的原因：领取基本收入后，较多男性留在家附近的农田工作，无需到外地城镇找有薪劳动机会，而到外地的男性较可能买酒和饮酒。[9]

基本收入可能降低工作的吸引力

这也是反对基本收入的常见说法，我们将在第八章详细加以探讨。不过，我们在此可以先说，没有证据能证明这个说法属实，而且，相关的影响远比一般想象的更复杂。当然，我们还是要问所有倾向根据这个理由否定基本收入的人一个问题：如果有令人信服的理由和实验证据显示基本收入不会降低工作的吸引力，那么你会不会支持基本收入？

基本收入会导致工资降低

基本收入会对工资产生任何冲击吗？如果会，是什么样的冲击？有些批评者——尤其是工会人士——宣称基本收入会促使雇主主张既然人们已领了基本收入，雇主就无需支付那么多酬劳给劳工，而这样的态度将会导致工资降低。然而，基本收入的拥护者则强调相反的观点：基本收入将让人们较有能力拒绝明显带有剥削色彩的工资条件，并更有信心与雇主协商较高的工资。换言之，基本收入能让较容易受伤的人们有能力在面临紧急关头时勇于说“不！”。

主张基本收入将被用来作为对工资的一种补贴并使工资降低的人，应该也同样要反对和就业有关的税额抵减才对，因为那类税额抵减实际上正是对工资的一种补贴。关键差异在于从事低工资劳动工作的领取人才能享受较高的税额抵减，从美国薪资所得税抵减（Earned Income Tax Credit，以下简称 EITC）制度与英国、加拿大及其他相当的制度便可见一斑。税额抵减的存在会导致工人不愿积极争取较高工资，因为增加的工资多半会因较低的税额抵减而失去效益。

相反地，基本收入将发放给每个人，无论一个人是否受雇、工资低或高，而且，基本收入不能因工资上涨而撤销。这将让工人拥有较大的协商力量，较有空间考虑接受或拒绝雇主提出的工资条件。而且这么一来，需要找人来做枯燥职务的雇主，就有义务提供较优渥的酬劳与其他条件，因为唯有如此，才能吸引应征者上门（要不然就得投资较多自动化设备——如果可行的话）。至少就最低限度来说，人们将因领取基本收入而拥有较大的自由来决定是否乐意接受低酬劳或甚至无酬劳的工作。

基本收入将使通货膨胀上升

这个论述主张，如果每个人都领到一笔基本收入，就会有很多钱被推向经济体系，进而导致物价飙涨，到时候，通货膨胀将大幅上升，反而导致人们变得比以前更无余裕。这种假想的通货膨胀影响是明斯基（Hal Minsky）反对弗里德曼的负所得税提案时的核心批评，在他 1962 年的《资本主义与自由》（*Capitalism and Freedom*）一书中提出。[10]

诚如第五章提到的，这是“单方面”的经济学，因为它忽略了额外的购买力对商品与劳务供给的影响。以发展中国家及较富裕国家的低收入社群来说，这种供给效应实际上甚至可能促使基本商品及服务的价格降低。举个例子，在印度的基本收入试点计划（见第十章），村民因领取基本收入而新增的购买力，促使本地农民种植更多稻米与小麦，使用更多肥料，并耕种更多的土地。[11]他们的盈余因此增加，但他们供应的粮食的单位价格却下降。相同的状况也可见于衣物，因为很多女性发现购买缝纫机与材料是值得的。① 就这样，一个过去不存在的市场从此被创造出来。如果一个社群想赚更多钱，或者人们想取得更多商品与服务来改善自身的生活水准，理当也会出现类似的反应。

因基本收入制度而受惠最多的是低收入者，而这个现象也得以扭转总需求的结构，让具有高“供给弹性”（以增加数量

---

① 无形中增加了衣物的供应量，促使价格降低。——译注

而非价格的方式来回应上升的需求）的基本商品与服务的占比得以提高。这也代表本地商品与服务的需求将增加，进而刺激经济增长与就业机会。延伸来说，通过较高收入者缴纳较高税收来支应基本收入，将加重需求结构的扭转，甚至促使物价下跌，同时创造更加永续的经济增长。

如果基本收入的财源是借由改变公共支出而非额外支出的方式取得，所谓的通货膨胀影响更是微乎其微。诚如杰夫·克洛克（Geoff Crocker）说明的，唯有总购买力高于 GDP，才会产生所谓的通货膨胀冲击。[12] 所以唯有在处于或接近“充分就业”的经济体系，“基本收入将推升通货膨胀”的说法才会成立，但目前没有一个现代经济体系接近“充分就业”状态。另外，目前的劳动市场远比过去开放，所以劳动力需求的增加可能引来更多新加入的劳动力，或促使就业机会相对外移（这个状况比较可能发生），进而产生抑制工资的效应。

尤其值得一提的是，近年来世界各国的中央银行与政府正极度努力克服物价通货紧缩（物价下跌），并希望设法提高通货膨胀。他们的种种努力付出很高的代价、没有效率，是退步的，最终也纷纷宣告失败。所以，只要因基本收入而新增的需求维持在一个能使物价稳定或温和上涨的范围内，基本收入就是有益的。

基本收入将引发移民潮

移民大幅增加与欧洲近来的难民危机，使得某些人认为全民基本收入将诱发低收入国家大量人口向高收入国家迁移的移民潮。这些看法又因成见颇深的政治修辞如“福利观光”（welfare tourism）等用语而变得更有影响力。

基本收入的反对者（包括瑞士政府）利用这个论述，在“瑞士应否导入基本收入”的公投活动（将在第十一章讨论）中诱发人民的恐惧感，某些观察家认为那是导致瑞士2016年6月的基本收入公投未能通过的诱因。

当然，我们还是有很多方法可反驳这项批评。最重要的是，现有的社会救助制度已产生社会摩擦（social friction）。津贴与社会住宅的提供是根据需要与否，不是基于权利。所以，老公民一定会感觉相对新加入的公民是在“插队”——因为新公民通常是最贫穷的一群人。很多人确实经由长年的努力，对社群或甚至后代子孙尽了他们应尽的义务，所以就算其中某些老公民对于“被插队”一事感到愤慨，我们也应该抱持理解的态度。从一个发人深省的研究可看出东伦敦当地因现有社会救助制度而产生的社会摩擦与反移民情绪。[13]

不过，基本收入不仅不会导致这个局面变得更糟，还能改善整个局面。我们可以设计一套着重实效且让多数人感觉公平的规定。举个例子，可以将“持续居住在社区的时间”作为判断居民是否享有应得权益的优先条件。另外，提供充分资讯让潜在移民了解自己必须取得永久居民的资格或等待特定期限（例如最少两年）后，才能取得领取基本收入的资格（但若有需要，应让还没有资格的移民仍可取得剩余的社会救助）。事实上，基本收入有可能成为一种阻止迁移的公平方法，但它也提供某种促使移民合法入境并融入社会的诱因。因此，相较于现有的财力调查式救助制度，基本收入制度反而倾向于降低反移民情绪。

有一位评论家只因为自己认为基本收入将“抑制移民前往美国”而站出来反对基本收入，真是一件讽刺的事。[14]然而，如果能设计一套与现行长期永久居留权或公民权取得规定相容的基本收入计划，这项计划将会比目前的所有社会保障制度更加公平。何况给予较大的经济安全感，人们就不太可能把经济体系视为一个和移民竞夺资源的零和竞争（zero-sum competition），而且能促进人们更大的容忍度与利他主义态度。

基本收入将成为政府在大选前的操弄工具

这个反对意见很有趣。这个说法的意思是，如果政府设定了全民基本收入办法，那么掌权的党派就能在大选前不久提高基本收入的发放水准，以达到对选民贿选的目的，就算不是贿选，至少能让选民感觉经济状况还不错。这样的状况确实可能发生，但对一个符合常理的政策来说，这并非不可克服的障碍。

回应这个疑问的方式之一可参考安迪·斯特恩的建议——根据国民收入的变化，自动调整基本收入的发放水准。[15]先前讨论过的我的提案之一则是建议成立一个类似英格兰银行货币政策委员会的基本收入独立委员会（Independent Basic Income Committee，以下简称 IBIC），由议会指派该委员会的委员，并将任期设定为五年。[16]当局可以授权 IBIC 在其职权范围内，根据国民收入的变化甚至经济状况，调整基本收入的发放水准。

关于多层式基本收入的概念，将在本书的最后一章再次讨论。在此，我要强调的重点是，要克服基于“基本收入容易受民粹主义者操弄”而反对基本收入的意见，应该相对简单。

无疑地，不管在任何时刻，还是会有很多人提出其他各种反对意见。不过，以上十三个反对意见肯定是最常见的。读者必须客观研判以上各个反对意见是否可信，并进而判断这些意见是否足以否定基本收入的正当性。在判断任何一个政策的价值时，都应该详细且客观地考虑它的优点和缺点。基本收入的倡议者主张，促进社会正义与自由以及改善贫富差距与不安全感等，比一味批评重要，因为多数批评禁不起更严密的检验。然而，我们还是必须更深入探讨两个最具争议性的问题：基本收入的财政负担能力以及它对劳动和工作的冲击。

第七章

CHAPTER VII

基本收入的财政负担能力问题

最常见的基本收入反对意见就是——国家没有能力负担。这一章将试着说明事实并非如此。这是一个复杂的问题，思考时需要尽可能客观公平，另外，我们也必须牢记，不应事前就轻率决定要发放怎样金额的基本收入才符合理想，也不宜事先设定基本收入目标水准；基本收入可以分阶段导入，支应基本收入的财源也可以来自很多不同的可能渠道。

保守计算

主张国家无力负担基本收入的常见论点，是将基本收入设定在收入中位数（median income）的 50% ~60%，再将这个数字乘以人口规模，最后算出基本收入的总成本，再将这项总成本和当前的福利支出总额进行比较。举个例子，蒂姆·哈佛德（Tim Harford）在《金融时报》的一篇文章里暗示，英国的基本收入可设定为每天十英镑。“以 6400 万英国居民计算，如果发放此金额，每年的成本将是 2340 亿英镑，所以这些费用大部分可以通过废除所有社会保障支出的方式来支应——这些支出共 2170 亿英镑。”[1]

约翰·凯（John Kay）在他的《金融时报》专栏中强调：

> 利用简单的算术便可厘清为何这些计划行不通。先判断基本收入应该约为每人平均收入的多少比率是适当的。30%看起来太小气；50%可能比较合理？你写下的数字就代表了国民收入将被用在基本收入相关公共支出的百分比……如果要了解那代表平均税率会是多少，把其他公共部门活动——教育、医疗、国防和运输——耗用掉的国民收入百分比加总就知道了。除非把基本收入设定得不可思议的低，否则花费在基本收入的支出将不可思议的高。[2]

约翰·凯补充，基本收入的多数倡议者并没有“认真且实地详细分析相关数字”，他的说法对很多详细分析数字的人来说简直是一种侮辱。他根本不晓得别人下了多少工夫研究，就妄下这种不公允的断言。

这类计算是可以被批判的。举个例子，约翰·凯的《金融时报》同僚马丁·桑德布（Martin Sandbu）就曾指出，在选择决定基本收入发放水准的适当“平均收入”标准时，不该采用“国民收入”（GDP）数字，因为国民收入是经济体系内生产的所有商品与劳务，而该用“可支配收入”——即人们在扣除税金与转移金后可花用的剩余资金。[3] 可支配收入还不到国民收入的三分之二。因此，约翰·凯基于挑衅目的而提出的高估计值——即基本收入将占用50%国民收入——就会降到33%。

《经济学人》用一个可供所有OECD国家使用的互动式基

本收入计算法，归纳出更复杂的“保守”估计值。[4] 它的目的是要说明，在税收与其他公共支出不变的情况下，若将非医疗性质的额度转作基本收入，将有多少钱可供发放。有趣的是，即使是以这个非常局限的基础计算，七个西欧国家早已有能力支付每人每年一万欧元的基本收入。

美国有能力发放 6300 美元，英国则有能力发 5800 美元。但显然对多数国家来说，用这种租税中立（tax-neutral）① 的福利转移作业来支应基本收入财源的空间并不是太大，尤其是排名垫底的国家如韩国（2200 美元）和墨西哥（只有 900 美元），主要是这两个国家目前的税收与福利支出较低。

《经济学人》这个互动式计算法的另一个目标，也是为了计算若要发放特定金额的基本收入，将需要提高多少税收。以英国来说，这个计算法估计，若要发放约当平均每人 GDP 的三分之一的基本收入，税收金额需要增加 15%。当然，我们还是可以质疑它的计算条件，然而这类粗略计算作业都隐含几个更根本的缺陷。

第一，这些计算并没有考虑到以税赋手段从较高薪资收入者方面收回基本收入的影响；在实际上，只要调整税率和免税额，让额外的税收金额等于发放出去的基本收入总额就好，而且这并不会对有钱人或财政造成净成本。

第二，这些计算也未将废除财力调查式津贴与行为条件津贴后所节省的行政支出纳入考量。行政费用占了英国就业与国

① 不影响税制。——译注

民年金事务部2013～2014年1720亿英镑预算中的八十亿英镑，其中多数是用来支付地方就业中心的支薪职员薪水，而那些职员的工作是监督与惩罚津贴领取人。这还不包括政府支付给协助执行伤残者“工作能力鉴定”测试作业的民间合约承包商的数亿英镑开销（这类鉴定导致社会上某些最脆弱的人的津贴领取资格遭到否决。）

第三，这些计算拿基本收入的成本和现有的福利预算做比较，并假设所有其他领域的公共支出将维持不变。然而，各国政府随时都可能选择重新排列各项支出的优先顺序。英国政府只要取消更换三叉戟核导弹系统（目前估计，在它的寿命存续期间，相关成本已超过两千亿英镑），就足以省下数十亿英镑。另外，只要停止发放主要流向企业与有钱人的多项补贴，也能进一步省下数十亿英镑。

英国的“企业福利”（corporate welfare）估计一年高达930亿英镑以上。[5]而根据右翼的卡托研究所（Cato Institute）统计，美国政府为补贴企业成本而支出的联邦补助金，也达到每年一千亿美元。[6]此外，农业补助金多半进了大地主的口袋，而化石燃料补助金则危害气候——诸如此类不胜枚举。总之，多数补助金会产生累退税的效果，在道德上没有正当理由且无关经济增长。[7]虽然我们不可能准确算出可被重新分配的金额，还是能将来自各式各样补贴的潜在节省金额列入考虑。重点是，即使财政支出保持不变，只要调整支出比例就能作为基本收入的另一个资金来源。

典型的批评战术并未聚焦在代价高昂且会造成累退税效果

的那些补贴，而是拿基本收入的可能支出和大众公共服务的支出做比较。例如，《卫报》曾有一篇社论问道："把这些钱花在国民医疗保健制度（National Health Service，以下简称NHS）、教育或儿童照顾用途会不会比较好？"[8] 以这种方式来表达这个议题容易引起偏见，它蓄意暗示基本收入将剥夺这些重要公共服务的资源，但这是错误的推论。

第四，保守的计算忽略了现代财政制度琳琅满目的特有租税减免和免税额的存在。英国个人所得税免税额一年导致国库折损接近一千亿英镑的税收（2016年时，11000英镑以下的收入免税）。某些薪资收入者的国家保险自负额减免的成本，又另外让国库减少五百亿英镑。这两项免除额加起来，共接近GDP的10%，而且它们会产生强烈的累退税效果。[9]

虽然当局美其名曰地表示，提高个人免税额是帮助低收入者的对策之一，但这项措施的最大受惠者其实是高收入者，因为他们因此得以避免被课税的收入较多，而且，税率愈高，适用收入水准级距也愈大。在此同时，原本收入已低于课税门槛的低收入者更是一点免税额利益也没享受到。

其他也值得一提的是，提高免税额的另一个影响是缴纳所得税的人数减少。几乎有一半的英国成年人没有缴纳所得税；几乎也有一半的美国家庭没有缴纳联邦所得税。研究也显示，未纳税的人的政治参与度较低，所以不太可能去投票。[10] 这是缩减免税额并利用省下来的钱来作为基本收入财源的另一个重要理由。

以英国政府认可的其他选择性租税减免来说，一年的总成本已上升到1170亿英镑以上，超过花在国民医疗保健制度上的成本。[11]另外还有218种租税减免的成本则未经估算，政府也没有分析这些减免是否真的影响了当初设立减免规定时所要促进的行为。美国也有超过二百种选择性的租税减免，成本最高前十名的减免导致联邦国库在2013年少掉9千亿美元以上的税收，约当GDP的6%。前三大减免——州与地方税减免、不动产抵押贷款利息减免与慈善捐款减免——每年共造成1850亿美元的成本。[12]这些租税减免的金额加起来非常可观，足够用来发放金额适当的基本收入，而就算只用其中一部分来发放基本收入，也能产生相当显著的效果。

英国的财政负担能力

暂时不谈其他支出计划与财源应该在什么时间点重新分配，我们接下来将聚焦于英国最近的几项研究，这些研究详细检视英国的财政负担各种不同基本收入制度与发放金额的能力。这些研究几乎都沿用马尔柯姆·托瑞所谓的“严格的收入中立性”（strict revenue neutrality）假设，换言之，这些研究假设基本收入完全是以调整个人所得税税率、免税额及当前福利支出等所省下的钱来支应。长久以来，这是估算基本收入成本的标准方法，包括米米·帕克（Mimi Parker）等人早期的许多努力。[13]帕克是个保守主义者，她和她的赞助人下议院议员布雷登·莱斯－威廉姆斯（Brandon Rhys-Williams）密切合作。莱斯－威廉姆斯继承了他母亲茱莉叶的基本收入研究，并持续奋斗到20世纪80年代。

除了检视基本收入的可能成本金额，以下提及的这些研究也试图计算基本收入对不同形态与收入水准的家庭的影响。根据保守估算值而提出的一种常见批评是，将现有福利计划雨露均沾地分配给所有人口，将会导致很多低收入家庭的境况变得更糟，因为他们从基本收入制度获得的金额，将比从现行提拨式制度与财力调查式津贴（包括税额抵减）领取的金额少。理论上来说，这个议题可用两种方式来处理：设计一个让低收入者损失最小化的基本收入制度，或是导入一套混合式计划，作为过渡时期的应对方式，也就是说，在发放基本收入之余，加发现有的津贴。在解读这些研究的成果以前，我们必须牢记一个前提：所有模型都假设目前各种津贴的领取人都完全领取了他们应得的津贴，但事实并不然，财力调查式津贴与行为调查式津贴和这些人实际应得的相去甚远。

政治智库金巴斯集团做了一个模拟，计算了某个混合式过渡计划的成本，这项计划将在继续发放目前几乎所有津贴（包括退休金与住宅津贴，但不包括孩童津贴，孩童津贴将被废除）之外，加发相当大方的基本收入（年满 25 岁的成人每周 61 英镑，年纪较轻的成人、孩童和退休人士发放的金额稍微低一些）。[14]在评定财力调查式津贴的资格时，也会将基本收入列入考虑，这么一来，前述津贴的成本将降低，仰赖这些津贴的家庭数也会减少。这项模拟显示，只要废除所得税个人免税额、终结高收入者偏低的国民保险拨费，并将每个所得税课税级距的税率提高 3%，便能筹集到这个计划的完整财源，而且只会导致每年高达七千亿英镑的国库支出增加相当微小的净成本。一旦实施，基本级距的所得税加上国民保险自负额的总税率将上升到35%（2016 年为 32%），较高级距为 55%（原为 42%），以及最高级距的 60%（原为 47%）。

诚如马丁·桑德布提到的，虽然上述制度将使纳税额最高的五分之一纳税人的缴税金额大幅增加，但他们也能因基本收入的发放而获得部分补偿。[15]何况在现有的制度下，低薪资收入者会因税额抵减及其他财力调查式津贴的撤销，而面临高达80%甚至更高的边际“税”率，而且，以薪资收入稍高的人来说，一旦收入超过会失去育儿津贴和个人免税额的水准后，也会面临超过 60% 的边际税率。

金巴斯集团还计算了一套更大方的混合计划的成本，这个计划将每周额外发放十英镑给所有人。如果实行这个计划，将会使每个收入级距的税率进一步上升 2%，并增加额外 80 亿英镑的成本。这两个过渡计划都能改善贫富差距的问题，且对贫困的改善产生显著的影响，以第一个案例来说，孩童贫困状况估计可改善 38%，第二个案例则能改善 45%。落在收入分配最低五分之一的群体里，有 60% 的人能因第二个计划（更大方）而多获得 20% 的利益，而这些重新分配的财富来自收入排名前五分之一的群体。在收入最低的两成家庭中，只有不到 3% 的家庭会损失超过 5%。

公民收入信托的董事马尔柯姆·托瑞利用一个稍微不同的家庭租税与转移模型（以 2012 ~ 2013 年的数值为基础），估计一个较中庸的混合计划的成本，这项计划将每周发放 50 英镑的“公民收入”给 25 岁至 64 岁的人，青年（16 ~ 24 岁）的公民收入是每星期 40 英镑，年满 65 岁以上的人则可领取每周 30 英镑的公民退休金。[16]

当然，这是在多数现有津贴以外加发的钱，只不过，所有财力调查将会把公民收入列入考量。托瑞发现，如果采用和上述金巴斯协会那个模拟一样的收入及国民保险结构组合，他的计划将让国库每年节省近 30 亿英镑。（他也计算了只对某个年龄层〔16 岁〕导入基本收入的创新概念的成本，后续再逐步把基本收入的发放扩大到所有年龄层。）

根据托瑞的计划，在刚实施时，收入最低五分之二的家户中，也有 3% 的家庭的境况会比原来差 5%，1.5% 的家庭境况恶化超过 10%。然而，国库省下的 28 亿英镑，足以为这些家庭提供特别补偿，毕竟那将只是一个过渡计划。另外，较高收入水准的人里将有更高百分比的人产生损失，对一个追求重新分配资源及改善贫富差距的计划来说，这是个不可避免的结果，不过，对这些人来说，相关的损失将是可控制的（见图 7.1）。

与此同时，根据托瑞的说法，孩童贫困将改善三分之一，这个计划“将能确实以可管理且有用的方式，将富人财富重新分配给穷人，其中，常被称为‘被挤压的中产阶级’（squeezed middle）的家庭尤其受惠于这个过渡计划”。

皇家文艺学会（Royal Society of Arts，以下简称 RSA）利用托瑞的模型，自行计算一套全面性基本收入计划的成本，这个计划打算发给 25 ~ 64 岁成年人每周约当 71 英镑的款项，65 岁以上发放 143 英镑，0 ~ 5 岁的头胎子女每周发给 82.5 英镑，

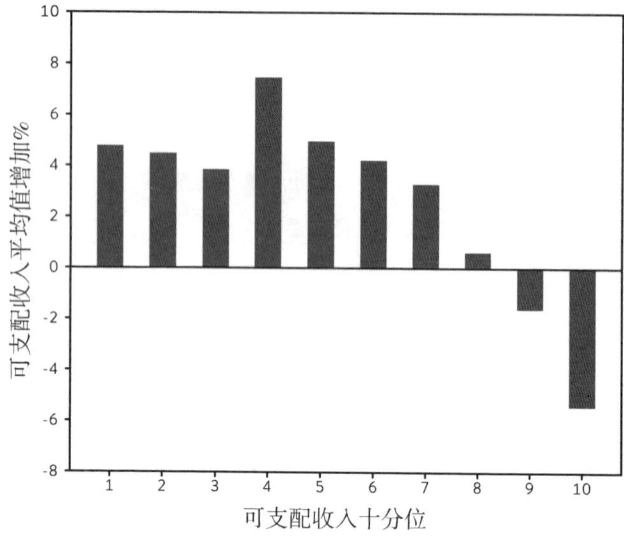

图 7.1

托瑞的混合式基本收入计划的重新分配效果

资料来源：M. Torry (2016), 'An evaluation of a strictly revenue neutral Citizen's Income scheme.' *Euromod Working Paper Series* EM 5/16

第二胎以后发放 65 英镑，而 5～24 岁的孩童与青年人发放 56 英镑。[17]这些金额（将取代多数现有的津贴）大约等于现有的求职者津贴（Jobseeker's Allowance）、政府退休金与孩童津贴，及低收入家庭可领取的其他子女资助的总金额。伤残救助与住宅津贴并未被纳入计算，不过，RSA 也建议针对财力调查式住宅津贴展开个别的改革。

个人免税额和国民保险下限将被废除，所有高于基本收入的收入都会被课税，边际税率最低 32%（20% 的基本税率加上 12% 的国民保险自负额，与现行规定相同），接着逐步上升，收入超过 15 万英镑者的最高税率为 52%。从图 7.2 可得知这项计划和 RSA 所谓"喜马拉雅山"式税赋曲线（2012～2013 年）的比较结果。在偏离"严格收入中立性"的背景下，退休金提拨款的税赋减免率将被限制在最低标准，这释放出了 100 亿英镑作为基本收入的财源。据估计，这项基本收入计划的净额外成本将介于 98 亿英镑至 164 亿英镑之间。

这份 RSA 报告的主笔安东尼·佩因特（Anthony Painter）表示：

> 我们估计我们所做的变革将产生比现有模型（包含个人免税额的取消）多约等于 1% GDP 的成本。这个金额听起来很庞大，然而，它并不比戈登·布朗（Gordon Brown）

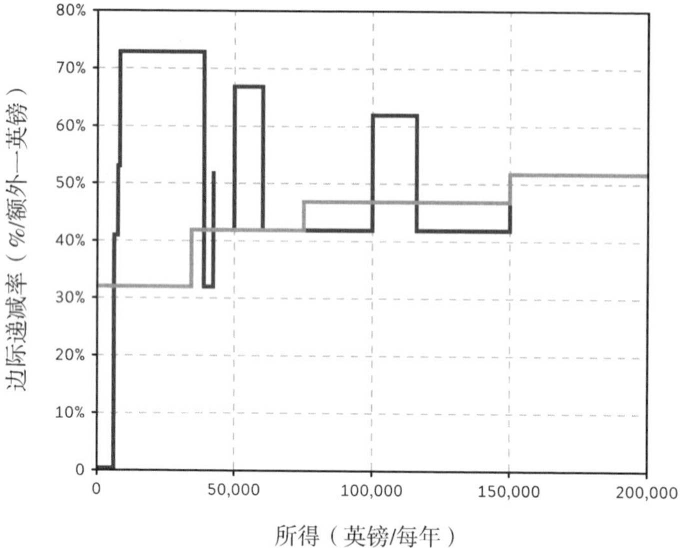

图 7.2
RSA 基本收入模型之边际税率与 2012 年 ~2013 年实际税率比较
2012 年 ~2013 年税赋制度
RSA
资料来源：皇家文艺学会

担任工党政府的财政部长时实施的税额抵减变革所衍生的成本更高，而且远低于乔治·奥斯本（George Osborne，在2010～2016年间担任财政部长）当初不顾经济紧缩而推动的个人免税额、增值税、遗产税与企业所得税等变革所衍生的总成本。[18]

RSA也检视2016年开始实施的国民维生工资（National Living Wage）① 及新的全民福利救济金（Universal Credit）对向特定样本家庭发放的基本收入制度的运作有何影响。它发现维生工资的支付（假设人们领到这些钱，而且工时未被缩短）很快就让低收入家庭脱离因领取基本收入而发生损失的范围，这让基本收入制度的推动显得更有吸引力。

RSA的这个计划会对所有定居的公民发放全民基本收入。在英国居住与工作的欧盟国家国民和欧洲经济区（European Economic Area）国家国民，都能在取得永久居留权资格五年后（这是在英国脱欧公投前的规定）领到这笔基本收入，而其他移民将没有权利领取。所有年满18岁以上的公民都必须进行选民登记，才能取得基本收入的领取权，这是一种强化公民参与的手段。

除了计算上述混合式基本收入计划的成本，金巴斯也计算了一项将取代多数财力调查式福利津贴的基本收入计划的成本。[19]发放基本收入、增税以及削减现有津贴等组合做法的净

---

① 即最低基本工资。——译注

成本或净节省金额介于一年多花 430 亿英镑至一年节省 530 亿英镑之间，金额视基本收入的发放金额而定。两项成本计算都是以下述假设为基础：成年人每周发放基本收入 73.1 英镑，65 岁以上 151.2 英镑，18 岁以下孩童 44.3 英镑。第二个案例省下很多钱，那是废除个人免税额所致（第一个案例保留个人免税额）。经金巴斯计算，所得税的最低税率必须提高到 30%，单一最高税率需提高到 50%。尽管如此，这些税率并没有高于（或甚至远低于）撒切尔政府（包括保守党政府）在 20 世纪 80 年代实行一连串所得税削减预算前所征收的税率。

然而，金巴斯的这个计划将会导致很多低收入者遭受损失，主要是因为孩童相关支付弥补不了其他津贴的流失。这些作者认为，就政治层面来说，目前不可能在英国导入意在彻底或几乎消除 30% ~40% 最贫困人口的全面性基本收入计划，因为这么做的成本是 150 ~ 200 亿英镑，约等于 GDP 的 1%，而且需要实施更高的税率。

相反地，RSA 的目的是希望借由将资源重新分配到有学龄前孩童的家庭，将低收入者人数最小化，不过，它也体察到某些家庭的景况可能恶化——主要是有学龄小孩的单亲家庭。然而，金巴斯的作者还是将混合式计划视为未来推行全面性基本收入制度的一个务实阶段性做法。

我们应该把以上所有模拟当成说明性质的示例。但无论如何，这些模拟让我们体察到，当局可根据可行且能够负担的原则采用基本收入制度。即使接受“严格的收入中立性”限制——也就是基本收入必须以个人所得税支应并用福利预算省下的钱来弥补，税率的增加也能被控制在合理范围内，且较低收入群体人数能最小化或获得补偿。在此同时，位于收入分配底层两成里的大多人将能获益，届时收入分配不均的问题也能获得适当的改善。

尽管如此，如果能部分以削减非福利支出计划的方式（包括削减会产生累退税效果的补助金以及特定所得税减免）作为基本收入的部分财源，税率有可能不需要大幅提高，甚至无须提高。而且这还未计入潜在的新财源，例如主权基金、碳税或金融交易税等。

住宅成本

多数和英国基本收入有关的计算都设想到了伤残者的贫困增额补贴，但这些研究都不情愿地归纳出一个结论：住宅成本理当分开处理，一如当前社会保险制度的做法。威廉·贝弗里奇爵士在他 1942 年发行的福利国家蓝图中坦承，他在设定雇主全额提拨型津贴水准时，无法解决“租赁问题”；若住宅津贴的发放采用统一比率，住在昂贵地段的人将支付不了租金，而住在低价地段的人则会有多余的津贴。个人住宅成本的支付将让人有动力在退休后（这时才有资格领取政府退休金）搬迁到比较昂贵的住处。最后，战后的英国政府决定协助支付实际的住宅成本，但只补助财力不足且其增额补贴需求金额比国民保险津贴金额（依据提拨纪录发放）高的申领人。

如今，上述“租赁问题”变得严重许多。在福利国家施行初期，60% 的人口居住在受严格租金管制的民间出租型设施，而且政府也积极推动大规模的福利房（council house）兴建计划。但如今，租金与房价的地段差异变得非常大，民间部分的租金也暴涨，政府打折出售福利房与社会住宅，更导致人们有能力负担的住宅大幅短缺。目前财力调查式住宅津贴的成本已暴增到每年250亿英镑。

虽然要解决英国目前的住宅危机，需要以增加人们负担得起的住宅的供给量等紧急对策来应对，但这个议题对英国目前社会保障制度的设计却造成一个困难。以上所述的基本收入成本计算都假设，目前的财力调查式住宅津贴将大体上沿用现行模式，至少目前会沿用。这个假设稍稍可取之处是，如果进行财力调查时也将基本收入纳入考虑，未来仰赖住宅津贴计划（复杂、高行政成本且高扣除率〔tapered〕①）资助的人数将会减少。

RSA已提议（但没有估算成本）三个可能可以解决“租赁问题”且和基本收入原则不矛盾的方案。第一个方案是限制扣除率，让领取住宅津贴的人在赚到额外收入时，无需以被削减津贴与负担较高税负的方式“支付”高于最高边际税率的税赋。第二个解决方法是将所有住宅相关支出全数移交给地方主管机关处理，让它们根据本地的环境来修订有关兴建、租金与津贴等政策。第三个解决方案是对每一个租屋者（而非房地产所有人）发放“基本租金收入”，而这项支出将以地价税专

---

① 租屋者收入高于最高住宅津贴的部分，必须从住宅津贴中扣除的百分比。——译注

款支应。

当然，英国的住宅状况并非独一无二，其他国家也面临类似的问题，其中最常见的通病就是大城市缺乏人们负担得起的住宅，以及住宅成本存在严重的区域与城乡差异等。然而，许多欧洲国家如德国、瑞典和法国，选择采用更慷慨的薪资收入相关社会保险津贴，让多数人们有能力负担自身的租金。一份比较研究显示，英国人的住宅津贴、失业津贴与收入补贴（income support）约当平均收入的百分比，在十个国家中排名第九。[20]看起来在其他国家，“租赁问题”对基本收入计划的设计来说，或许不那么令人头痛。

其他国家的财政负担能力

早在1985年，荷兰政府政策科学研究所（Dutch Scientific Council for Government Policy）就提出一个部分的基本收入计划，是该国的政府财政足以负担的。另外，比利时、加拿大、法国、德国、爱尔兰、西班牙和南非，也都针对基本收入的导入，估算了相关的财政成本。新西兰的加瑞斯·摩根（Gareth Morgan）与苏珊·戈斯瑞（Susan Guthrie）归纳了一个结论，30%的平头税（flat tax）① 就足以支付每个成年人每年11000新西兰元以及每个18～20岁青年每年8500新西兰元的基本收入。[21]

美国的安迪·斯特恩建议应该每个月发放1000美元的基

① 又译为单一税。——译注

本收入给每个美国成年人（2.34 亿人），1000 美元大约就是联邦贫困线水准。他估计这么做的总成本约每年 2.7 兆美元，约等于 GDP 的 15%。根据他的建议，相关的财源将来自废除现行扶贫计划所省下的 1 万亿美元，包括食物券（760 亿美元）、住宅救助金（490 亿美元）以及薪资所得税额抵减（820 亿美元）。[22]他也建议缩减军事支出及分阶段废除多数所得税减免，那些成本大约是每年 1.2 万亿美元。他也支持征收联邦销售税、金融交易税（目前已有十个欧盟会员国实施这项税赋）甚至富人税（wealth tax）。

实质上，财政负担能力问题可归结为两组选择——基本收入或社会红利应该多高？以及社会的财政优先考量是什么？现有的租税制度绝非神圣不可侵犯，而且，相关税制过度复杂，还产生严重的累退税效果，何况这还没有把政府因民间企业与个人避税与逃税而衍生的巨额税损算进去。

诚如一个评论家指出的，巴拿马文件（Panama Papers）显示，美国应该有能力负担基本收入，因为这些文件揭露了美国有钱人避税的程度有多么严重。[23]税收正义网络（Tax Justice Network）估计，全球各地的精英分子隐匿了 21～32 万亿美元的财富在免税或低税赋的司法管辖区，各国因此遭到剥夺的税收高达 1900～2800 亿美元。[24]在此同时，这些有钱人还享受了高额的“不劳而获”利益，因为他们通过公共基础建设与公共服务、政府与国际监理机关授予他们的财产权等，获得巨大的利益。另外，国际货币基金也计算，各国人士将利润转移到避税天堂的做法，已导致各国政府一年减损六千亿美元的税收。

一位教授的脑筋急转弯题

以下是哈佛经济学教授曼昆（Gregory Mankiw）在一篇博客文章中提出的有趣脑筋急转弯题。这篇帖文的标题是“全民基本收入速写”（A Quick Note on a Universal Basic Income）。[25]

> 让我们看看一个平均收入五万美元但收入分配严重分配不均的经济体。为了提供一套社会安全网，有人提议实施以下两个可行的政策，你偏好哪一个？
>
> 每人一万美元的全民转移支付，相关财源将以 20% 的单一所得税支应。
>
> 一万美元的财力调查式转移支付，只有零收入的人能领取全额。接着，这项转移支付将分阶段降低：每赚一美元的收入就损失其中二十美分。这些转移支付的财源将来自对五万美元以上的收入课征 20% 的税赋。
>
> 我听到很多聪明人争辩：A 政策很疯狂。比尔·盖茨凭什么领取政府转移支付？他根本不需要那些钱，而且到时候我们还需要征更多税来支付这些开销。B 政策比较进步，因为它只对真正需要的人发放转移支付，为支应这些转移支付所需的增税幅度也较小，而且它只对收入高于平均值的人增税。
>
> 但这就是需要脑筋急转弯的地方。这两个政策的花费其实是相同的。若计算净付款金额（税收减去转移支

> 付），这两个计划的净付款金额其实一模一样，只是框架不同。

在逻辑上，这位教授的论述没有破绽可言，只不过，在实务上这两个政策并不相同。财力调查绝对会增加政府的行政成本，也会让申请人的个人成本增加，从而导致所有支付的实际价值低于其名义价值。再者，财力调查式津贴既不确定也不稳定，因为裁定津贴领取资格时所依据的薪资收入本身也不确定、不稳定。所以，虽然这两个政策的财政成本或许相等，领取人实际获得的价值却不相等。这使得我们更有理由推动非财力调查式的全民支付，再借由税制向较高薪资收入者增税，以取得相关财源。

动态与回馈效应

粗略计算作业与模拟模型的共同根本缺点是：这些方法本质上是静态的，忽略了基本收入对经济活动的动态影响。举个例子，诚如先前提到的，基本收入将消除贫困与飘零陷阱等会导致人们不愿从事低工资工作、增加有薪劳动时数或主动争取更高薪资等的障碍。这种“道德风险”（阻碍人们做自己真正想做的事）会衍生巨额的三重成本：继续仰赖微薄的政府津贴、平白浪费创造更多经济产出的机会，以及税收与国民（社会）保险自负额（乃至国库）的折损。

目前的财力调查式制度也制造了严重的不道德风险，它引诱处于或贴近危产阶级的人转入地下经济体系，从而彻底规避所有纳税与国民保险自负额义务。而以基本收入来说，由于人们不会因就业而失去领取基本收入的资格，所以，隐匿额外薪资收入的诱因就会降低，而这将进一步创造额外的税收。经济活动增温与较高税收（因较低薪资收入者的隐含边际税率剧烈降低，使得他们愿意去从事有薪劳动或不隐匿薪资收入，从而使薪资所得税收增加）而产生的经济利益，预期将超过较高薪资收入者税赋温和增加所衍生的负面冲击（实际上不见得会有冲击）。伦敦经济学院经济绩效中心（London School of Economics Centre for Economic Performance）的一份研究提出以下结论："理论与事实双双证明，高薪员工的工作量或工作意愿几乎不受税率变化的影响。"[26]

诚如第五章提到的，这还会产生其他回馈效应。基本收入有助于促进心理与生理健康，降低人们对医疗与社会服务的需求，这应该也能产生节省相关成本的效果，释放出更多资金供基本收入或提升公共服务品质等用途使用。

其他财源

通过碳税（意在阻止导致气候变迁的温室气体排放）[27]的收入来筹措基本收入的部分财源，是一种极具吸引力且广获认同的想法。气候变迁公民游说团（Citizens' Climate Lobby）针对美国所进行的计算显示，若课征每吨 15 美元的碳税，一年就可筹集 1170 亿美元的税金，经过各种不同的调整，这笔金额就足以对每个家庭发放每年 811 美元的红利（每人 323 美元）。[28]绝大多数的家庭将获益（这项红利的价值将高于因碳税实施而造成的物价上涨影响)，而且它会产生相当强烈的累进税效应，换言之，比例上低收入家庭的获益程度更甚于高收入家庭。

平均来说，高收入家庭将产生损失，但这些损失相对其收入而言，可谓无足轻重。一个更传统的提案是以地价税来筹措基本收入财源。托马斯·潘恩针对他提出的计划，设算相关财源将来自对房地产所有人课征“地租”(ground rent)。亨利·乔治则鼓吹课征土地租税来支应基本收入。土地税将是累进税，因为土地所有权的分布大致上和收入与财富的分布一致，而且原则上这种税赋能筹到较高总额的资金。根据《经济学人》引用的几个估计值，对美国所有土地课征5%的地价税，就能筹集到1万亿美元以上的财源，足够应付对每个美国人发放每年3500美元的相关成本。[29]这是个吸引人的想法，尤其因为多数国家的房地产税制乱七八糟，经常产生累退税的效果，迫切需要改革。只不过，要导入这种税赋，政治难度将会非常高。

先前曾提及的富人税、遗产税、金融交易税以及机器人税等，都是基本收入的可能财源。另一个建议是要求谷歌、脸书和其他企业为它们目前免费使用用户数据付费，毕竟那些企业通过这些数据资料的使用而获得庞大的利润，届时它们支付的数据资料使用费将可用来作为基本收入的部分财源。[30]

丹麦创投资本家索伦·艾凯兰德（Soren Ekelund）经营的社会思想智库（SamfundsTanken）建议采用一套独创的财源筹措机制。[31]这个机制可称为“社会创投基金”法。如果企业接受和本地议会之间协调好的利润共享条件，议会就愿意以基本收入的名义来支付部分员工工资（但非就业者也能领取基本收入）。这将提振企业获利（因为企业必须发放的工资减少了），而利润分享协议也会让议会取得支应基本收入的资金。这是一个复杂的计划，但也体现了形塑一个全新制度的智慧。

主权基金与社会红利

笔者本身偏好的财源筹措选项是利用主权基金的建立（沿用阿拉斯加永久基金〔Alaska Permanent Fund〕或挪威养老基金〔Norwegian Pension Fund〕的模式）来作为基本收入的财源。这个选项是引用自诺贝尔经济学奖得主米德的《阿加莎乌托邦》（*Agathatopia*）一书中说明的做法，它允许一个国家用许多年的时间慢慢累积这个基金，并随着基金的持续壮大，缓步提高以基本收入或社会红利名义发放的金额。[32]社会红利法被视为将社会集体财富依正当的比例分配给每一个人的好方法，所以它在政治上具有吸引力，因为这个方法不需要废除现有的福利制度，也无须提高薪资收入相关税赋。

阿拉斯加永久基金是杰伊·哈蒙德（Jay Hammond）在1974年当选美国阿拉斯加州共和党州长后创立。该基金在1976年成立后，接收八分之一的阿拉斯加州石油生产收入。这个基金直到1982年才终于开始对所有合法的阿拉斯加居民发放全民“红利”。长期以来，这个模型一直相当吸引BIEN社群的基本收入倡议者，它堪称一个专为支付基本资本补助金或基本收入而成立的新生基金。[33]

其他偏好主权基金法的人还包括彼得·巴恩斯（Peter Barnes），他建议根据阿拉斯加基金的模型，成立一个“天空信托”（Sky Trust），并建议向使用“全民资产”的企业收取费用来作为这个信托的财源。所谓全民资产包括天然资产（空气、水、矿物和其他资源）以及社会建构的资产，例如知识产权体系和法律及金融基础建设等。巴恩斯估计，针对全民资产的使用而收取的费用——包括污染税、天然资源开采税、电磁波频谱使用费、金融交易税以及知识产权版税及权利金等，将足够每年发放5000美元红利给每个美国人。[34]

英国的斯图尔特·兰斯利（Stewart Lansley）则建议利用“社会财富基金”（social wealth fund）来发放基本收入，这个基金的财源将来自对股份所有权收取的税费。[35]根据他的计算，若针对英国股市挂牌交易的前一百大企业的股份所有权课征每年0.5%的税，将能募集到80亿英镑，如果征收1%的税，则将筹集到两倍的金额。其中有一半以上的金额将来自海外持股人。[36]笔者曾提议针对各式财产——实体、金融与知识产权——的民间所有权的租金收入及开采权课税，这些税收也可用来成立社会财富基金。[37]

不过，这个基金必须采纳民主的治理结构，而且必须根据道德原则来管理，唯有如此，它才能在各种收入来源逐渐被耗损后保有可持续性，进而确保代际平等。英国政府在2016年提出成立页岩财富基金（Shale Wealth Fund）的提案，更凸显出道德治理（挪威养老基金为具体的明证）的重要性。[38]至多有10%的页岩气压裂（水力断裂）收入将成为这个基金的收入，以25年的期间推估，相关收入可能高达10亿美元。这些钱将发给设置压裂站点的社区，而这些社区能决定要把钱用在地方建设，还是以现金方式分配给当地的家庭。我们很难防止外界联想这是一种对当地的贿赂，以确保当地主管机构准许从事可能危及环境的压裂作业，毕竟大众相当反对这种作业，除此之外，这还牵涉到平等与否的诸多问题。为什么只有恰好住在有页岩气地区的人才能受益？外界会如何看待收受这些钱的社区？这些款项只会发给压裂作业展开时住在指定社区的人吗？他们收到的是一笔总额款项，还是定期发放的款项？如果是定期发放，会发放多久？有没有考虑到后代子孙将会受到什么影响？这些现金支付足以弥补压裂作业对空气、水、景观和生计的潜在破坏吗？

上述所有疑问让人不得不质疑所有选择性发放计划的平等与道德。这些疑问凸显出两个必要性：一、在开始建立这类财富基金并以这些基金发放红利以前，必须先确立各项原则；二、必须建立一个能独立于政府与企业界的治理结构。不过，事实已证明，只要满足这些条件，这条路线是协助筹措基本收入或社会红利财源的可行方法。不发展主权基金或是利用主权基金来达到投机与会产生累退税效果的政治目的，则是不适当的做法。

财政负担能力问题是政治问题

有关财政负担能力的批判，肤浅地吸引着所有有意反对基本收入的人。不过，最终来说，这是一个政治议题。目前工业国家的税率处于相对历史低档，没有理由认为目前的税率是适当的。何况各种选择性的所得税减免额以及各式各样具累退税效果的政府补贴与超国家（supra-national）实体补贴，不仅金额至为庞大，且多数不公平、不道德，或不符合经济效益。

与此同时，现有的福利制度太错综复杂、缺乏效率、引发道德疑虑，且成本非常高。目前很多国家的贫困人口持续增加，贫富差距的状况也快速恶化，精英分子、财阀与财阀型企业的租金收入则大幅增长。[39]以整个社会为发放目标的基本收入的多数（甚至全部）财源可以简单通过向庞大的租金收入（来自能产生收益的各式各样财产的所有权）课税等方式取得。宣称唯有政府大幅减少社会服务或激烈提高所得税税率才有能力负担基本收入计划的人，有刻意误导或无知之嫌。

最终来说，财务负担能力议题可归结为社会愿意赋予社会正义、共和主义式自由与经济安全感多么优先的地位。从这些面向来看，我们不仅负担得起基本收入，并且负担不起不发放基本收入的代价。

第八章

CHAPTER VIII

基本收入对工作与劳动的意义

“很显然地，任何提供收入的计划，只要与工作不相关，都会降低某种程度的工作的意愿。”

——麦可·坦纳，卡托研究所，2015 年[1]

真的那么“显然”吗？每每谈到工作或写到工作相关的内容，很多评论家和社会科学家都会失去他们的常识。虽然自古以来，每个时代都会很武断地区分什么是工作、什么又算不上工作，但我们这个时代对工作的定义最失当。

只有在 20 世纪，多数非支薪劳动才不被视为工作。到目前为止，劳动相关的统计还是坚持这个滑稽的做法，在市场上，唯有为了酬劳而劳动才叫“工作”。一个世纪以前，庇古（Pigou）曾说一段名言，他指出，如果他聘请一位女管家，国民收入就会上升，经济增长也会加速，就业人口将增加，失业人口将相对减少。如果他接下来和那位女管家结婚，而她继续从事与婚前完全相同的活动，国民收入和经济增长却会降低，就业人口将会减少，失业人口则相对增加，这实在非常荒谬（而且明显带有性别歧视）。

这样的荒唐观念到今天还是没有改变。一个母亲或父亲照顾自己子女时所做的事，和一个受雇照料他人子女的支薪保姆所做的“工作”其实一样多（说不定前者的“生产力”更高）。而随着我们的经济体系愈来愈“零工化”（‘gig’ economy），还有其他更多活动因支付酬劳与否而遭到差别对待。举个例子，狗主人可以利用“出借狗狗”（Borrow My Doggy）之类的软件，聘请某人来帮忙遛狗，或是把狗交给狗保姆照料。基于统计的目的，这个原本纯属消遣性质的活动——遛狗（帮别人遛狗）——成了一种“工作”。这使得国民收入与就业人口增加，也让政府很开心。但如果你遛自家的狗（或照顾自己的子女），却反而是在伤害经济！

在此同时，还有其他非常多实实在在但未支薪的工作，这类工作还在不断增加。以英国来说（其他国家也很类似），根据估计，无偿经济体系（照顾孩童和老人、家务劳动、社区义工等等）的价值远超过货币经济体系规模的一半。[2]

但就算是这些估计值，都没有计入每个人处理政府往来事务（申报所得税鲜少会被视为“休闲”〔leisure〕吧？）、身为消费者（自助结账）时所做的“工作”，以及我所谓“为取得劳动职缺而做的工作”（work-for-labour）①、与现职有关但无薪的工作（这类工作的范围随着“一直在线”的文化而扩大），或求职期间必须做的工作。危产阶级尤其必须做很多不被视为“工作”的工作（在他们眼中是工作）或不被给予酬劳，例如

① 例如接受性向测验与能力检定等。——译注

寻找就业机会、应付复杂又旷日废时的漫长招募流程、等待派遣工作机会、为申请某种贫困津贴而排队或填写各种表格等“工作”。

在评估基本收入对工作与劳动的实际与潜在影响时，这些概念攸关重大。一般人常主张，发放基本收入将使人变懒惰，而且会使劳动力供给减少（这两者并不相同）。就这一脉络来说，一直有人争辩是否应该发放基本收入给“懒惰”的人——所谓懒人的典型形象是在马里布（Malibu）冲浪的年轻人。这看起来会是一场永无止境的哲学辩论。然而，值得怀疑的是，这类年轻人真的有办法靠一笔不太大的基本收入，过着那种长年冲浪的美好生活吗？

多数人总是希望尽可能多赚一点钱。就算少数人选择成天冲浪，只靠着基本收入过活，这些人选择那样生活而对政府造成的成本，也不会比政府特地派人整天盯着他们、逼着他们做某种“工作”的成本高。此外，很多伟人和最伟大的艺术家年轻时也都“无所事事”，其中有些人是因为继承了有钱双亲所提供的“基本收入”，才得以“无所事事”地活着。如果他们当初被迫去申请劳动福利（workfare）或从事某些沉闷的职业，我们可能永远也无法见识到并享受他们的创意天分。

我的论点是，基本收入将能增加“工作”的数量与生产力，而且能提高“休闲”品质，我所谓休闲是指古希腊文的“schole”。“Schole”一词是英文“school”（学校）的起源，意思是指免于劳动的必要性，亚里士多德主张这是全面参与文化与政治生活的必要条件。姑且不谈这一点，从社会、经济与生态的角度来看，就算某些人利用基本收入来减少劳动与（或）工作量又如何？真的有那么糟糕吗？

长时数的劳动并不总是对生产力、产出或服务品质以及决策制定有帮助；事实上，很多证据显示，长时间的工作反会对生产力产生不良影响，同时会危害健康。[3] 我宁愿我的牙医或外科医师获得充分的休息并带着饱满的精神来照顾我的身体。这个道理也适用于更一般的活动。

此外，就算基本收入真的会导致劳动力供给降低，最可能选择不劳动的那些人，通常也是潜在生产力与赚钱能力相对较低的那一群人。因此，这些人降低劳动力供给对经济所造成的损失就会比较小，甚至不会造成任何损失。另外，我们也应该从第五章讨论的“零工作”未来的角度来辩论——无论技术悲观主义者的预测是否夸大，这类预测都将使“基本收入可能导致劳动力供给产生变化”的问题显得没那么严重。

第三纪时代

我们已逐渐脱离“农业时代”的社会与生产体系，在农业时代，劳动与工作的形态受季节、气候与阳光支配，而在“工业时代”，劳动受时钟支配，而且是以时段来衡量。在“工业时代”的环境下，将劳动视为一种牵涉打卡计时的活动（一天八至九小时、一周五天或六天、一生四十年以上，接着幸运的话可以长期处于退休状态），确实合情合理。

但21世纪将受所谓的“第三纪时代”（Tertiary Time）支配，在这个时代，“工作”与“劳动”这两种活动之间的界限愈来愈模糊——这些活动皆不一定得在工作场所，也不一定得在指定的工作时间内完成。这样的模糊状态使劳动和工资水准测量变得愈来愈武断且具误导性。企业、雇用代理人或劳动中介付薪水给我们，但我们获得的酬劳和实际上完成的工作根本不成正比。未来多数人的工作（无薪）相对劳动（有薪）比率都可能会上升，而受惠于这种无薪工作的人，实质上等于通过一个更广大的剥削形式来获得租金收入。

这是实施基本收入的另一个正当理由——基本收入对每一个人发放，用以奖励他们从事性质上属社会工作的工作，而基本收入的财源将来自向受益于这类社会工作的个人与企业收租。那些受益的个人与企业原本或许并无意通过这个方式来图利；一切只因我们真的无法衡量所有因第三纪时代而产生的所有“为取得劳动职缺而做的工作”的适当酬劳是多少，也不可能给予从事那种工作的人适当补偿。

基本收入会降低还是提高工作诱因?

在谈论实验证据以前，首先我们必须说，目前以财力调查与行为调查来决定政府津贴领取资格的做法，已制造出一种促使人们不愿意接受低工资就业机会的强烈诱因。然而，宣称基本收入将降低“工作”（他们所谓的工作是指有薪的劳动）诱因的批评者，却鲜少承认现行种种计划对降低工作诱因的影响。

不过，直觉上显而易见的是，如果一个人有把握能保住收入的68%（即实施基本收入后的可能状况），而不是只收到

20%（英国目前的状况，尤其那 20% 会轻易被额外成本吞噬——如通勤、子女的保姆、合适的衣物等等成本），那他一定比较愿意去就业。何况如果一个人是为了保住 20% 的工资收入而不得不工作，他应该会以敷衍或愤恨的态度来应付这个就业机会。

如果诱因很重要，基本收入当然是提高诱因的较好路线。基本收入能克服因财力调查式津贴遭到取消而可能衍生的贫困陷阱和飘零陷阱（部分导因于担心无法在需要时重新获得津贴领取资格）。所以，基本收入将鼓励技术层次较低的人群进入劳动市场，而且是合法的劳动市场，而非地下经济体系。基本收入也让人们无须担忧会因接受兼职的就业机会而失去津贴，这对负担照护责任的人或无力承担全职工作的伤残者来说尤其有帮助。

我们回过来谈谈实验证据。很多批评者的论述基础是，根据美国六个州在 1968～1980 年间进行的一系列本地实验，以及 20 世纪 70 年代在加拿大进行的著名 Mincome 实验，基本收入将降低"工作"诱因。事实上，那些实验都是对低收入人们发放某种接近基本收入的补助金的负所得税实验。实验人员只收集标准的劳动力数据，而这些数据促使加里·伯特莱斯（Gary Burtless）等经济学家认定基本收入会温和降低工作诱因。[4]

然而，这些数据（有非常大量的经济分析以这些数据为主题）只和有薪就业人口或求职者有关，和很多其他形式的工作无关。如果一个人为了照顾子女或年迈的亲人而在他的职业上工作较少时数，就会自动被判定为“工作”量减少。此外，诚如伯特莱斯承认的，负所得税本来就有鼓励少报劳动与薪资收入的倾向，因为申报的薪资收入数字愈低，获得的收入补贴就愈高。这种“不道德风险”意味着一般观感中的“劳动力供给减少”可能是个假命题。

姑且不谈这些分析的概念缺陷，另外还值得一提的是，测出的影响很小。卡尔·维德奎斯特主笔的一篇杰出评论检视了其中数百份研究报告，最后他归纳的结论是，对劳动力供给的影响多半不具统计重要性，换言之，相关的影响小到不值得政策制定者关切。[5] 可惜还是有很多人执意引用那些研究来证明工作诱因的降低。[6]

充其量来说，这些研究只能证明基本收入导致某些群体的有薪劳动量小幅降低，而那些群体主要是家里有幼童的妈妈，还有就学中的青少年。在加拿大的 Mincome 实验中，“家里有新生儿的妈妈停止工作的原因，是想多待在家照顾婴儿，而青少年减少工作的原因是，发放基本收入后，他们抚养家庭的压力减小，而这最终使更多青少年得以完成学业。”[7]

相似地，美国的那些实验也发现，一般人会借此把握改善生活的机会，包括为了取得学位以及提升职场位阶而继续升学。新泽西、西雅图和丹佛的高中毕业率呈现两位数的增长。[8] 诚如长年倡议基本收入的麦克尔·霍华德（Michael Howard）所言：“一般人从劳动市场撤离，但那种劳动市场撤离是一种令人欣喜的现象。”[9] 我们甚至可以说他们由劳动转变为工作。这听起来像是工作量减少吗？这不仅不是一个不好的结果，甚至可说是个好结果。

当中两个实验的主要明显变化是，某些人处于失业状态的时间稍微拉长。然而，我们不该将之解读为“懒惰”：失业时间拉长有可能会产生有利的长期影响，因为那让他们得以找到更适合自己需求与能力的就业机会。

其他主张基本收入会降低工作诱因的人，则是纯粹基于直觉和（或）秉持道德观点（即不劳而获论述）而作此论断。诚如其中一个评论家所言：“就经济、社会与道德观点而言，对某人发放某种物质报酬却不要求他制造某种有价值的东西来交换，是一种令人质疑的做法。”[10]不过，这样的说法等于假设市场上只有有薪劳动是有价值的，这明显荒谬。所有形式的“工作”都有价值，即使某些工作的具体价值很难或根本无法以数字来评估。

有些批判者更步步紧逼，主张基本收入不止可能降低劳动与工作意愿。在法国天主教新保守主义者高伯瑞（Pascal-Emmanuel Gobry）的想象中，基本收入将促使数百万人“处于对社会有害的无所事事状态”，“而这种生产力流失的后果将影响社会的各个层面，导致经济增长放缓，就业人口也可能减少”[11]，从而使这个世界的未来呈现出一个反乌托邦的景象。问题是，没有证据能证明那类断言是正确的，这样的观点对人类的素质是一种侮辱，因为只要有可能，每个人都想改善自己的生活，没有人想过最低忍耐限度的生活。

芭芭拉·伯格曼（Barbara Bergmann）是另一个宣称让生活达到“舒适”水准的基本收入将导致“工作诱因降低”的

人。她也主张劳动力供给降低将使税收减少，导致政府不得不提高税率，并因此进一步压抑从事有薪工作的意愿。[12]当然，也没有任何证据可证明这个观点属实。

许多国家的意见调查发现，当受访者被问及如果能领取基本收入，他们的工作与劳动意愿是否会降低，绝大多数的人回答“不会”。然而，当被问到别人会不会因为领了基本收入而减少工作与劳动，多数受访人却倾向于回答“会”。换言之，每个人都认定别人是懒鬼，而自己不是！另外，批判者也假设，低收入者将因领取基本收入而降低劳动与工作意愿，但与此同时，他们却假设较富裕的人不会那么做。毕竟尽管比尔·盖茨、沃伦·巴菲特和马克·扎克伯格等富豪肯定不需要收入，他们到现在还是继续在工作。

姑且不谈亿万富豪，1999年一份针对乐透彩得主所做的调查显示，所有得主都继续（或希望继续）从事某种工作，然而，只有极少数的人继续留在原先的职位。取而代之，多数得主转而投入自己真心喜爱的工作，包括有薪与无薪的。另外，在一系列询问“如果你赢了乐透彩，打算做什么”的研究中，绝大多数的人表示自己将继续工作，但不尽然会留在原职。[13]另外，毫不意外地，被问到是否偏好继续从事原本赖以维生的职业时，受访者认为，在不考虑原职务赚多少钱的情况下，答案取决于他们有多喜欢那个职务。专业领域人士和“有薪阶级”回答将继续留在原职或相同行业的比例高于社会阶级较低的人，想当然尔，后者的工作有可能比较枯燥或令人厌恶，所以工作满足感较低，也较想转职。

2016 年 6 月瑞士举办基本收入公投前的一份民调询问受访人：如果基本收入通过公投并开始发放，你是否会停止原本的经济活动？[14]在暗示每人发放 2500 瑞士法郎基本收入的前提下，只有 2% 的人回答“会”停止——尽管那是多数人认为能让生活达到“舒适”水准的金额。然而，却有三分之一的人回答别人“会”停止原本的经济活动！有超过一半的人表示如果能获得基本收入，就会趁这个机会去受训，另外，有超过五分之一的人表示自己将试着独立。有 40% 的人表示将做一些或做更多义工工作，还有 53% 的人说自己会花更多时间陪伴家人。基本收入的目的不是要让人有钱得以无所事事，而是要让他们有机会可做自己希望做且有能力做的事。

另外，我们不该忘记，即使某些人因领取基本收入而减少自己的劳动力供给，预期还是有其他人会增加劳动力供给。但一般人总是倾向于完全聚焦在一些未经证实的负面影响。这使基本收入的倡议者提出较少被思考的论述：基本收入将倾向于增加工作量并提高工作品质，一个跨国的心理学证据能证明这个观点属实。[15]一系列实验的结果发现，拥有基本保障的人倾向于做更多工作，而非更少。他们也比较愿意与人合作，那意味其所属工作群组将会更有生产力。拥有基本安全感的人会比较有信心，比较有活力，也比较信任其他人，因此，他们会做比较多工作，工作品质也比较高。

这类效应在低收入社群可能尤其强大。所以，在稍后将讨论的纳米比亚基本收入试点计划中，当地的整体经济活动确实在基本收入开始发放后上升。[16]在印度中央邦进行的几个更大型的试点计划，成年人的工作与劳动量也增加，尤其是女性成年人；那多半是因为很多基本收入领取人开始从事次级经济活动——多半以个体户的方式进行。[17]学龄孩童是劳动量降低的唯一群体，因为有些人开始专心上学，有些人则一边上学一边在自家农田或事业帮忙，这两种工作对学习的干扰，比先前的临时有薪劳动工作小。只关心富裕工业化国家发放基本收入后的情况的人，或许会对这些研究结果嗤之以鼻。不过，不管是什么样的国家，人们的行为回应方式有可能很相似。一般人通常会想过比目前更好的生活。如果你都抱持这样的想法了，又怎么期待别人不会这么想呢？

危产阶级的工作与劳动

基本收入相关辩论的重要主题之一是：20 世纪收入分配制度的瓦解。这个制度将收入与政府津贴和劳工表现挂钩，而且国民收入流向劳动与资本的比重大致稳定。但如今，有愈来愈多人无法通过自己被要求或被期待去做的工作与劳动获得适足的收入，不管他们工作有多么辛苦，工时有多么长。[18]全球化、技术变革与“弹性”劳动市场等，意味着在可预见的未来，工业国家的平均实质工资将停滞，很多处于危产阶级的人将因此永久被困在低薪酬和津贴的纠葛关系里。

某些批判基本收入的人争辩，国民收入流向劳动的百分比降低的情况，只发生在工会势力较弱的国家，所以他们宣称，如果那些国家的工会变强大，其工资和工人生活水准就会上升。[19]这种论述的问题在于，即使是在工会与集体协商制度迄今仍相对强大的国家，如奥地利，劳动于全民收入中的占比也见降低。

基本收入将成为危产阶级的总收入里的重要基础，它也让低收入阶级得以用微薄的酬劳水准来为其他低收入者做点零工。目前劳动的潜在供给人无法从事小零工，第一个原因是收入太低，尤其是他们可能因此而损失财力调查式津贴；第二个原因是，潜在客户①则负担不起以现行薪资水准支付工人的酬劳。所以，基本收入将促进低收入者之间的交易，并有助于引导他们走出地下经济体系。

劳动与工作的性别分工

基本收入的受争议层面之一是它对男性与女性的工作形态的影响。诸如英格丽·罗贝恩斯（Ingrid Robeyns）等评论家主张，基本收入将强化传统二元论（dualism）——即女性被“贬黜”到只能做家庭里的工作。[20]不过，没有理由抱持这样的思维。如果女性也领取属于自己的基本收入，她们就会有更大的经济安全感，进而更有条件自主决定自己的无薪工作与有薪劳动组成。因此，卡罗尔·佩特曼（Carole Pateman）才会主张基本收入反而将降低劳工的性别分工（sexual division）程度，其他人如艾莉莎·麦凯（Ailsa McKay）、安·艾斯托特（Anne Alstott）、凯西·威克斯（Kathi Weeks）等也抱持相同的观点。[21]

---

① 指其他低收入者。——译注

我们不能假设个别发放给女性和男性的个人基本收入，绝对能克服家庭内部的许多性别不平等状况。不过，它绝对有助于改善那些问题。目前所有国家在评估社会保障的需要时，都是以家庭而非个人状况来评估需要给予多少社会保障，这样的做法忽略了家庭内部可能导致女性无法取得金钱的性别不平等状态，就算家庭财务状况表面上已因领取津贴而变得富裕许多。

女性必须能独立使用金钱，这是一种基本保障，无关乎她们的双亲有多富裕；过去四十年间，反家庭暴力与反家庭掠夺运动不断指出这一点的重要性。美国的负所得税实验所归纳出来的最重要研究发现之一是，相关的津贴让某些妇女有了终结受虐关系并展开独立生活的工具。（讽刺的是，以这两个实验来说，婚姻破裂案例大幅度增加，成为美国政治圈放弃支持保证收入的重要原因之一——尽管后来的事实显示那是统计误差。）

政府以家庭为对象来评估津贴领取资格的做法，有高度干预人民个人生活之嫌。在英国，20 世纪 70 年代积极参与维权者协会（claimants unions）的妇女成员，要求应该以个人为对象发给福利（她们也呼吁发放基本收入），但这些呼声都未能阻止政府“以翻箱倒柜般的手法调查人民的财力”。[22]

发放给每一个人的基本收入将让平常担任照顾者的人——多半是女性——得以依照其意愿，决定是否放弃有薪工作，另一方面也让平常仰赖亲人无酬付出的“被照顾者”，有能力购买照护劳工所提供的服务。巴西的家庭津贴（bolsa família）现金转移计划已提升了妇女在家庭以外的经济活动，因为这项计划帮助支付孩童照护的支出以及公共运输费用。在很多发展中国家，基本收入也将让妇女更有能力主张平等的医疗优先权，以前“养家糊口者”优先的倾向得以改变。较好的医疗将让妇女得以做更多工作，而且只要愿意，她们也能从事更多有薪劳动，因为较好的医疗将让她们变得较不容易生病。这是基本收入不会“明显”导致工作诱因降低的另一个实例。

基本收入只可能会导致一种形式的劳工降低工作的诱因，那就是性服务工作。非法交易和强迫卖淫当然必须加以惩处，不过，剥夺性服务工作的权利或加以惩罚，不仅流于偏执而且容易适得其反，而宣告从事性交易的任何一方犯罪，也只会导致非法剥削的情况恶化，并驱使这类活动地下化。然而，基本收入能强化性工作者的交涉地位，对想要逃脱这类工作的人来说，基本收入确实是一帖解放良方。

最后，有人说基本收入完全无视“互惠主义”，让人不劳而获，面对这种批评，一名女权主义者的回应应该会是：传统上男性总是免费享受多半由女性所完成的无薪家务工作，若以补贴这类工作的薪酬的角度来说，基本收入的发放绝对合情合理。[23]当然，这个结构性不公平反映出一个事实：世人武断地认定有薪劳动比无薪工作更有优先性。基本收入将有助于矫正上述不互惠状况，尤其若能针对工资收入课征些微的税，作为补贴那类无薪工作酬劳的财源，矫正效果会更好。

工作“权”

长期以来，很多人争辩人民有“工作权”。世界上真有这种权利吗？就算有，基本收入会对这种权利造成怎样的影响？

回答这些疑问的第一步，是先厘清“工作权”的意义。所谓“权利”和促进与捍卫人类自由有关，所以就定义来说，“权利”是全民皆享有且不可剥夺的。而若某件事情是权利，那一定会有一项以维护该权利或以达成那个目标为目的的对应义务（通常是政府的义务）存在。由此可知，一项“权利”必须是可以实现的，至少原则上能实现。

提倡“工作权”的人认为这项权利应该实现什么？他们所谓的“工作”，通常是指从属型就业人口的有薪就业机会。不过，在一个雇主眼中，劳动“权”鲜少能提高自由度，它反而比较像一种义务。除非将工作权解读为一种发展个人创造力、生产力与“再生产”能力的自由的权利，否则工作权就没有任何意义。而且，除非一个人拥有取得基本收入的优先权利（prior right），否则上述意义的工作权也无法实践，因为唯有基本收入才能赋予每个人自由发展其天赋、随心所欲规划有薪及无薪工作组合的自由与安全感。

工作权定义的演变非常发人深省。19 世纪初，乌托邦社会学家傅立叶主张维护“工作权”，但他的观点随后遭到马克思驳斥，马克思批评，在资本主义架构下，工作权是“一种荒谬、悲惨且无法实现的愿望”。后来，教宗利奥十三世（Pope Leo XIII）在他著名的 1891 年《新事通谕》（*Rerum Novarum*）中讨论工作权，促使它从此成为某种“神主牌”。这份通谕是在欧洲各地工人不满持续扩大，国际上的社会主义也同步兴起的局势下发表，对肆无忌惮的资本主义所衍生的种种弊病来说（资本主义以工人对雇主的一系列义务来抗衡“工作权”概念），这份通谕堪称一种温和专制式的回应。

进入20世纪后，“工作权”概念很快就和某些人声称的“劳工的义务”纠缠在一起。苏联将这个现象予以神化，而西方世界的教宗庇护十二世（Pope Pius XII）也呼应这个状况——他在1941年发表一项没有意义的声明，表示劳动既是每一个人的权利，也是每个人的义务。直到今日，“权利”与“义务”之间纠缠不清的状况都没有改善，很多论述主张“不负责任就不能享受权利”以及“互惠”等，意思就是指接受津贴的人有义务付出劳动力作为回报。但这样的状况让“权利”的概念遭到抹杀，因为权利的享受不该附加互惠条件。

二次世界大战后，1948年订定的《世界人权宣言》在第二十三条宣言中，将这项“权利”正式定义如下：“每个人都有工作权、有自由选择就业的权利、有享受公正且有利工作条件的权利，以及拥有失业保障的权利。”这个信诺正好和各国政府突然自认有能力及义务创造“充分就业”（实际的意思是男性的充分就业）的信念同步出现。

国际劳工组织在一九六四年的《第122号就业政策公约》（*Employment Policy Convention No.* 122）中又向前跨进一步。虽然这个公约并未将政府承诺保障“工作权”的义务落实为该公约里的文字，后来外界还是如此解读这项公约。1983年，国际劳工组织的就业委员会表示：“1964年《就业政策公约与建议》促进充分、有生产力且可自由选择之就业机会的宗旨，应该被视为一种在实际上实现工作权的工具。”

因此，国际上最高层级人士把就业与工作视为同义词，坚持每个人都有劳动义务的严格教条的苏联、坚信劳动价值的社会民主政党或劳工政党，以及用温和专制方法来应对贫困的天主教教会等，也都没有察觉这个差异。

1965年开始，随着整个世界对凯恩斯学派的总体经济工具与社会民主社会政策的信心崩溃，世人终于倾向以较慎重的态度来看待“工作权”。联合国1966年的《经济社会和文化权利国际公约》（International Covenant on Economic, Social and Cultural Rights）比1948年的宣言更详细且微妙地声明：“本公约缔约国确认人人有工作之权利，包括人人应有机会凭其自由选择或接受的工作来谋生的权利，并将采取适当步骤保障此一权利。”

后来，天主教教会也修正了它的公告。1981年，教宗约翰·保罗二世（Pope John Paul Ⅱ）发表了《论人的工作通谕》（*Laborem Exercens*），他在当中重申教宗约翰二十三世（Pope John XXⅢ）在1963年那令人混淆的主张——人类享有就业的“自然权利”；然而，1991年为庆祝《新事通谕》一百年而写的《百年通谕》（*Centesimus Annus*）中，就已察觉到将就业和工作混为一谈所造成的混乱。

虽然《百年通谕》支持利用劳动市场政策来减少失业，却不支持提倡就业权，它的结论是：“一个政府无法直接确保它的所有公民的工作权，除非控制了经济生活的每个层面，并限制个人的自由主动权。”而如果政府无法保障工作权，那又有谁或什么机构有这个能力？这份通谕公允地对“民间雇主应有提供就业机会的义务”的荒唐想法表达了犹豫的态度。

2004年，一个包括联合国数个重要实体的代表（还包括我本人）的国际团体，起草了《新兴人权宪章》（*Charter of Emerging Human Rights*）[24]，这份宪章接受了各式各样工作的概念，也否定了“劳动是一种义务”的见解。这份宪章宣示支持在保有尊严条件下的生存权，包括生命保障、个人尊严、基本收入、医疗、教育、死得其所以及工作等权利，所谓工作权的定义为：

> 工作——包括所有形式的工作、有酬或无酬——的权利涵盖“执行一个能保障生活品质且值得从事的活动”的权利。在尊重社会整体利益的前提下，所有人都有权享受自身活动所产生的成果，有权享受知识产权。

“工作权”在这个定义下才有意义，每个人——无论性别、种族、社会地位、宗教或性取向——都应该有权从事自己选择的“值得从事的活动”，且不应因任何武断的壁垒阻碍（例如繁杂且不必要的授权规定）而无法实践他们有资格去做且想要做的事。[25]某些人声称基本收入和工作权彼此矛盾，但事实上不仅并非如此，基本收入还是工作权的必要支柱。基本收入不仅给予人们发展自身能力的工具，还让人们得以拒绝自己不想要的就业机会。最终来说，工作权必须包含某种不工作权，而一个缺乏安全感且绝望的人不可能拥有“不工作权”。

参与收入

自从贫困与基本收入相关的辩论展开后，某些人便主张收入援助只能有条件发放给“对社会有贡献的人”。刚逝世的托尼·阿特金森（Tony Atkinson）长年提倡“参与收入”（Participation Income）[26]，安德里·戈尔兹（André Gorz）在更早之前就已提出类似的概念。[27]阿特金森在他最近的遗作中，提议每个人都应该领取一笔基本收入，但也应该至少每周做三十五个小时“经认可”的工作活动来作为回报。

这项义务看起来可能很公平，但实际上却并非如此。这个条件可能不会影响到目前已在从事全职工作且获得优渥薪资收入的人，但对只能从事（或只能找到）辛苦劳动力工作或低薪工作的人来说，却是一项艰苦的义务，这项义务难以长久履行，代价也很高。这个条件也会扭曲劳动市场，导致低薪族的工资更加降低，因为它会让劳动力供给增加，进而导致原本无需做任何事就“理应得到”这笔收入的人变得更贫困，而那也将是不公平的。

监督这类计划的行政成本也将会非常庞大，除非只是单纯将它当作一种为了争取大众赞同而摆出的姿态，而不强制执行。而且，这类计划将产生许多令人望而却步的疑问，包括哪些活动才算“经认可”的工作，以及要如何计算时数等。照顾体弱多病的祖母算不算“经认可”的工作？如果是，官僚体系的官员要如何判断一个人是在照顾祖母，还是窝在家里欣赏足球赛电视转播？难道要规定被照顾者出具担保书吗？

如果这个制度真的实施，有心人将有非常大的空间上下其手，官僚体系进行裁决性判断的空间也会非常大。即使把"经认可"的工作活动限定在社会义工类的工作，主观判断的状况一定还是处处可见。一个督察员会不会为了离间义工之间的关系，而要他们密报有哪些人只工作二十五小时而非三十五小时？实际上，参与收入计划将造成多重的卑劣偏私行为。而且，诚如先前提到的，如果一项权利被设下"互惠"的条件，那么，不管是什么样的互惠，那项权利就称不上一种权利了。

皇家文艺协会所建议的基本收入计划中，也提议和 18～25 岁的领取人签订"贡献合约"（contribution contract）。[28]根据这个与朋友、家人和社区签订的非强制性合约，签署人同意做出某种贡献，作为领取基本收入的一种回报。政府不会监督他们是否履行合约，而且就算未履行合约也不会受到惩罚。这类合约或许无伤大雅，且可能有助于确立基本收入的政治合法性。不过，很多人可能会抱怨自己的侄子或邻居没有履行合约，甚至在没有经过正常法律程序的情况下径自污蔑对方。所以，最好别继续在这个想法里打转了。

闲散颂

"我今天原本真心要做我的工作，
岂料一只棕色鸟儿飞到苹果树上歌唱，
一只蝴蝶在田野中飞舞，
所有树叶更声声呼唤着我。"

——《我今天原本真心要做我的工作》，

理查·嘉利安尼（Richard le Gallienne），
1866～1947年

些许的闲散本身并没有错，这个观点和执拗的劳动主义者一向严守的训诫恰恰背道而驰。各个时代的伟大哲学家都曾以不同的论述，赞同些许的懒散是好的。其中，亚里士多德更直言不讳地承认闲散对沉思的必要性。罗素也写过一篇远近驰名的小品文《闲散颂》（*In Praise of Idleness*）。另外，马克思的女婿保尔·拉法格（Paul Lafargue）则写了一本名为《懒惰的权利》（*The Right to be Lazy*）的书，这本书颠覆性十足，备受共产主义者憎恨，因为书中的论点反对强迫每个人更密集劳动。然而，如今诸如“闲散”和“懒惰”等字眼，却带有明显的贬义，被用来传达不积极、浪费时间与随波逐流。

闲散有什么不对？尤其是活在现代社会的我们，更加需要放慢脚步，回头深思加图（Cato）的至理名言：“一个人最活跃的，莫过于他什么也不做的时刻。”现代人正面临失去反省、慎思、冥想甚至沟通与真正学习的能力的风险。

从伽利略（Galileo Galilei）到亚当·斯密（Adam Smith）等人，很多伟大的历史人物的文明贡献之所以那么显赫，都是因为就传统的经济意义来说，他们都“无所事事”。[29]达尔文（Charles Darwin）就承认，他之所以会登上小猎犬号并展开那史诗般的航程，都是因为他出生在一个非常富有的家庭，让他“无需为了养活自己而工作，还能拥有非常丰富的安逸生活”。笛卡儿（René Descartes）也说，他对西方哲学与数学贡献革命性突破的唯一可能原因是，“感谢上帝，我的环境让我不会感觉到自己有义务为了纾解我的财务状况而把科学当成我的专业。”当然，他们所做的事都应该称为“工作”，不过，我们的劳工统计却会将他们付出的那种无偿努力视为赋闲。

以多数案例来说，当初应该没有人能够预测到这些“赋闲的绅士们”后来会创造那么大的贡献。这个事实证明，每个人都应该拥有选择要不要赋闲的自由。因为如果他们有足够的活力和天赋，后续的贡献将更大；就算没有，他们对社会和经济体系造成的损失也将非常微小。

举个例子，很多人是基于好玩和消遣的心态而运动，而某些人却因从事相同的活动而获得非常优渥的薪酬，一切只因为他们“擅长”运动。外界对他们的技能有需求，而且有一个市场供他们发挥。然而，如果把公共的资金交给某些特别挑选出的人去做他们未来可能会“擅长”的事，完全无视于其他很多拥有未知潜力的人，似乎不公平。尽管如此，英国政府还是动用国家乐透公司的资金，赞助有奥运冠军潜力的运动员。实质上来说，英国政府等于支付基本收入给那些运动员，让他们得以尽可能把时间花在自己选择的运动项目上。[30]

既然如此，为什么政府不同时赞助其他人（不管有没有成为冠军的潜力）？为什么其他人不能也拥有发展自身能力（不管是什么样的能力）的财务安全感？奥运资金赞助政策体察到人民需要基本安全感才能好好发展他们的天赋、潜力和才能，这一点非常可取，不过，这项德政应该一体适用到每一个人才对，而这就是基本收入将实现的目标。

但以上关于懒惰的简短反思应该附加一个警语。如果基本收入的提倡者认为基本收入将让每个人获得“偷懒的权利”——意味着不积极的懒惰生活，那他就犯了一个政治与智识上的错误。取而代之地，将基本收入视为一种促使人们放慢脚步（慢活运动）并更善加掌控自身时间（就算有一些无所事事的时段也不会被羞辱、定罪或惩罚）的工具会比较好一点。

创意与再生产工作

基本收入将允许更多人追求自己热爱的目标，不仅是经济宽裕者。这不仅能达到个人层次的满足，还能通过鼓励创业、有创意的努力，以及对整个社会有益的各种事务，对社会产生巨大的红利。诚如约翰·欧菲瑞尔（John O' Farrell）曾写的：

> 任何曾经创造任何事物的人，都是在拥有些许财务安全感的状况下创造的。也因如此，弗吉尼亚·伍尔芙（Virginia Woolf）才会需要“一个自己的房间和一年五百英镑”。几个世纪以来，我们只善加利用了非常少数英国人的潜力；剩下的人都没有力量开创或发现自己的真正天赋何在。[31]

我们的社会需要人能拥有更多闲暇，这不仅是为了让人可以有一点暂时停止工作的时间，也是为了让人得以强化他和家人与朋友之间的关系，同时参与公民与政治事务。从经营亲师协会到探访老人等，无薪工作实质上是为了让社区的功能运作变得更加顺畅且蓬勃发展。然而，如今世人投入各种义工组织的情况已不如过往热烈，以美国来说，那多半（但非全部）是女性劳动力参与的提升所致，因为女性原本是美国义工实体的主要驱动力量。[32]基本收入也将让人得以花时间参与政治活动和辩论，协助重建目前在多数国家已不复见的“协商式民主”。

我们预期人们转而从事诸如照料亲人或社区工作等“再生产”工作的趋势，将产生有利的环境影响，因为那代表人们将转向保护资源的活动，脱离损耗资源的活动。在职工作时数的缩短和生态足迹的缩小息息相关。[33]另外，基本收入将允许人们拒绝大卫·格雷伯（David Graeber）所谓的“狗屁”工作（‘bullshit’ jobs，指令人痛恨或无意义的工作），或减少从事那些工作的时间。[34]

诚如第二章提到的，基本收入也将使政府更容易实施碳税与其他用以抑制污染及减缓气候变迁的环保对策，理由是，基本收入能补贴因环保对策的实施而徒增额外食物与服务成本、失去谋生渠道或原有的谋生方法遭到扰乱的人。“去增长”（degrowth）运动的某些支持者将基本收入视为重整经济秩序的一个必要环节，与提倡“零增长繁荣”（至少以传统方式衡量的成长）的各种政策一并执行。[35]基本收入让人们通过就业取得的收入占比降低，从而鼓励人们质疑“不惜任何代价都要就业的欲望”的意义，同时促使人重新思考就业、生产与消费之间的关系。

伤残与工作能力调查

将这个主题留到最后讨论的原因是，尽管这类行为性的“工作”调查从头到尾都很愚蠢，但如今这类调查在传统社会保障制度中所扮演的角色却愈来愈重要。各国政府目前面临一个残酷的事实：很多人因“伤残”或“无法恢复健康”而难以或完全无法工作或从事劳动，或得付出极大的代价。然而，锁定“理应领取的穷人”的各种目标锁定型政府津贴，会促使政治人物运用“工作能力”调查，试图减少有资格领取伤残津贴的人数。这些调查不可避免会流于武断与歧视，也容易引来大众对伤残者的怀疑与恶意对待，从英国缩紧相关规定后，很多伤残者遭遇令人发指的肢体攻击行为便可见一斑。[36]

欧洲与北美很多其他国家还推行了更严谨且更排他性的规定。美国最高法院的规定，让伤残者更难证明自己是否真的无力工作，这已导致符合申请伤残津贴的人数减少。其他地方实施的工作调查，也对偶发性伤残（如背痛或严重沮丧）者造成严重打击。运气够“好”的话，他们可能被判定有能力就业，只不过，接在那个“好”运之后有可能遭遇“厄”运。

工作能力调查也制造了某种荒谬的道德风险。如果一个非常努力克服伤残限制的人被判定“有能力工作”，他可能会失去津贴，但他可能还是因实际身体状况不允许而找不到就业机会。相反地，如果他们不那么努力克服伤残限制，反而比较不可能失去津贴。换言之，这种调查会导致努力试图克服伤残的人反而遭到惩罚。

这项政策污名化并惩罚已处于弱势状态的人群。所以，从道德和行政管理的角度来说，打破收入保障与任何种类行为之间的联结，同时根据额外生活成本估计值与较低职场收入的可能性，为伤残者提供特殊伤残津贴会比较好一点。这对一个努力通过劳动来赚取收入的伤残者来说，将产生适当奖励的效果。放弃“工作能力”调查并建立一个无条件基本收入制度，将增强人们发展自身工作能力的诱因。

医疗鉴定应该用来判断与特定类型的伤残有关的额外生活成本，以及那些伤残对薪资的可能影响。接着考量伤残者的额外成本与较低的可能薪资，计算除了基本收入外还要额外补贴多少钱给他们，这样就能减轻领取人被污名化的感受，同时协助伤残者获得符合社会正义的补偿。

决定工作与闲暇的优先顺序

适当水准的基本收入最不可能阻碍工作与劳动意愿，相反地，它还可能增加工作数量与提高工作品质。基本收入也让“工作权”变得有意义。我们必须区隔“工作”和“劳动”，以及“娱乐”和“闲暇”的差异。所有人都必须体察到这些活动的必要性——人生不是只有劳动和娱乐。也因如此，我才会把“重新定义‘工作’”列为我建议的《危产阶级宪章》(*Precariat Charter*) 的二十九款条文中的第一款。[37]

现有的社会保险制度对每个人多多少少都在做的重要非劳动工作强加了三重惩罚：首先，我们并未因为做那些工作而获得酬劳；第二，我们可用来从事有薪劳动的时间遭到剥夺；第三，现行的提拨制社会津贴领取权利来自一个人劳动与否，而非来自其他多数形式的工作。如果基本收入有助于将我们的焦点从就业与劳动转向我们更重视的其他形式工作，并更重视具有培育、鼓舞及（或）政治性质的闲暇，那将是一项非常重大的成就。

遗憾的是，主流政治路线一直被工作相关的偏见左右。英国就业部长达米安·辛兹（Damian Hinds）在2016年9月英国下议院一场有关基本收入的辩论中表示："即使是最节制的全民基本收入制度，都会导致税率不得不提高……在此同时，它将使得公民的工作动机大幅降低，对全国经济体系的后果难以估量。"

他还补充，基本收入将会"抑制工作的诱因"，和政府预定实施的全民福利救济金（Universal Credit Scheme）的影响相反。不管是从哪个角度来说，那份声明都是错误的：在全民福利救济金计划的架构下，边际薪资"税"率有可能超过80%，相较之下，基本收入架构下为32%（以当前的税率与国民保险费率计算）。这位部长也未能体察到还有其他工作是非在职劳动型的工作。

基本收入将促使个人更有动力和机会去做他们心目中最重要的工作，更好的是，基本收入还可能促使人更有意愿和能力，以"schole"精神中那种更深思熟虑的懒惰，好好地享受更多有生产力的闲暇时光。活在一个以不断劳动为基础与消费主义盛行的经济体系，我们真的需要放慢脚步，而基本收入正可以鼓励我们朝这个方向前进。

第九章

CHAPTER IX

基本收入的替代方案

为解决今日的经济不安全感、贫富差距与贫困等问题，主要还有哪些其他的基本收入替代方案被提出或实施？这一章会讨论全民最低工资（national minimum wage）与它的另一个版本“维生工资”（living wage）、提拨型社会保险（如英国的国民保险）、财力调查式社会救助、粮食与其他基本物资补贴——包括各种补助金券与食物券、劳动福利计划与工作训练福利计划、所得税税额抵减——包括英国目前推行的“全民福利救济金”（虽然它不该如此命名）等。每一个替代方案的倡议者都宣称这些方案比基本收入好，而且实际上全球各地发达国家目前也分别施行了这些方案。

要比较各个方案，就必须根据相同的条件才能公平评断。所以，我们必须针对各个案例提出以下问题：这项政策是否改善第二章所讨论的社会正义？它能否提供某种宣扬第三章所定义的共和主义式自由的管道，或者反而妨碍到那种自由？它能否改善第四章所强调的那种广义贫富差距，或者反而让贫富差距恶化？它能否提供广泛的社会经济安全感，或反而使不安全感的情况恶化？它能否大幅改善贫困状况？我们必须在全球化、技术革命，以及形塑了目前的全球市场经济体系的新自由经济政策框架的脉络下，逐一考量这些问题的答案。

先前几章所描绘的社会正义原则，在评估任何政策价值时十分有用，这些原则如下：

保障差别原则（*The Security Difference Principle*）——唯有能改善社会上没有安全感群体的受保障程度，才是符合社会正义的政策。

温和专制主义检验原则（*The Paternalism Test Principle*）——如果一项政策对特定群体施加某些未同步对社会上最自由的群体施加的控制，这项政策就不符合社会正义。

“权利而非慈善捐助”原则（*The Rights-not-Charity Principle*）——唯有强化津贴或服务领取人的权利，并对津贴或服务提供者的裁决权设限的政策，才符合社会正义。

另外还有两项原则：[1]

生态约束原则（*The Ecological Constraint Principle*）——唯有不使社会或直接受影响者的生态成本增加的政策才符合社会正义。

尊严工作原则（*The Dignified Work Principle*）——唯有不阻碍人有尊严地工作，且不使最没有安全感的群体在这个层面上陷入不利处境的政策，才符合社会正义。

每一项政策都应该根据上述原则加以衡量。当然，某些状况难免牵涉到利弊得失的取舍，不过，应该对任何明显违反这些原则的政策抱持谨慎的态度。

法定最低工资与“维生工资”

在这个全球化的时代，几乎所有国家的政府都削减了集体协商的空间，并设法压抑工会的力量，这是营造更有弹性劳动市场的做法之一。而多数国家在这么做的同时，也实施了最低工资规定，例如英国实施的国民法定最低工资（德国最近也开始实施），或是像美国，更着重现行的最低工资立法审议等。问题是，各国还是允许工资的实质价值降低。

矛盾的是，在全职就业机会向来稳定的工业劳动市场，法定最低工资的施行成效最好，而在工作与劳动通常较难以（甚至无法）衡量的高弹性第三纪劳动体系，法定最低工资的成效最差，甚至无法运作。最低工资通常以时薪标准设定，但在一个第三纪经济体系，一般人不再是在固定的工作场所打卡上班，而是有愈来愈多时间在不同地方从事零散的工作。在这种情况下要如何衡量“一个小时的工作”是多少？何况最低工资和基本收入不同，前者不会改变工人的协商地位。如果你知道自己有某种后盾，就比较有胆量拒绝一个有意剥削劳工的老板开出的工资，不管他开出的薪资高于或低于最低工资；如果你不甘愿接受某个雇主开出的工资，又没有基本收入可作后盾，那么雇主就可能会摆出“不接受就拉倒”的态度。

最低工资的监督与强制执行也很复杂，而且相关成本很高。自英国的国民最低工资法在 1998 年实施后，有成百上千家雇主违反这项法律，但其中只有九个雇主因没有支付最低工资而被提起公诉。就算雇主“被列入违法雇主名单”却仍未采取必要改善措施，也要等待法院系统的漫长诉讼程序后才可能被惩处。此外，最低工资只照顾到受雇的员工，忽略了没有就业以及各工业国愈来愈多的自雇型人士与所谓的独立合约型工作者。另外，最低工资在解决贫困问题上也非常没有效率，因为至少在英国，多数只领最低工资的人并不是生活于最贫困的家庭。

反对最低工资的人（他们总认为最低工资“过高”）通常宣称它会导致企业为了节省薪资成本而减少雇用工人。事实上，各项证据显示，最低工资对失业状况的冲击非常小，不过雇主若采用了其他方法节省成本，则可能使工人的财务只比以前略微好转或甚至变糟。

举个例子，假定以最低工资每小时 10 英镑计算，一家提供清洁服务的企业聘请 100 名员工，每名员工一周工作 30 小时。如果最低工资被提高到 12 英镑，该公司必须把有偿工时减少到 25 小时，薪资成本才能维持不变，而一旦雇主选择这么做，工人的财务就无法因最低工资的提高而好转（或许还会变糟，因为他们可能必须以更少的时数来完成原本的工作量，或是增加无薪工时）。

英国政府在 2015 年实施国民维生工资（National Living Wage）后，就发生了同样的状况。[2] 其中一个案例是，某个为政府税务机关（HMRC）提供清洁服务的企业，将清洁工的每周工时缩减到 30 小时以下，该公司的工人于是陷入冷酷的贫困陷阱；除了有薪工时减少导致时薪提高的效果遭到抹杀，工人还失去应得的薪资所得税税额抵减权利，因为这项权利只有每周至少工作 30 小时的人才能享受。结果，该公司清洁工的财务状况反而变差了，甚至有人煽动某些工人，干脆放弃就业去申请全额津贴，因为这样最后得到的金钱还比去清洁公司工作多。

另外还有一个例子更显示，复杂的社会救助计划反而造成伤害：一名先前失去所得税税额抵减资格的女性被迫继续就业，而不选择申请社会救助津贴，因为如果她去申请那种津贴，势必会失去她的房子——虽然她的子女已经长大离家，她却还是继续住在原本的三房住宅，而所谓的“卧房税”（bedroom tax，如果某人家里的卧房数被认定为超过法定最低供直系亲属使用的卧房数，那她可以领取的住宅津贴将会减少）有可能会导致她无力负担租金，最后不得不搬到较小的居所。不意外地，她后来很快就因压力引起的高血压而住进医院。

就社会正义原则来说，最低工资并无法满足保障差别原则，因为最低工资并未对社会上最没有安全感的群体提供较多保障，尤其是在目前这种“弹性”劳动市场。虽然就温和专制主义检验原则与“权利而非慈善捐助”原则来评断，最低工资的表现还不错，但它对自由的促进毫无助益，只是让某些员工的财务状况好一点。另外，充其量来说，若根据生态约束原则，最低工资的影响也只能算是中性，而且它较提倡消耗资源的劳动，对保护资源的劳动与“再生产”型工作则较不支持。最低工资的时代已经过去，它不再是有用的主流社会与劳动政策工具。

社会或国民保险

在20世纪多数时间，以贝弗里奇与俾斯麦模型为依据的社会保险原则被各国用来作为福利制度的基础。这种制度的本质是共同责任，换言之，它借由交叉补贴的方式，让较不会发生某项投保风险的人补贴较可能发生的人。这些被保险的风险称为“或有风险”（contingency risks），像是失业、生病、意外、伤残与怀孕等。每一种或有风险都能借由相关事件发生的统计概率来精算其保费和津贴。

但实际上，社会保险制度从来都不像这些制度的捍卫者所宣称的，那么能让人们产生社会连带感（休戚与共的感受），它的保障也不像表面上看起来那么全民化，尤其是对弱势的妇女而言。不过，只要提拨群体确定且广泛，有足够的人提拨相关款项并领取相关的提拨款，且人们最担心或对人们影响最大的风险有获得保障，这些制度的运作成效还算不错，而且能获得广泛的民主支持。

但进入21世纪后，上述状况不如以往适用了。由于愈来愈多人陷入不稳定的就业状态，提拨群体遂渐渐缩减，迫使各国政府不得不利用一般性收入来增补社会保险所需的基金。相同地，现在一般人也愈来愈没有能力累积足以让自己有权领取保险津贴的适足提拨纪录，于是，一旦陷入艰苦时期，人们就不得不仰赖财力调查式救助。另外，有更多人暴露在保险不太有保障或完全没保障的风险里。

与此同时，承担较低或有风险的较高薪资收入者，也变得愈来愈不愿意交叉补贴上述高风险群体（这个群体的人数不断增加）。这样的态度侵蚀了社会保险津贴的政治合法性与政治支持力量，并引发缩减津贴与降低提拨比率的呼声。

最重要的是，诚如第四章说明的，经济不安全感的本质已经转变。危产阶级的薪资收入愈来愈起伏不定，而他们的不安全感本身就构成一种不确定性，尤其不确定性是社会保险无力解决的。要让社会保险发挥充分的功能，经济体系必须拥有大致稳定的工业全职就业人口，但这种情况已经距今非常遥远了，未来的情况也改善不了多少。

在一个有弹性的第三纪经济体系，社会保险无法通过保障差别原则的要求，不过，它相当符合温和专制主义检验原则和“权利而非慈善捐助”原则。只是社会保险一点也不符合生态约束原则，相关原因和最低工资不符合该原则的原因相同，因为社会保险主要也是对有薪的“劳动”计酬，而未对无薪的“工作”计酬。所以，总括而言，社会保险对最受剥夺且最没有安全感的人助益非常有限，而且未能促进社会正义或共和主义式自由。

财力调查式社会救助

对社会保险失去信心后，基本收入的主要核心替代方案就剩下财力调查式救助——也就是只“锁定”被认定为“贫困”者的救助方案。这种方案会被视为“核心”替代方案的原因是，一旦采纳，就必须推行许多以该方案为中心的许多其他支持性政策。

20 世纪建构福利国家的过程中，很多人认同理查德·提特穆斯（Richard Titmuss）有关政府津贴的一番著名箴言：只发放给穷人的政府津贴必定是一种糟糕的津贴，因为社会上的其他人没有兴趣捍卫这种津贴。然而，随着福利国家在 20 世纪 80 年代与 90 年代承受巨大压力，各式各样的政府纷纷改弦易辙，建构宏伟的财力调查式社会救济计划，并以“这是经济窘迫时期‘捍卫’福利国家体制的必要对策”，来为这样的政策转向辩解。

表面上看起来，财力调查式津贴的概念非常简单：将有限的钱花在最需要的人身上，且因这样的支出较少，所以租税得以降低，但事实上并非如此。与此同时，在一般大众眼中，财力调查式津贴让福利支出得以合法化，因为政治人物可以因此宣称钱是花在最贫穷的人身上。然而，很多研究证明这个制度存在惊人的瑕疵，并暗示财力调查的真正动机并不是要帮助穷人。以下是这种制度的十个瑕疵：

第一，收入的衡量非常复杂，而且牵涉到一些武断且便宜行事的规则。将储蓄和“财富”列入计算，有鼓励人不要储蓄的意思，这会使人一旦陷入困境就难以快速复原。

第二，财力调查的应用会衍生高成本，包括行政成本与申请人必须承担的成本，因为申请人必须往返审核津贴的单位、等待、排队、填写冗长的表格、准备其他证明文件等，这些都很花时间，而且经常要花钱。

第三，财力调查一定会问到很多侵入性的问题，包括请领人的个人亲密关系，甚至可能进行家庭访问等，目的是为了检核申请人的同居人是否确实没有薪资收入。这是一种窥探、侵犯隐私的方法，而且流于有罪推断而非无辜推断，对审查人员和请领人的人格都有所损害。

第四，由于以上因素，这个过程和最后的结果都会产生污名化的效果，而这通常是为了吓阻请领人而蓄意设计的手段，终极目的是为了降低福利支出成本。诚如英国与美国政府的一名顾问最近所言，应该卑鄙对待请领人并鼓励他们把个人面临的艰难处境归咎给自己。[3] 这种说法令人发指，即便你不是基督徒，应该也会认同马尔柯姆·托瑞的敏锐回应："将请领人污名化的财力调查式津贴，完全没有体认到上帝是以他的形象来塑造我们的身份，也没有体认到我们拥有仅次于上帝的尊严。"[4]

这造成第五个瑕疵：低津贴领取率。在每个国家，几乎所有和财力调查式计划有关的证据都显示，很多有权领取津贴的人最后并没有领那些钱。原因包括：他们出于恐惧、感到羞耻或无知等而不愿去申领津贴、申领失败（原因可能是误解某个问题，或是回答了"错误"的答案）以及基于某些琐碎的理由（例如与审核人员见面时迟到）被基层官僚拒绝发放津贴，而那些基层官僚会那么做，部分是出于自以为是，部分则是认为否决那些人的申领，对他们自己未来的职业生涯发展有利。

在英国，财力调查式失业津贴——后来更名为求职者津贴（Jobseeker's Allowance，简称JSA）——的领取率持续降低，到目前为止，估计原本有权领取的人当中，只有一半申领成功。[5]在2014～2015财务年度，JSA的未领取金额为24亿英镑，相当于每个有资格领取但未领取的家庭可各领3000英镑。另一项低领取率的津贴是保证年金（Pension Credit），这种津贴理当发放给以前国民保险保费缴纳不足，以致现在没有资格领取全额政府退休金的低收入人群，尤其是女性，或者是没有其他收入可增补政府退休金的人。2014～2015年间，十个有权领取保证年金的退休人士中，就有四个未领取，未领取总额达30亿英镑，相当于每个有权领取但未领取的家庭可各领2000英镑。

在美国，只有四分之一有权领取财力调查式住宅补助的人真正领到这项补贴，而且通常是苦等多年后，才终于领到住宅补助金券（这种补助金券一年的发行数量有限）。[6]只有不到四分之一的贫困家庭获得困难家庭临时救助（Temporary Assistance for Needy Families，简称TANF）计划的帮助，不过，受救助的家庭数已经比以前增加。[7]

第六，财力调查会伤害社会的休戚与共感，导致群体之间壁垒分明：某一群自食其力的人认为政府要他们缴税来援助另一群人——也就是他们眼中的乞丐。这种功利主义观点是当今社会上一个令人感到悲哀的事实，而且，这个观点还日益强化，因为如今的社会流动逐渐降低，且较富裕的人有能力通过民间保险与累积资产等方式，保护自己免于受各种实际上的风险伤害。愈来愈浅薄的社会连带感是鼓励政治人物放任实质政府津贴规模降低，并且不断设法让可申领这类津贴的人数减少的因素之一。

第七个瑕疵是最著名的缺失，就是恶名昭彰的贫困陷阱以及与之如影随形的飘零陷阱（在第四章提过，在其他篇章也有着墨）。[8] 以美国来说，因财力调查而产生的贫困陷阱，意味有35个州的津贴领取人一旦接受最低工资的工作，就反而会亏钱（“税”率超过100%）。[9] 某些评论家因此提议，当失业者找到工作以后，应该减缓撤销津贴的速度，唯有如此，才能降低人排斥低工资就业机会的倾向。不过，这个做法对从事相同低工资工作且先前不符合津贴请领资格的其他人来说又不公平。

这造成了第八个瑕疵——朝劳动福利制度发展的必然趋势，我们稍后将更详细探讨劳动福利制度。财力调查式津贴导致放弃微薄津贴并接受低工资就业机会的人，马上就得面临80%或更高的边际税率，因此，财力调查无形中制造了一种阻止人放弃津贴并从事低薪工作的诱因。而在那些情境下，政府除了以强迫手段逼人们去从事低工资劳动，几乎无计可施。

第九个瑕疵是财力调查式社会救助会导致人们不愿意稳定组成家庭。因为各种津贴通常是以家庭为单位支付，不是依照人头，所以，以每人可分得的金额来说，单人家庭的每人津贴，势必高于由一对夫妇组成的家庭。既然组成家庭会导致亏钱，那还有什么理由成家（就算是实验性的成家）？相反地，由于基本收入是按照人头发放，而且发放金额相等，所以将鼓励有意愿成家的人组成家庭。就人与人的关系与家庭的建立来说，基本收入将是非常中性的，那正是平等考量所要求的。

第十个瑕疵和收入调查式求职者津贴有关，求职者津贴是根据家庭收入来决定。如果一对夫妻中有一人失业，而若他的另一半原本是从事小额的有薪劳动工作，他将会发生财务上的损失。在这种情况下，若另一半（通常是太太或女同居人）停止原来的劳动工作，反而会得到好处。这就是英国家庭近几年渐渐被区分为劳动富裕家庭（两个人赚钱）和劳动贫困家庭（没有人赚钱）的原因之一。[10]

通过财力调查以及不可避免的行为调查来决定是否发放社会救助，不符合所有社会正义和共和主义式自由原则。再重申一次，只对穷人设定的政策必定会是非常糟糕的政策。

粮食补贴与补助金券

各国政府（尤其是新兴国家）常采用的一种政策，是提供粮食补贴和其他以“穷人”为协助目标的补贴。印度的公共配给制度是这类计划中最大规模的一个，不过，还有其他很多类似的计划。补助券计划如美国的食物券计划——营养补充援助计划（Supplemental Nutrition Assistance Program，简称SNAP）的目标也大致相同。实施这两种计划的理由是，由于穷人缺乏基本物资，所以政府应该提供基本物资或让穷人拥有取得那些物资的工具，而且仅限那些物资。新兴国家则常用另一个理由来解释为何要实施这类计划——他们主张粮食补贴能保护穷人免于受食物价格波动伤害。[11]

反对这类政策的意见非常多元。第一，也是最重要的，这些计划都带有温和专制主义色彩，这些计划都假设政府比人们更知道“穷人”需要什么。更糟的是，他们企图支配“穷人”

可以拥有什么。举个例子，美国的食物券不仅限制人们只能买食物，通常也只能用在特定被视为“有益健康”的食物或饮品。

补助金券计划和类似救助的实施，等于含蓄甚至公然假设领现金的人们倾向于将现金花在非必需品，尤其是诸如酒精、毒品或赌博等“公害”上。事实上，很多研究都显示，领取现金补贴的人并不会增加对“公害”的支出。[12]不过，就算这些带有偏见的推论是正确的，这些计划也无法让领取人变得更自由。我们凭什么禁止穷人把多余的收入花在他们真正喜爱的事物上？而且无论如何，如果某人真的想把钱花在“对个人有害的事”（我们这些“好人”判定那是“公害”），他们大可以利用因领到补助金券或粮食补贴而多出的钱来消费那些事物，何况他们也可以（用折价出售的方式）把补助券卖掉，换取现金。[13]以美国来说，尽管违法，但出售食物券的情况迄今仍屡见不鲜，因为那些领取人需要现金来购买其他食物券未涵盖的必需品，如尿布等。

第二，提供补助金券或补贴项目的成本非常高，且行政与监督成本也很高，因为这种计划需要一个庞大的官僚体系来执行。举例来说，在印度的公共配给制度下，每提供价值一卢比的食物，政府就得花费 3.65 卢比的成本。[14]印度或许是个极端的案例，但提供食物援助的成本过高是个事实，这正是联合国辖下各人道组织逐步改用现金救助的原因之一。有一份研究比较了食物、补助券和现金援助的成效，它发现提供食物援助计划的成本高达现金救助计划的四倍。[15]

第三，对受益人来说，补助金券的价值低于相当金额的现金，原因很简单，现金可在任何地方使用，而补助金券只有特定地方才被接受，或者除非店家愿意接受，否则无法使用。这导致店家较不会为了吸引补助金券的持有人上门光顾而彼此竞争，换言之，接受补助金券的店家还可能因此有了涨价的余地。所以，补助金券实际上能买到的东西比等额的现金还少；一份研究发现，黎巴嫩的商店老板接受当局发给叙利亚难民的补助金券，并通过较高的售价来牟利，据估计，光是在 2014 年，商店老板就通过这个方式赚了估计一百万美元的利润。[16]而且，补助金券或食物援助之类的计划会导致领取人的成本增加，例如他们必须到指定商店消费，这可能需要等待。[17]

第四，这些项目牵涉到财力调查，所以，这个方法也隐含和财力调查式津贴相同的所有瑕疵。以行政机关体系理当相对有效率的美国来说，四分之一真正处于收入贫困线以下的人没有领到目标锁定型的食物券。此外，实际上领到那种食物券的人当中，有三分之一还需要寻求食物银行的资助，其他有些人则偶尔有三餐不继的状况，因为一个月的食物券只够支应大约三个星期的食物。[18]

第五，补助金券或类似的援助计划会导致领取人遭污名化，包括蓄意或无意的，同时导致他们身为乞求者的地位与心理变得更无所遁形。第六，补助金券与相关援助计划鼓励劣质食物与服务的提供，且容易导致被授权管理或提供食物或服务的人鄙视请领人。以美国来说，一般人认为贫困者愈来愈集中在贫穷街区的情况，和住宅补助金券的发放有关，因为那些地区的地主比较愿意接受以补助金券缴付租金。[19]

第七，特殊利益团体可能利用这些计划贪污或（与）从事竞租行为（rent seeking）。以美国来说，鼓吹食物券最力的人是来自农业州的共和党人。在印度，政府为其公共配给系统购买的食物，只有不到10%真正进到穷人手里；几乎一半的食物神秘消失在仓库与配给站，剩下的则多半被放在政府仓储中，任其腐烂。[20]改用直接发放现金给目标受益人的基本收入计划，就能一次铲除中间的层层剥削及潜在的疏通行为。

由于食物与其他补贴是以社会上最缺乏保障的人为目标，所以这些补贴看起来可能符合保障差别原则，问题是，某些最容易受伤害的人实际上却被这些计划排除在外。当然，这类补贴并不符合温和专制主义检验原则，以及“权利而非慈善捐助”原则。何况这类补助的管理成本也很高，同时缺乏效率，也容易流于贪污与竞租行为。厄瓜多尔的一个实验同步试行现金救助、食物券和实际食物援助，最后实验者发现，不到10%的现金领取者偏好其他形式的救助，而有四分之一至三分之一的其他补贴领取人则想换成领取现金。[21]根据评估，领取现金的人能把现金用在其他必需用途，包括储蓄。很多研究都发现，人们偏好现金的程度较高，而官僚自以为是地认为人们会想要与需要的东西则较不受青睐，上述研究只是其中一个例子。

保证就业机会

有些人主张“就业保证”比基本收入更好，因为这些人相信就业机会能带来收入以外的某种内含价值（intrinsic value，例如自我认同感〔sense of identity〕、社会贡献、更结构化的时间、与同事互动等等），让人变得比较快乐。“就业保证”的提倡者包括英国的理查·拉亚德爵士（Lord Richard Layard），他是前英国首相托尼·布莱尔（Tony Blair）的“幸福沙皇”（happiness czar）[22]，另外还有美国的哈维（Harvey）与奎格列（Quigley），这两人是继“就业保证”概念的早期拥护者明斯基之后的提倡者。[23]

反对“就业保证”的意见认为就业保证是一个骗局，想想，什么样的就业机会将获得保证？那种就业保证的薪酬会是多少？将特定就业机会贬抑为受“保证”的就业机会的后果会是什么？由于保证每个人都能拥有一个适合他们、能让他们发挥所长且薪资优渥的就业机会是彻底不切实际的，所以，实际上来说，这种被保证的就业机会将是低级别、低薪酬、短期性且非必要的职位，最多就是一些低生产力的劳动工作，像是清道夫、超市货架员等，这类卑微活动不可能是迈向幸福的途径。主张实施保证就业政策的人当然也不会希望自己或子女从事那类工作。

支持保证就业的人所持理由之一是，很多调查显示，失业者比就业中的人更不幸福。这样的调查结果不足为奇。如果你是非自愿失业，尤其当失业津贴非常微薄、难以取得和保有、污名化且不确定，那你肯定不会感到幸福。但拥有收入保障且不会被污名化的自愿不就业，就非常不同了。举个例子，退休人士当中不会有不成比例的一大群人感到不幸福。诚如凯特·麦克法兰（Kate McFarland）曾以文字形容的：“我们的文化重视就业，并不是因为就业在本质上能让我们感到幸福；而是因为在一个重视就业的文化背景下，一旦被雇用，我们就会比较快乐一点。”[24]尽管如此，盖洛普民调还是一贯发现，不到三分之一的美国受雇者对自己的职务很“投入”（感到热情且愿意勇于承担），尤其是千禧一代、低社会地位或从事例行性工作的人，就整个世界来说更是不到五分之一。

举个例子，以扩大就业为目标的提案都建议借由缩短工时来逐步达到保证就业的目标。社会市场基金会（Social Market Foundation）董事艾姆兰·米恩（Emran Mian）就主张劳动再分配，“即使那有可能降低经济效益，也不要直接发放现金。”[25]新经济学基金会（New Economics Foundation）也表示，每周工时减少将使失业人口降低。[26]不过，我们真的很难厘清要如何通过监管工具来达成这样的愿景，因为即使法国通过了每周 35 个工时的立法程序，法国人也没有达到减少失业的目的。如果没有基本收入的支撑，以法令来降低工时，只会让很多低工资群体变得更贫穷，对创造额外就业机会不太有助益。

多数提倡“就业保证”的人也漠视一个事实：市场经济体系需要某种程度的失业才能正常运作。菲利普斯（A. W. Phillips）针对这一点，在 1958 年发表了一篇铿锵有力的文章，断定失业水准与通货膨胀率呈现反向关系。虽然从那时起，很多人对于这个关系的本质激辩不休，多数经济学家还是认同某个“自然”失业率（这通常被称为非加速通货膨胀失业率〔non-accelerating inflation rate of unemployment，简称 NAIRU〕）能让通货膨胀大致维持稳定。因此，在一个市场经济体系，没有一个政府能对每个想要就业机会的人保证就业。

只要保证就业实际上可行，它或许符合保证差异原则，但前提是，它必须能优先为伤残者或其他伤病者提供适合的就业机会。问题是，那是绝不可能实现的梦想。就业机会倾向于被分配给年轻人，推想那是为了防止年轻人被“边缘化”（marginalization）。在这个情况下，这项政策当然不符合共和主义式自由与社会正义条件，因为它要求某些群体尽义务，却未对最自由的群体这么做，而且它将“慈善捐助而非权利”奉为圭臬。每个人真的都会获得自己喜欢或甚至符合自身能力的保证就业机会吗？实在很难想象。

劳动福利计划

劳动福利计划是自20世纪80年代起展开朝福利国家方向改革的一种自然进展。诚如笔者很久以前就预测的[27]，一旦各国政府选择恢复以财力调查来作为福利制度的核心环节，就不可避免会实施劳动福利计划。

如果社会救助是以明确锁定“穷人”为出发点，那么，社会上很快就会开始区分哪些人不是因为自身过错而沦落为穷人，哪些人又是自己“选择”成为穷人（即因自身过错与缺失而变穷的人）。在社会政策与“慈善捐助”历史上，这种令人厌烦的二分法从来没有消失过。不过，一旦政策制定者选择这条途径，就必须做出下一个武断的二分法——唯有接受政府安排的就业机会并因此获得津贴的人，才“理应领取”那项津贴，否则就必须加以“处罚”。

现代的劳动福利计划最早是在20世纪80年代的美国威斯康星州开始推行的——当地的共和党人推动一项规定，要求想要领取津贴的福利请领人必须接受某个就业机会——当然是低薪的机会。不意外地，申请津贴的人数因此减少，于是有心人士还趁机主张，这样的状况显示过去很多请领人涉嫌诈欺，或者不是真的需要政府津贴。

国会的共和党人很快就为这项对策背书，起草克林顿总统1996年的划时代福利改革计划，这项计划兑现了他在竞选时提出的誓言“终结我们所知道的福利”。《个人责任与工作机会调节法案》（*Personal Responsibility and Work Opportunity Reconciliation Act*）针对人们可请领福利的时间设限，还强制施行更严格的资格条件，同时授权实施就业和与就业相关的规定。“劳动福利方案”后来成为各地“新中间路线”政治人物与政党的座右铭，而所有工业国家也纷纷施行劳动福利相关的协定。

虽然本书不太适合用来详细分析这项经验，但我们还是要说，有很多证据显示，美国的劳动福利计划促使福利申请人数下降，很多家庭因此陷入更万劫不复的贫困深渊。[28]其他地方的劳动福利计划也一样，把人推向低薪就业机会，或是对拒绝或不愿接受那种工作机会的人撤销津贴。不过，就算不考虑这些证据，劳动福利计划还是一种恶性政策。

这项政策牵涉到以高压手段逼迫津贴请领人承担某种未强制其他人承担的“劳动义务”。不仅如此，它也流于温和专制主义，它暗示政府知道什么东西对个人和社会才是最好的。当局宣称劳动福利计划能促进技能发展和“工作习性”，但从很多失业者被迫去从事的那类职缺的本质看来，当局的说法显得极端矛盾。另外，宣称劳动福利能促进社会整合，因为没有就业的人会被社会边缘化或“排挤”，这种说法也一样矛盾。

逼迫人接受没有前途的短期就业机会，将干扰到他们自己的谋职、求学或受训节奏，甚至可能导致他们更没有能力摆脱贫困与解除经济不安全感。甚至有证据显示，参与劳动福利计划会使终生薪资收入降低，因为参与这些计划的人的履历上，会留下他曾从事低阶且与其资格条件或经验不符的临时职位等不良记录，不利于后续求职的薪资协商。[29]

劳动福利计划也会衍生劳动市场机能不全与扭曲等影响。它经由供应廉价劳工的方式，对工资造成压抑效果，因为这类计划所供应的廉价劳工将在公开劳动市场上，和目前从事类似工作的人竞争，而那些人原本就是最容易受伤害与最没有安全感的群体，他们甚至可能因劳动福利计划参与者的取代，而失去原有的就业机会。

推动劳动福利计划的主要政治理由并不是要让人们“幸福”。事实上，推动劳动福利计划的真正诉求，是想要减轻政府对弱势者的义务，而且，各国政府采用财力调查式社会救助计划的经验是，人们常为了保住津贴而没有强烈的财务诱因接受低工资的就业机会，而政府也缺乏胁迫人民接受低薪就业机会的替代方案。这一系列推论起源于一个设计有缺陷的起点。劳动福利计划不符合保障差别原则，它其实会伤害到最缺乏保障的人，而且，它也违反温和专制主义检验原则。另外，这种政策也和促进自由与社会正义的愿景背道而驰。

税额抵减

全球化与“弹性”劳动市场导致工资降低的压力明显上升后，税额抵减成为各工业国的社会民主式政府趋之若鹜的选项。税额抵减增补了低工资的缺憾，但薪资收入达到特定门槛以上，就不能享受税额抵减。可想而知，这种计划一定很复杂，而且经常是根据有点武断的资格权利规定来运作。

美国的税额抵减最初是以薪资所得税额抵减（Earned Income Tax Credit，简称 EITC）的名目，自 20 世纪 70 年代开始实施，一开始的规模相当节制。但到了 20 世纪 90 年代克林顿总统执政时期，相关数字便大幅扩增，最后他的税额抵减计划成了世界上最昂贵的福利计划，一年的成本接近 800 亿美元。四分之一的美国人拥有税额抵减的资格，而且在 2015 课税年度，有 2600 多万人获得税额抵减，平均一个有小孩的家庭能获得大约 3200 美元的抵减。没有小孩的成年人则大多被排除在这个计划之外。

英国的税额抵减是从 1999 年开始实施，一开始也很节制。但自 2003 年起，英国为低收入父母提供就业税额抵减（Working Tax Credits）和子女税额抵减（Child Tax Credits），而这两项补助也成为新工党的社会与劳动市场政策改革里的重要诉求。到 2013 ~ 2014 年，相关成本暴增到每年 300 亿英镑，约当所有福利支出的 14%，而依赖税额抵减维生的人口，则从十年前的 200 多万人，增加到 330 万人以上。若再纳入住宅与地方政府的就业者税额津贴，政府为补贴低工资而花费的支出上升到一年760亿英镑，约等于总福利支出的三分之一，也是退休金以外的最大福利支出。[30]

目前英国的税额抵减已并入全新的全民福利救济金计划，这个计划将某些津贴统一化，不过，它还是有着和就业税额抵减及其他财力调查式救助相同的缺点。其中最重要的缺点是悲惨的贫困陷阱，因为相关的薪资边际“税”率最高一样达80%以上。以美国来说，与英国相仿或甚至更高的边际“税”率，也是让人们不愿让自己的薪资收入达到会导致税额抵减资格遭撤销水平的关键。当然，不管是在美国或英国，这样的制度也导致有税额抵减的家庭里的次要薪资收入者——多半是已婚女性——减少有薪劳动的时数，或索性退出劳动市场。[31]

税额抵减也衍生很多误解和小规模的欺诈行为。根据美国国税局的统计，大约有四分之一的税额抵减属于不当核发，这导致大众一年付出了140亿美元的公帑。[32]虽然某些恶意批评福利制度的人将这些情况指为欺诈，但其中某些（甚至大多数）不当核发案例，很可能是由于计划本身过于复杂而导致民众犯错或误解。以英国来说，税额抵减领取人必须向税务海关总署（Her Majesty's Revenue and Customs，简称HMRC）提供自身的薪资估计值，但在薪资与工时起伏不定的情况下，一般人真的很难（甚至无法）推算出所谓的薪资估计值。如果最后实领的薪资比向HMRC提交的估计值高，领取人（就定义来说必然是低收入者）就必须将政府多付给他们的税额抵减退回，而这又会导致他们的生活变得更加贫困，债务更为沉重。[33]

不管税额抵减对贫困与工薪阶层收入的影响为何，它说穿了其实是对资本的一种补贴。美国的一个估计值显示，每花 1 美元在薪资所得税抵减，低工资工人能获得 73 美分的利益，但雇主也能因支付的工资较低，而获得 27 美分的利益。[34]英国也有相似的观察发现，研究人员推断，大约只有四分之三的税额抵减金额流向员工，剩余的则成为雇主的利益。[35]

税额抵减最显而易见的一个缺失是，这种计划只帮到有就业的人，几乎没有例外。无法找到就业机会或基于任何原因而未就业的人，则被这种制度排除在外。另外，税额抵减也是技能发展的绊脚石，原因是它虽让劳动成本变得更便宜，却使成本压力减轻的雇主缺乏动力去进行以提升生产力为目标的创新。另外，税额抵减也不符合社会正义和自由原则，而且会衍生邪恶的劳动市场与经济效应。

全民福利救济金

在 2017 年年初本书撰写之际，历经异常漫长的过程与昂贵的代价，英国政府尚未完成所谓“全民福利救济金”(Universal Credit) 分阶段导入流程。这项计划是在 2010 年宣布的，经过严重的延宕与重重阻碍，到 2013 年才开始非常小规模地实施，目前官方目标是计划在 2022 年全面实施。虽然它是英国特有的计划，却体现了全球各地社会政策改革的很多要素。

全民福利救济金计划既不“全民”，也不是“救济金”。这个意图将六种不同的财力调查式津贴与税额抵减整合在一起的计划，绝对称不上“全民”计划，因为它只为低收入者设计，所以称之为“全民”并不合理。另外，这项方案也牵涉到非常广泛的行为条件限制，这让“全民”一词更加沦为笑柄。

根据这个计划，个人或家庭将领到一种逐月发放的收入转移支付，作为他们上个月领到的（工资）金额的差额保障，这个转移支付额是在某个特定日期计算。问题是，这个做法未能体察到很多低收入家庭每月与每周的收入起伏不定的事实；举个例子，他们的收入会随着工时的变动而变化。[36]美国的一份研究发现，薪资收入最低20%的人口当中，有四分之三的人经历过逐月收入变动超过30%的情形。[37]而由于全民救济金是事后才支付的款项，所以并不符合“救济金”的定义，更别说它的金额无法事先确知了。而且，这种津贴是根据上个月的状况来核发，所以无法如实反映当前的状况并应付眼前的需要。

另外，严重的贫困陷阱仍然不会因此而获得改善，因为全民福利救济金必须适用63%的扣除率。若将支付租税、国民保险缴付款项，以及失去财力调查式地方政府税赋福利补助（Council Tax Support，未被纳入全民福利救济金）等因素的影响列入计算，领取人有可能面临薪资收入必须付出80%以上边际税率的窘境。另外，首次发放需等待四十二天的规定（包括流程延误，最久可能长达六十天），势必导致飘零陷阱恶化，而这不可避免将使得很多申请人举债度日、延迟缴租，并向食物银行求援。

全民福利救济金的条件限制甚至比它未来将取代的各项津贴更多，惩罚也较严格，因为它强行加入一个“申领人义务”（claimant commitment）规定，不只是打算寻找或接受就业机会的失业者必须遵守这项义务，积极寻求增加工作时数与薪资的兼职者也要遵守。如果审查者判断某个领取人不是那么难找到全职就业机会，他的津贴最多可能会被取消三年。而且，相较于过去，这个计划还把相关的条件限制延伸适用到更多人，包括已就业者的另一半。

“工作教练”和“发展协助顾问”会在工作时间或下班后监督申领人，确认他们是否切实遵守各种条件限制。可想而知，这个工作教练团的成本一定很高，就算不高，也会因其设计而自动失败。政策制定者可能自欺欺人地认为这种奥威尔主义式（Orwellian）概念①是有帮助的，但它其实带有明显的温和专制主义色彩，具侵入性、污名化与每日不断的羞辱等问题，最后，这些问题很可能促使某些申领人受不了侮辱而主动退出这项计划，更令人遗憾的是，有迹象显示，他们的退出实际上是符合当局期待的。

虽然官员们将“申领人义务”比喻为某种就业合约，但实际上这两者根本不能相提并论，因为它只强制申领人单方面遵守，而官僚却可在不进行合法诉讼程序的情况下惩罚申领人，导致他们变得更加穷困。

此外，由于全民福利救济金的财力调查是以家庭的收入为

---

① 对自由开放社会有害的政府政策或行为。——译注

审核依据，所以它倾向于鼓励人成立或维持只以单一薪资收入者组成的家庭。更堕落的是，由于夫妇中的第二个人领到的救济金金额会比第一人低，所以它有鼓励夫妇决裂的倾向。而且从2016年起，它不再支付第三胎以后的子女，只有前两名子女会获得支付。因此，全民福利救济金会产生教训与惩罚大家庭（通常大家庭比较需要救济金）的效果。

全民福利救济金最糟糕的特质是它仰赖威胁和惩罚来维持，而非劳动诱因，也因如此，它倾向于对整体工资造成下降压力，并使劳动市场收入分配不均的情况进一步恶化。虽然政府信誓旦旦地宣称“全民福利救济金能将低工资、高福利的社会转变为较高工资、较低福利的社会”，但我们实在不宜太轻信这样的说辞。[38]这个计划不可能鼓励工资上涨，而且不像基本收入，它也明显偏好有薪劳动，忽略其他可能较有价值的工作形式。

全民福利救济金隐含众多惊人的缺陷，这让人不由得对政治人物与社会科学家在该计划开始推行后所表现出来的热情感到讶异，甚至替他们感到羞愧。任何关心自由与正义的人，都应该对一个可能在未经合法程序的情况下导致人们变得更贫穷、设置窥探系统来追查弱势群体，利用财力调查与行为调查的结果来达到排外、低领取率与污名化等目的的体制抱持批判的态度。全民福利救济金可能会导致更多人不得不将就低阶的工作，但这势必会导致危产阶级的整体工资水准降低。

诚如下议院议员弗兰克·菲尔德（Frank Field）和他的同

事安德鲁·弗赛（Andrew Forsey）所做的结论："政治史学家可能会很想知道，为何这么一个充满风险且可能衍生如此巨额成本的计划，最后竟会在几乎没有经过公共辩论甚至内阁辩论的情况下，成为这个联合政府最重要的福利改革政策。"[39]

负所得税

负所得税（negative income tax）提案（多半令人联想到弗里德曼）经常被视为某种形式的基本收入，而弗里德曼本身也倾向于用它来代表基本收入，从他寄给 BIEN 的一则讯息便明显可见这一点。因此，我们有必要强调这两者的关键差异。负所得税是和家庭收入或薪资收入挂钩，而且是以事后追溯的方式支付给低收入的薪资收入者，也就是在课税年度结束之后才支付（和美国的税额抵减类似）。所以，它其实是一种选择性的财力调查式计划，因此也隐含和财力调查式计划相同的所有瑕疵。

上述第二个面向意味着支付金额不可能事先得知，所以人们几乎肯定不可能在有急需时马上获得这笔款项。负所得税将更类似某种意外之财（或是非经常性的年度资本补助金），和稳定的基本收入保障较不相同。

虽然负所得税将是对抗贫困的有用工具之一，它对促进共和主义式自由与提供经济安全感的贡献并不大，也不会是实现社会正义的工具，因为负所得税不可能适用于没有就业的人或是收入过低以致无须缴税的人。以美国来说，大约有两千万个家庭没有申报联邦所得税，推想那是因为他们的收入过低，所以，这些家庭将不受负所得税制度保障，更遑论成为它的主要救助目标。

除此之外，美国在20世纪70年代所做的负所得税实验发现，一般人为了获得负所得税补助金而有少报劳动与薪资收入的诱因。相较之下，基本收入就不会衍生这类不道德风险。总之，就社会正义原则而言，负所得税的成效将不如基本收入。

民间捐助

最后，有些人主张政府应该废除各式各样的福利，把照顾穷人的事务全交给个人和“慈善机构”处理。右派自由至上主义者的理想是完全仰赖慈善机构，但他们又不敢做出这样的建议，因为社会上需要慷慨捐助的金额过大，实难期待民间提供所有资源。不过，我们反对提高对慈善机构与团体的依赖，较根本的原因如下：

慈善机构的基础是“怜悯”之心，而诚如哲学家大卫·休谟指出的，怜悯和轻蔑可谓系出同源，两者仅一线之隔。由民间慈善机构担纲社会政策的核心要角，或许符合自由至上主义者的理想，却严重违反共和主义式自由的核心概念——也就是“不受控制”。仰赖别人的好意过活并不等于完全的自由。相反地，它在受施者乃至施予者的自由上做了妥协。

慈善的普及多半反映了财力调查式救助的众多缺失、条件限制的不公平、对弱势群体的蓄意惩罚，以及普遍的经济不安全感等。举个例子，以英国来说，有超过40%被推荐去求助于大型慈善机构特拉塞尔信托（Trussell Trust）所经营的食物银行的人，都是因为津贴延迟发放和遭受相关惩罚而被推荐。[40]

现代社会上有那么多人寻求食物银行和避难所救助的事实，彰显出各地社会政策的失败。但民间慈善机构应该再次被边缘化，因为就打造社会形态与个人、群体及社区福祉的角度来说，这是一个不民主的方法。

各个替代方案的缺失

基本收入的多数替代方案在多数社会正义原则上都隐含严重的缺失，详见表 9.1 的汇总。某些替代方案看起来或许在某些层面上还算是有点模棱两可，但从这些替代方案对生态的意义来看，它们相对基本收入而言应属无效。举个例子，就业导向的计划倾向于着重短期就业机会的创造，忽视环境相关考量。然而，关键还是在于所有替代方案的成效都不像基本收入那么好。

现有福利计划的捍卫者应该要解释为何在相关福利支出不断增加的情况下，目前的贫困率还是纹丝不动地停留在极高水准，且社会流动似乎也在降低。以美国来说，贫困率在 20 世纪 60 年代至 1979 年左右的期间内大幅降低，但随后便停止进一步缩减。虽然美国的财力调查式津贴、税额抵减、劳动福利、食物券和其他 126 种林林总总的专家指望的扶贫计划支出持续扩大，却没有带来明显的改善。[41]显而易见地，这代表我们有必要寻找一条新道路。

表 9.1 不同福利计划符合社会正义原则的情况

	保障差别原则	温和专制主义检验原则	权利而非慈善捐助原则	生态约束原则	尊严工作原则
最低工资	×	✓	✓	—	—
社会保险	×	✓	✓	—	—
财力调查	×	×	×	—	×
补贴、补助金券	×	×	×	—	—
就业保证	×	×	×	—	×
劳动福利计划	×	×	×	—	×
税额抵减	×	✓	✓	—	×
负所得税	×	✓	✓	—	×
慈善捐助	×	×	×	—	×
基本收入	✓	✓	✓	✓	✓

第十章

CHAPTER X

基本收入与经济发展

> “关于我们是否应实施全民基本收入的问题，答案理当是‘应该，但必须在特定条件下实施’。”
>
> ——亚文德·苏布拉曼尼恩（Arvind Subramanian），
>
> 印度政府首席经济顾问，2016 年 9 月

21 世纪初时，国际开发援助主要还是以富裕国家政府对发展中国家政府的货币转移或技术建议，以及国际各开发机构或非政府组织（简称 NGO）对各国政府的资金流形式进行。似乎鲜少人认为直接把钱交给穷人是个好点子，所以对人民的直接现金转移金额向来都不大。

然而，后来几年，发展中国家内部却涌现一股“有条件现金转移”（conditional cash transfer，简称 CCT）计划潮，其中很多现金转移的财源是以多边援助及名义上的“无条件现金转移（unconditional cash transfer，简称 UCT）”计划来支应，后者主要是锁定贫困家庭的老年人和（或）孩童。外国政府和捐款人也为这些发展中国家的“基本收入”试点（实验）计划提供支援，不过，其他计划则是以联合国、其他国际机构、NGO

或慈善捐款人支应的资金来进行。

世界银行估计，2014 年各式各样的现金转移计划，让 130 个发展中国家的 7.2 亿人民受益。[1] 在非洲接受调查的 48 个国家中，有 40 个正在实施 UCT，是 2010 年的两倍。看来这个世界似乎终于觉察到“解决收入匮乏的最佳方法就是给人更多收入”的非凡概念的正确性。而且，各种证据也驱散了“给穷人钱是一种浪费，对经济增长与发展没有帮助”这个由来已久的成见。

目前主要以“穷人”为救助目标的现金转移计划，确实有可能是实现基本收入制度的垫脚石。[2] 不过，到目前为止，有四个因素阻碍了这个转型的历程——坚持“目标锁定”（坚持只有穷人应该领取现金）、“选择性”（主张某些群体理当拥有优先权）、“条件限制”（领取人应该依规定采取特定步骤或表现出特定行为模式）以及“随机化”（唯有经过随机对照实验〔randomized control trials，简称 RCT〕① 测试，或经评估并显得其成效“有证据可资证明”后，才能实施相关的政策）。

这一章将简单调查和基本收入最攸关的几项现金转移计划的研究结果，接着再探讨“正牌”基本收入试点计划的成果。不过，第四个因素必须先处理，因为过度迷信某个风险评估方法，反而有失焦的风险，忽略了最至关重要的事项，最后导致政策执行进度落后。

在现金转移的随机对照实验中，某些人领到现金，某些人

---

① 亦译为随机控制实验。——译注

则没有，实验者对这两个群体的结果进行长期追踪比对。这个方法论撷取自医疗实验；在医疗实验中，某些病患接受治疗，某些没有接受治疗，还有某些则只是被供应安慰剂。然而，就定义来说，随机分配转移支付的做法，无法测试一项全民津贴对整个社区的影响。而且，虽然 RCT 可用来测试诸如改善学校出席率等简单的假设，但若用在较抽象的假设如强化自由或社会正义等假设，它还是不够健全，也不够“科学”。另外，RCT 也无法解决因选择性、目标锁定与条件限制等而衍生的众多道德议题。

姑且不谈上述相当强烈的警告，因评估现金转移（很多牵涉到 RCT）计划而提出的大量文献令人信服地显示，现金转移能使贫困状况改善，并实现政策制定者想要达成的很多目标，例如改善学校注册与出席率、改善营养状况、改善健康状况，并促使人从事更多以赚钱为目的的活动等。另外，尽管“随机主义者”（randomistas）[①] 倾向于宣称只有 RCT 能为循证（evidence-based）[②] 型的政策提供“科学”的方法论，其他评估形式也能达到类似且一样有效的结论。

目标锁定与选择性

目标锁定的形式有几种——家庭财力调查、准财力调查（proxy means testing）、地理区域目标锁定、社区目标锁定，以

① 坚信随机化评估能适切解答各种经济与社会发展解决提案的困难疑问的人。——译注

② 以证据作为政策施行与否的依据。——译注

及所谓的“自我目标锁定”，但所有方案的目标，都是要焦点明确地利用一个概念上的贫困线，将现金转移给“穷人”。然而，“贫困线”的认定既武断又主观。很多处于或接近贫困状态的人，经常有收入起伏不定的情况，所以，他们有可能某个星期的收入高于贫困线，下个星期又低于贫困线。以印度来说，申请与审核的相关程序非常繁冗，所以，判断一个家庭是否“贫困”的流程通常很漫长，申请几年后才正式获得领取津贴的资格权利的情况可说是司空见惯。[3]

不管是在任何一个国家，目标锁定型方案（包括仅止于概念或已实施的）都因申领人无知、恐惧、错误以及官僚事不关己的态度和裁决式的决策模式而失误丛生。财力调查向来都牵涉到严重的排除型失误（即真正有权领取津贴的人反未能受惠）与涵盖型失误（没有资格领取的人反而受益）。试图利用某项与收入匮乏有关的指标——如屋顶是以茅草而非锡制搭建的——来判断哪些人有资格享有相关福利的准财力调查也好不了多少。[4]

以印度来说，大约一半的贫困家庭没有获得“低于贫困线卡”（below-poverty-line card，以下简称 BPL 卡），但有大约三分之一不贫穷的人（以各项规定而言不算穷人）拥有这张卡。[5]印度卡纳塔克邦的一份研究发现，质疑别人没有资格拥有 BPL 卡（例如拥有抽水泵的人）的人当中，竟有超过三分之二的人拥有这张卡，而真正有资格拥有这张卡的人中，却有六分之一没有它。[6]针对古吉拉特邦（Gujarat）、德里（Delhi）和中央邦所做的研究也显示，迫切需要 BLP 卡的人当中，有非常高比例的人没有这张卡，或基于某些似是而非的理由而被否决持有这张卡的权利。[7] 总之，通常最穷的人反而最不可能拥有这张卡。

目标锁定型方案也会造成贫困陷阱及随之而来的道德与不道德风险。如果唯有被分类为贫困家庭的才能获得津贴，那么，选择继续维持贫困会让这些家庭“值回票价”。举个例子，如果某个贫困的家庭的收入正好增加到贫困线之上，他们的损失就会超过新增的收入，这势必会抑制这类家庭赚取额外收入的诱因。这种道德风险也会衍生不道德风险，例如某些人会掩盖自己多赚到一点点收入的事实，以免失去津贴。

此外，财力调查的行政管理成本向来很高。[8] 在衡量一项福利津贴计划的成本时，各种评估报告应该要考虑到，被耗用在各种行政管理事务的资金，理当可用来发放更多钱给津贴领取人。另外，目标锁定型计划只能解决过去的贫困，而非未来的贫困，换言之，它的目标在于协助已落入贫困状态的人，而非有陷入贫困危险的人。然而，改善贫困的最有效方式其实是防患于未然，因为预防贫困的成本比协助人脱离贫困低。

有几份研究尝试厘清在改善贫困方面，目标锁定型和全民型计划哪一个较有效率。由于排除型失误的缘故，目标锁定型计划的表现当然较差。在四大拉丁美洲国家中，目标锁定型计划平均只让最贫穷的五分之一人口中的半数人受益。巴西的家庭津贴与墨西哥的机会计划（Oportunidades）也出现相同的缺失。[9] 另外，中国采用偏向目标锁定型计划的城市，在改善贫困方面的成效也比较差。[10]全民型计划改善贫困与贫富差距的效率，比起表面上号称只锁定穷人的计划更好。

有条件 vs 无条件现金转移

目前有超过60个发展中国家正在实施有条件限制的现金转移计划，1997年只有两个。[11]多数国家的这类计划都只锁定穷人，其中很多计划还设定了多重的条件限制，不过，多数常见的计划规定，只要为人母者确保子女规律上学，并带他们进行健康检查与免疫预防，就会支付津贴给她们。有超过两倍的国家采用无条件现金转移计划，不过这些计划通常只选择性地发放转移金给某个群体——例如老人退休金或孩童的补助金——所以，最终来说，它们多半还是锁定穷人。

另一个常引起争辩的议题是：相关的行为条件是否正当或有必要。这些条件限制的目标是要促进某种行动，所以流于温和专制主义，它假设政策制定者最知道穷人需要什么。不过，即使这种计划真的以原本的条件成功达到目的——换言之，领取人最后真的表现出计划本身要促进的行为——条件限制终究在"自由"上做了妥协，而且，就道德基础来说，这种计划鲜少是正当的。实际上，条件限制的适用通常很武断，而且若执行者严谨看待这些条件，未达条件规定的领取人最终可能会遭受某种惩罚。

乍看之下，条件限制看起来可能很合理，不过，规定为人母者要确保其子女有85%的时间在校，等于是让那些妇女多了额外的负担，并制造了无谓的压力，因为如果没有达到这项条件限制，她们的津贴将会被取消，而这令人徒增心理压力。条件限制的实施不仅流于温和专制，甚至可能很不公平，因为最弱势、教育程度最低以及住在距离学校与诊所最远的人，最可能因相关规定而受苦。

有一份评论检视了 8 份直接比较 CCT 与 UCT 的研究报告，它发现，CCT 对教育、健康和营养结果的影响比 UCT 大。[12]然而，这篇评论也提到，这不尽然是条件限制使然；“通过沟通，清晰地让领取人知道使用各项服务与相关支援的重要性”也一样重要。摩洛哥的一份研究发现，只要单纯将一份无条件转移贴上教育补助金的标签，就会促使人们更可能表现出朝那个目标前进的行为。[13]

另一份评论检视了 35 个计划，不意外地，它发现明确的条件限制且强制执行的 CCT，对学校注册率与出席率的影响，大于无条件限制的计划在这些方面的成效。[14]不过，UCT 也促使学校注册率及出席率上升，这显示即使没有人鞭策，家庭还是希望送小孩去上学，何况无条件转移的其他利益也可能很显著。

举个例子，马拉维对青春期少女实施的有条件限制与无条件现金转移，双双促使高中出席率上升，只不过，有条件限制型转移在这个衡量指标上的表现比较好。[15]然而，以青春期女性怀孕与结婚比率的降低程度来说，无条件限制型现金转移者的降低程度比前者大非常多，这几乎完全来自中途辍学的青春期女性的影响。所以，有谁敢断言这两种转移当中，何者的长期正面影响会比较大？

现金转移的相关调查结果

现金转移计划和基本收入有几个不同：现金转移计划通常锁定“穷人”，所以并非普及全民；很多这类计划会设定行为条件限制；很多是支付给家庭或家庭里的某个人，而不是每一个个人；另外，很多（但非全部）都只是短期的实验。然而，我们可以从现金转移计划的成果，了解到实施全民基本收入可能会实现怎样的成果。

首先也是最重要的，目前有压倒性的证据显示，直接现金转移促使贫困明显改善。[16]那看起来或许显而易见，但新兴国家将钱直接发给人们的做法，长久以来被视为一种浪费，因为那些钱有可能被领取人花在“私人有害物品”上，也可能推高基本商品与服务的价格，最后导致穷人的境况没有任何改善。

但所有研究都显示，领取现金转移的人并未把那些钱花在酒精、香烟或毒品等，而是拿这些钱来改善家庭的福利，鲜少有例外。[17]现金转移也使犯罪与家庭虐待案例减少。[18]

通货膨胀方面的证据也令人士气大振，举个例子，一份研究墨西哥农村直接粮食援助与直接现金转移的报告发现，提供免费的粮食倾向于促使粮食价格降低，而这会进而导致当地农民不愿种植更多粮食作物，他们的收入也因此受到压抑。然而，直接现金转移对物价并没有影响，推估那应该是由于额外的需求让生产者有动力供应更多粮食和其他商品到本地市场。[19]

以某些案例来说，现金转移可能带来短期的物价通货膨胀，如果市场开发程度低或转移金额以本地生活水准而言偏高，就有可能发生这样的状况。在那些情境下，可能必须实施补强政策，包括让商品与服务的潜在提供者得知将发放现金转移，让他们提早做好准备，应对需求的升高。无论如何，这些挑战都是可克服的。

很多研究现金转移计划之效应的研究报告都显示领取人的福利获得改善。举个例子，多数计划使孩童营养状况改善。以哥伦比亚来说，一项 CCT 使孩童的同龄平均身高增加。[20] 墨西哥的一项 CCT 减轻了婴儿发育不良的程度，其中女婴改善 39%，男婴改善 19%。斯里兰卡的萨姆鲁迪（Samruddhi）现金转移计划也使孩童的营养状况改善。[21] 更广泛来说，马拉维的农村现金转移计划，对粮食安全与粮食多样化产生了巨大的影响。[22]

包括印度，在很多地方，一般认为 CCT 和新生儿或临盆前胎儿死亡率的降低有关。也有证据（主要是拉丁美洲）显示，CCT 让预防医疗服务的使用率上升，和健康检查频率上升有关。[23] 相同的影响也在印度发生。[24] 姑且不论条件限制的缺陷，在多数开发中国家，CCT 确确实实让人较有能力负担医疗服务使用费（与/或往返医疗院所的交通成本）。[25] 而当人有钱负担医疗服务的支出，公共与民间医疗服务提供者就有改善品质与表现的压力。

不过，以 CCT 来说，我们通常难以厘清它的影响有多少来自它的条件限制，又有多少来自现金。幸好无条件转移似乎也产生类似的正面影响。[26]举个例子，很多事实显示，无条件转移促成饮食的多样化，这样的发展直接和孩童营养的改善息息相关。[27]另外，在这一章稍后篇幅将讨论的纳米比亚基本收入实验中，人们在没有外力敦促的情况下使用了更多医疗服务，因为额外的收入让他们更有能力负担到本地医疗院所看病的费用。

以学校注册率与出席率的标准来看，现金转移对孩童学校教育的正面影响非常广泛。[28]在拉丁美洲与非洲国家，不管是有条件限制与无条件限制型的计划，都和学校出席率的上升息息相关。墨西哥推行机会计划（最初称为“进步计划”〔Progresa〕）后，国中的学校注册率上升三分之一，辍学率则降低 20%。相似地，马拉维的现金转移计划使青春期女性的注册率上升、退学率降低。[29]以南非来说，相关计划对幼童的影响尤其大[30]，国际上的证据也显示，这类计划对孟加拉、柬埔寨和拉丁美洲的女孩注册率的影响非常强大。[31]

当然，我们还是很难区别出席率与注册率上升究竟是现金的影响还是条件限制的影响。然而，马拉维方面针对青春期女性所做的那一份研究显示，光是现金就已对教育产生正面影响，而且相关的成本效益较高。其实这个研究发现纯属偶然，由于一个疏忽，某个地区的领取人未被告知相关的条件限制，所以后来这些条件限制也没有强制执行。这份评估报告的结论是，“每个月对家庭发放的 5 美元无条件现金转移，对学校教育所产生的影响，和每个月 15 美元的有条件现金转移对学校出席率的影响相同。”[32]

不过，更规律的学校出席率不尽然能改善以考试分数来衡量的教育表现，这有可能是因为实施现金转移计划的那些地区性学校，素质本来就比较低。[33]不过，这些计划似乎对认知发展产生了显著的正面影响。

与此同时。证据也明确否定了现金转移计划的批判者的以下说法：他们宣称这类计划会产生阻碍“工作”的诱因，并鼓励妇女生更多小孩，以便申请额外津贴（富裕国家的现金转移计划也遭受同样的批评）。但事实并非如此，取而代之地，现金转移计划让妇女有力量作出自己的选择，所以使结婚年龄延后、生育率降低，而且也降低有害的性活动。[34]

研究也显示，工作的诱因上升而非降低，若将次级活动纳入，情况更加明显。[35]领取人利用这些现金转移来成立小规模的营利事业，具体来说，人们因此得以投资诸如缝纫机与工具等设备。在某些案例中，人们减少临时工的劳动工作，花更多时间在自己的农田，因为现金转移让他们得以购买使自家农田变得更有生产力的肥料、种子或家畜。

墨西哥农村的一项现金转移计划发现，平均每 1 美元的转移，能产生 2 美元的额外收入；小农户每领到 1 美元的转移，就能创造 3 美元的收入，所以，这项计划改善了贫富差距的程度[36]；墨西哥另一项现金转移计划中，四分之一的现金转移被投资在能创造收入的活动[37]；而在辛巴威，领到现金转移的家庭的支出增加金额，比他们领取的转移支付多出 60%，那是因为现金转移让他们的农田与非农田生产相关收入增加。[38]

人们获得的更多购买力，将通过“乘数”效果，产生提振本地经济的正面影响，即使通货膨胀可能会因此上升。虽然小规模的现金转移计划或“对分布于广大区域里的零星个人发放的现金转移计划”的影响有可能非常难以衡量，但一份评估七个转移计划的报告发现，每转移1美元，本地经济体系的收入就会上升1.10～1.85美元（调整过通货膨胀的影响）。另外，没有资格领取转移的人一样也可能直接经由领取人的馈赠或放款等行为而获益。[39]再一次，这显示基本收入的群体效应有可能大于它对个别领取人所产生的个别效应的总和。

汇总各开发中国家众多条件限制型与无条件限制的现金转移计划的研究结果，便可归纳出一个结论；这些计划对改善收入匮乏、提高粮食支出与改善营养状况、降低学校缺席率、改善认知发展、提高医疗服务使用率、提高以投资为最终目的的储蓄活动（尤其是投资家畜与农业资产）等的影响，确实具统计显著性，而且能温和提升本地经济成长。

基本收入试点计划

除了目标锁定、具选择性与条件限制的现金转移计划之外，有两个地方为了测试第一章所定义的“正牌”基本收入而设计并实施试点计划，不过，这两个试点计划都有一个显著的缺点——它们都属暂时或短期性的实验，而非长期或“永久”实施。

纳米比亚

发展中国家第一个基本收入试点计划，是2008～2009年间在纳米比亚的奥奇韦罗－欧米塔拉（Otjivero-Omitara）小村落实施，该计划涵盖了大约一千个人。[40]这项研究是由纳米比亚基本收入补助联盟（Namibian Basic Income Grant Coalition）主办，资金来自向不同基金会募集的款项以及个人捐款。村庄的每个居民——包括孩童，但排除60岁以上已领取社会退休金的人——每个月都能领取一笔100纳米比亚币（当时约等于12美元，是贫困线的三分之一）的小额收入，研究人员比较了发放前和发放后的情况，结果显示，营养状况改善——尤其是孩童，健康状况改善以及本地初级医疗中心的使用率提高，学校出席率上升，经济活动增加，以及妇女地位提升。[41]

对于偏好当时正逐渐成为时尚的随机对照实验的人，这个方法论可能不见得能满足他们，因为当时这个实验单位并未在这个国家或经济体系内，选择一个允许外部因素影响的对照组村庄，原因是主导这个试点计划的人员认为，以长期调查的形式强制向没收到基本收入补助金的人提出各种要求是不道德的。然而，在这个试点计划实施期间，我们并未听闻该国政策有任何变动，也没有任何外部干预，所以，根据观察到的行为与领取人在后续调查时表达的意见，我们有合理的理由相信这个实验的结果是有意义的。

学校出席率大幅上升，不过，父母亲并没有承受必须送小孩去上学校的任何压力，换言之，实验单位并未强制要求他们送小孩去上学，这样的改变发人深省。虽然小学是公立学校，但依规定，每送一个小孩去上学，父母亲还是必须付出一小笔费用。在试点计划实施以前，学校注册率与出席率都很低，学校的收入根本不足以支应基本开销，这导致学校变得更难以吸引学生，教师的士气也江河日下，形成恶性循环。但随着现金转移开始实施，家长们有足够的资金支付学校相关的费用，老师开始有钱购买纸、笔、书本、海报、颜料和画笔，这让学校变得更吸引家长和孩童，老师的士气也获得提升，甚至在教学能力上大有精进。另外，小型经济犯罪明显减少，如偷窃蔬菜与为了食物而宰杀别人饲养的小型家畜等行为。这些受到鼓舞的村庄种植了更多蔬菜，购买了更多肥料，并饲养了更多家畜。传统的评估作业往往会忽视这类生气勃勃的社区维度经济影响，而且如果当初这个计划只对被随机选上的个人或家庭发放现金，并以随机对照试验的方式来评估相关的结果，这种影响常常不会被察觉。

另一个意外的结果是，村民自动成立了一个由当地小学教师和村庄的护士主导的基本收入顾问委员会（Basic Income Advisory Committee），就村民领取的基本收入的支出及储蓄方式提供建议。像这样，全民基本收入激发了集体的行动，无疑地，这种社群积极行动主义也提高了基本收入的效益。

这个试点计划结束后，当地还是继续发放小额的补助金，虽然金额较低，但一样产生了类似的结果，而且，事实证明，这个实验对该国内部产生了政治上的影响力，只不过，国际货币基金组织（IMF）在当地的代表还是持续对基本收入抱持反对态度。这个实验后来继续得到支持的原因是，热情支持这项试点计划的纳米比亚基本收入补助联盟前主席杰法尼亚·坎密塔主教（Bishop Zephania Kameeta）在 2015 年获聘为根除贫困与社会福利部部长。

2015 年 12 月，纳米比亚总统哈格·根哥布（Hage Geingob）宣布将基本收入补助金纳为他的扶贫政策里的一环。不过，2016 年时，政府开始实施一项食物银行计划，基本收入看起来从此遭到搁置。这会不会成为另一个半途而废的例子？

印度

2009～2013 年间，印度实施了三个基本收入试点计划，这些计划是由妇女工人工会之一的自雇妇女协会（Self-Employed Women's Association，简称 SEWA）居中协调。[42]相关的基金来自不同的单位，最先是由联合国开发计划（United Nations Development Programme）提供，接下来大部分是由联合国的儿童基金（UNICF）提供。

第一个试点计划的规模最小，它让西德里某个区域里持有低于贫困线卡的数百个家庭，选择要配合官方的公共配给系统（Public Distribution System，简称 PDS），继续领取补贴的稻米、小麦、糖和煤油等实物配给，或是要每个月领取相当金额的基本收入，前后共领取一年。大约有一半的人选择现金选项，不意外地，确实很多人不愿意从原本熟悉的制度改用不熟悉的制度。

然而，经过几个月后，很多选择继续领取配给的人，纷纷向研究团队询问是否可改变先前的选择，改领基本收入。由于中途改变选项会混淆实验结果，所以，研究人员不允许他们改变领取方式。然而，这个现象显示，人们通过和社区里的其他人聊天，得知了领取现金款项的好处。相反地，在选择领取基本收入的人当中，没有一个人表达想恢复领取配给。一年后，领取基本收入者的营养状况和饮食习惯有了非常亮眼的改善，但继续领取补贴配给者的状况则没有显著改变。

第二个试点计划在中央邦实施，它的规模较大，涵盖八个村庄的大约六千个男男女女和孩童，每人每月可领取一笔基本收入，前后共领取 18 个月，这笔金额能让低收入的五人家庭多出额外的 30% 收入。研究人员拿这些人最后发生的状况和过往情形以及另外十二个类似村庄（人口数稍微多一些）的状况进行比较，以评估实验的成果。

第三个试点计划是对某个部落村庄的所有居民发放一笔基本收入，并以他们领取该收入十二个月后的状况，和另一个相似的部落村庄所有居民的情况进行比较。

第二个试点计划有一个独特的特质——代言人测试，这是假设如果弱势群体能获得某个愿意捍卫与促进其利益的组织协助，基本收入的正面影响将会比较大。为了测试这个假设，实验者在其中四个“基本收入”村庄设置“代言”机构，也就是 SEWA，这个机构原本就已代表个人或家庭，另外四个“基本收入”村庄则未设置。相似地，六个对照村庄已有运作中的 SEWA，而其他六个没有这类机构。

最后的结果强烈证明，村民在和开立银行账户与处理金钱有关的建议和协助上，获得了 SEWA 最大的助益。然而，不管有没有SEWA，所有村庄都能感受到基本收入的正面影响。

在实施后三个月间，基本收入是以直接对本人交付现金的方式发放。接下来，基本收入被汇入村民专为这个目的开立的银行账户（对原本没有银行账户的领取人而言）。（在部落村庄实施的第三个试点计划中，基本收入全部直接交付给本人。）每个人都会收到自己的基本收入，另外，这个计划也通过母亲或代理母亲的银行账户，对每个孩童发放约等于成人基本收入的半数金额。这个计划和先前提到的现金转移计划不同，相关款项都是无条件对全民发放——一开始就住在社区的每个人都会领到基本收入。

我们可以从四个方面来汇总观察中央邦试点计划的主要结果。[43]首先，就公共卫生、孩童与成人营养及健康状况与医疗的改善，还有学校出席率与教育表现的提升等方面来说，这项福利的影响可说是一边倒地好。大致上，人们花费这笔钱的方式相当明智；他们花费在酒精和香烟的支出反而减少，这和当时的执政党国大党（Congress Party）党魁索尼娅·甘地（Sonia Gandhi）等人的预测正好相反。

后来村民被问到为何如此时，最常听到的回答是：男性有了更多工作要做。此外，发放给家庭个别成员的现金转移，可能会被视为本质上属于福利与生产性用途（一种含蓄的“标签效应”〔labelling effect〕），因而不会被领取人视为可用于“诱惑商品”（temptation goods）的金钱。

第二，社会平等改善。伤残者获得的利益尤其显著，妇女的受益程度大于男性，表列种姓（scheduled caste）与表列部落（scheduled tribe）家庭的受益程度大于较高等级的种姓[①]。这些结构性弱势的群体都能够直接领取他们自己的收入，其中很多人是第一次领取，另外，为人母者也得以照顾女儿的需要。女孩的学校注册率与出席纪录大幅改善，虽然男孩的状况也有改善，但女孩更为显著。另外，虽然先前小女孩的体重多半比同龄的男孩轻，但到几个试点计划结束时，小女孩的体重增加幅度更甚于小男孩。无疑地，性别平等也改善了。

第三个方面和很多评论所预测的相反，除了原本投入工作或从事劳动活动但后来去上学的孩童，基本收入与工作和劳动的增加（而非减少）息息相关。到这个试点计划结束时，妇女次级经济活动（如制作衣服或手镯等）增加的情况尤其明显，聚焦在“主要活动”变化的传统研究，通常很容易忽略这类现象。总体来说，发放基本收入的村庄的经济活动增加，从而使收入分配不均的情况改善，而且就很多方面也促进了社区的发展，例如建设一个合作鱼池，以及拟定一个以改善村庄排水为目的的集体创议等。

第四个方面是意料之外的结果，也最令人士气大振。基本收入具有解放的效果，它让个人更能掌控自己的生命。某些人因此得以减少债务，某些人则得以逃脱祖先世世代代从事的劳动，还有些人开始有能力存钱或向家人、邻居借钱，减少对高利贷业者的依赖。很多人有生以来第一次有钱可做自己想要的决定，并对社会规范提出质疑。例如第三章提及的，某个村庄

① 表列种姓/部落相当于种姓制度未废除前的贱民等级。——编按

的年轻女性终于领悟到自己不需要服从长辈，到公开场所时不再披着面纱。

就这样，尽管基本收入的金额并不多，它的解放价值却超过货币价值。[44]一如其他所有日用商品，这些村庄在货币方面的匮乏，导致货币的取得成本高得吓人，也让放贷者总是狮子大开口，动辄要求50%的贷款利率，并对贷款人设下严苛的条件，例如要求贷款人在必要时到他们的田里工作。基本收入提供了不可或缺的流动性（liquidity），促使货币的价格降低，并让村民稍微得以控制自身的财务，尤其是在面临个人危机时。

福利、公平、经济增长和解放——四个影响的结合，促使这份研究报告的作者们做出一个合理结论：基本收入对这些村庄来说是个具改造力的政策，一旦普及实施到全国，也可能如此。

财政负担能力问题

人们通常假设低收入国家无力负担基本收入的发放。然而，基本收入水准的设定显然一定会参考可用资源，而且可采用渐进的方式缓步提高。诚如基本收入试点计划所示，即使是非常小额的基本收入，只要保证定期发放，就足以改造穷人的生活。

很多发展中国家实施老年人的全民与近全民退休金，包括玻利维亚、博茨瓦纳、毛里求斯和南非。但其实这些退休金常被用来充当一整个家庭（含孙子女）的基本收入，最后产生营养状况与学校出席率改善等连带效益。以纳米比亚来说，有超过70%的退休金收入被用来分摊粮食与孙子女的教育费用。诸如阿根廷与蒙古等国家也发放全民母子津贴。所以，只要有政治决心，政府自然能找到资源。发展中国家可利用下列四种可能的方式来筹措基本收入财源：

第一个方法是利用提高租税。多数发展中国家向来因租税制度不足与不成熟而恶名昭彰，也因如此，政府征收到的税金约占国民收入的比例相当低，尤其是所得税。所以，相较于拥有相对成熟的租税制度和行政机关的已开发国家，发展中国家利用租税渠道来筹措相关财源可能会比较困难一点。然而，巴西已借由金融交易相关税赋来筹措资金。

第二，可以借由调整公共支出。很多发展中国家除了花费庞大的军事费用，或把钱浪费在一些打肿脸充胖子的无用专案外，还实施成本高昂且极容易产生累退税效果的食物与燃料补贴计划。2013年时，IMF计算了几个国家的化石燃料补贴约占政府收入的比例，其中伊朗的相关支出高达政府收入的一半，孟加拉占43%，巴基斯坦也占了31%。[45]更早之前，IMF估计最富裕的20%家庭从燃料补贴所获得的利益，大约是最贫穷的20%家庭的六倍之多，原因很简单，因为富裕家庭通过汽车、空调等使用的燃料较多。[46]

以印度来说，中央与各邦对社会上的富裕群体（未针对穷人实施）的补贴，可能高达国民生产总值（GDP）的9%，另外，因税收减免（多数针对企业）而少收的收入，大约占GDP的6%。[47]如果对每一个印度人发放约当官方贫困线的四分之三金额的基本收入，相关开销将大约等于 GDP 的 10%（未考量发放后对经济成长的影响）。而且，即使只发放相当于贫困线一半的金额，都足以让绝大多数人的生活水平出现巨大差异。

只要放弃采用会产生累退税效果的补贴，就能避免税率大幅提高的问题（不过，若多数发展中国家能扩大目前狭隘的税基，也能有效筹集到更多税收）。其中最先应逐步取消的是扭曲本地市场的补贴和侵犯平民百姓自由的补贴。但以印度的案例来说（其他地方可能也一样），没有必要将基本收入作为替代现有社会计划的方案。

第三个方法是通过第七章提到的主权基金与社会红利渠道。这个方法非常适合拥有丰富原油、其他矿产或森林等宝贵原材料商品的发展中国家，因为过去那些资源的收入多半流向经营竞租活动的精英分子。很多这类国家都已成立主权基金，但他们主要只是把这些基金用来作为协助稳定政府未来财政的工具。在印度，果阿（Goa）的哥恩齐马提运动党（Goenchi Mati Movement）正积极施压，希望当局能利用当地的铁矿砂采矿收入，成立一个类似阿拉斯加永久基金那样的永久性基金，届时便可用来支应居民的红利。而玻利维亚、赞比亚和蒙古也已开始利用天然资源税来支应社福津贴所需资金。

然而，主权基金不尽然一定要通过天然资源来筹措。中国澳门的主要资产是当地的赌场，澳门的所有居民每年都能领到一笔年度政府红利，这些红利的财源主要就是博彩收入，近几年，这笔红利的金额已超过约当一千美元的水准。这个所谓

“现金分享计划”（Wealth Partaking Scheme）是从2008年起实施，搭配一笔相当1250美元且只对22岁居民发放的一次性资本补助金，相关资金直接拨入合格者的公积金账户。[48]至于中国最令人感兴趣的例子是河北省石家庄市内的“城市中的村庄”——槐底。这个村庄利用土地补偿金和土地开发权所衍生的房地产收入，作为对所有居民发放基本收入以及各式各样类似津贴与公共服务的财源。[49]

第四个方法牵涉到捐款人的资金援助。将更多现有的双边与多边援助重新导向基本收入计划，将能筹措到非常多财源，而且还可能继续增加，诚如第十一章将提到的，目前民间慈善机构为相关实验与试点计划提供财源的意愿非常高。

虽然实施基本收入的主要动力应该是为了改善贫困、经济不安全感、营养不良与健康不佳等状况，但放眼世界各地的社会，贫困移民与其他形式的人口迁移现象，是实施基本收入的另一个因素。若能在发展中国家的贫困与低收入社区实施基本收入，必然能鼓励更多人留在原先的社区，并着手（或重新）建设自己的社区。

从各种补贴到基本收入

埃及、印度、印尼和泰国等几个国家已开始试着减少粮食与燃料补贴，并以目标锁定式现金转移计划来作为补偿（这通常是因国际金融机构的施压所致）。这些做法的成果好坏参半，然而伊朗已非常接近正式实施基本收入的状态。

2010年12月，伊朗政府将粮食与能源价格提高，最高到原本的20倍，希望借此缩减估计500～600亿美元的高昂补贴费用，并遏止能源使用的浪费。在此同时，政府也向家庭定期发放现金补助，以补贴他们因此而增加的生活成本。这是一项全民且无条件的补助金，只有一项附带条款：原本要缴纳所得税的人必须提交纳税申报书。基于这个理由，很多较有钱的居民宁可不申请这项“基本收入”的领取资格，而这也使得总成本因此降低。[50]

多年来，伊朗三分之二的成年人都会收到一笔政府发放的款项，该国人获补助的比例，比世界上任何一个国家都高，而其中有90%以上的款项会直接被汇入人们的银行账户。[51]受惠于能源价格补贴最少的穷人所获得的补助金，足以补偿他们因能源价格上涨而产生的所有损失，而且还绰绰有余，所以，这项补助金对改善贫困与贫富差距的效果非常好，尤其是对乡村地区。[52]

有些评论家最初批判这项计划会推高通货膨胀，的确，计划开始实施时，通货膨胀确实骤升，但政府采用几项暂时性对策后，通货膨胀便获得控制。然而，令人遗憾的是，虽然这项补助金计划的成本大约只有原本的燃料补贴成本的一半，但因政府财政赤字日益恶化，导致伊朗政府在2016年导入一个财力调查制度，使能领取这笔款项的人数预期将减少一半。

基本收入作为人道援助

过去十年左右，以现金转移来帮助难民与自然或人为灾难幸存者的情况愈来愈普遍。在那类灾难刚发生后，粮食、水、避难所与医药是明显需要优先援助的。不过，一旦过了初期阶段，若要让人们拥有复原能力、恢复经济活动并重建原有的社区，最好的方式就是给予他们自救工具。

2004 年 12 月的印度洋海啸导致二十三万人死亡，并使得十四个国家的海岸社区变得一片荒芜。海啸发生后，整个世界慷慨解囊，各地动员了巨额的资金来提供援助，另外还有很多 NGO 派遣团队提供协助。我当时正好在处理斯里兰卡的几个专案，不仅目睹了海啸的肆虐，更亲眼见到众多 NGO 竞相提供救助的感人画面。那些行为与善意都是出于一片真心，但相关的救助通常并非受灾社区真正想要或需要的。如果当初援助者能稍微调整援助的形式，改为对受海啸影响社区的每一个人发放基本收入现金转移，而不是发一大堆他们不想要或没有长期用途的物资，他们一定会更有办法选择要如何继续走下去。[53]

2003 年伊拉克战争结束后，如果“国际社会”能发放为期数年（如三年）的保证基本收入，说不定能避免后来的很多混乱与流血事件，让伊拉克人有机会参与本国社会的重建，并协助建立更不容易受极端主义魅惑的社区。另外，若美国在 2001 年入侵阿富汗后也能实施基本收入，说不定也有帮助，因为那等于是为人民提供一个支持政治变革的具体理由。

联合国的世界粮食计划（World Food Programme，简称 WFP）比较了四个国家的“粮食与现金”（food versus cash）计划后发现，四个国家中，有三个国家——厄瓜多、乌干达和内战前的叶门的现金转移计划，成功以更低的成本改善了人们的营养状况，那代表若以相同的支出来说，将有更多人们会获得援助（第四个国家尼日尔有严重的季节性粮食短缺的问题，使非现金救助通过改善饮食多元化效率比现金高）。[54]这个结果促使 WFP 更重视现金转移。但如今，WFP 在全球提供的援助中，还是只有略高于四分之一是采用现金模式。

联合国难民总署（UN Refugee Agency，简称 UNHCR）决定在接受超过一百万名叙利亚难民的黎巴嫩，利用它有限的“过冬准备”基金，对居住于海拔高度 500 米以上的弱势家庭发放现金转移。这些现金转移没有条件限制，不过领取人会被告知这笔现金转移是要让他们用于购买供热用品。研究人员针对领取家庭和住在海拔高度正好略低于 500 米的对照组家庭进行比较。

研究人员发现，现金救助确实使燃料补给的开销增加，不过，这项救助也推升了学校注册率，使童工减少，粮食保障也获得提升。[55]最引人注目的研究结果之一是，基本收入倾向于提升受益者与社区其他人之间共同支援的情况，并降低了领取家庭内部的紧张关系，而这些难民与接纳他们的社区之间的关系也获得改善。总之，现金援助产生了非常显著的乘数效果，每 1 美元的现金援助，就对黎巴嫩经济体系产生了超过 2 美元的利益，且其中多数都是花用在本地。

2016 年 10 月，联合国难民高级专员（High Commissioner for Refugees）说：

> 现金救助的采用，彻底改变了我们协助难民的模式，如今我们已决定要将它列为一个世界性的政策，只要可

能，我们要将之扩大应用到所有业务……难民最知道自己需要什么。更广泛采用现金救助，代表会有更多难民有能力决定要如何管理自家的预算。这将帮助他们更有尊严地朝正常的生活迈进。[56]

这类政策还有另一项实用利益：它有助于降低贫苦与绝望人们的迁移压力。另外，它的成本相较于其他形式的外国援助的固有成本低，而且效率更高。

实施基本收入可达到冲突回避的目的

很多拥有天然资源且拥有高收入潜力的国家常陷入内战的窘境，因为各派系竞相争夺经常由专制领导人一手把持的大自然恩泽；对这些受上天眷顾的国家来说，这是一个令人遗憾的讽刺。要解除政治冲突的威胁，我们建议的可行方式之一是将资源财富分享给全国各地——常用的做法是将部分盈余转移到地方政府，尤其是开采天然资源（不管是石油、钻石或其他矿产）的地区。根据某些案例的发展来看，若转移的金额够大，这种财政权下放的做法，确实有效抑制了冲突的发生。然而，某些案例的发展却显示，现金转移反而让地方异议分子有了支付叛乱成本的工具，故反而会引发冲突。[57]到最后，我们发现解除或防范潜在冲突的最适当做法，就是直接对每一个个人发放现金，这么一来，分离主义运动或地方政治党派就比较难以擅自占用这项资源。

这些“直接红利”款项——实质上就是基本收入的一

种——也将有助于克服“资源诅咒”（resource curse）或“荷兰病”（Dutch disease）——这个名称的由来是，当年荷兰海域发现天然气后，导致汇率大幅升值、出口折损，而本地制造活动遂因出口的折损及大量较廉价的海外制造品流入而被扼杀。诚如全球发展中心（Center for Global Development）的“石油换现金创议”（oil-to-cash initiative）主张的，这种红利借由促进国民对政府支出的监督，能促进民间消费与公共财产的提供。[58]这将促进经济增长与发展，从而进一步降低冲突的风险。

发展基本收入

2016 年年底，墨西哥市政府依循该年稍早时候联合国拉丁美洲与加勒比海经济委员会（United Nations Economic Commission for Latin America and the Caribbean）鼓励各成员国研究采纳基本收入保证之可行性的建议，制定了一套全新的市政法规，法规中包括一项将在大首都区域导入基本收入的承诺。墨西哥市的这项市政法规可能成为拉丁美洲各地甚至其他地方仿效的先例。它将经济权的发展推向一个新阶段，而这可能在未来几年成为一种新常态。

印度查谟和克什米尔邦的财政厅长在 2017 年 1 月的预算报告中，宣布他有意逐步导入一项基本收入；这项基本收入或许是一个目标锁定型计划，但他的根本论述非常简单明了。[59]另外，印度联邦政府也正审慎考虑实施一项全国性的基本收入，它在 2017 年 1 月底和预算一同发表的年度《经济报告》，包含了一个讨论基本收入优缺点的特殊章节。[60]或许未来还有很长的路要走，但世界上人口密度最高的国家的中央政府正考虑是否实施基本收入的事实，是基本收入的确具正当性的一个新证明。在那不久后，印度财政部长也表示他预计一年内将有更多基本收入试点计划将展开。

矛盾的是，在发展中国家导入基本收入制度，可能会比在富裕国家简单。在发展中国家，相关的转型成本可能低很多，因为发展中国家可能不需要清理庞大又复杂的现有福利制度（通常富裕国家的福利制度都涵盖了数十甚至数百种选择性、目标锁定型的类全民计划）。

当然，这并不意味着废除根深蒂固的补贴计划不会产生不良后果。不过，由于这类计划明显扭曲，且易产生累退税的效果，所以捍卫这些计划的人在道德和社会立场上较站不住脚。伊朗之所以能让大众广泛接受它降低粮食与能源补贴的决定，原因在于它也同步实施补偿性的现金补助，同时利用公关活动不断强调现有补贴机制的缺点和不公平。

世界各地的人道主义援助社群改用现金援助的趋势已非常明显，而现金转移与基本收入也被合法化为主流发展政策。所有迹象都显示，如果有更多资源可被导入这类计划，且发展中国家的政府（包括地方政府与中央政府）能对基本收入更有信心，经济不安全感与贫困等状况将快速获得改善，经济的发展也将更加有持续性。

第十一章

CHAPTER XI

基本收入创议与试点计划

“我……省思人类战斗与战败的理由，以及他们想要争夺的东西如何总在他们战败那一刻出现；但当它终于出现，却发现不是他们想要的，因而后继者又必须以另一个名义为了他们想要的东西而战。”

——威廉·莫里斯（William Morris），1886 年

过去几年，有极大量的基本收入创议与试点计划，在收入水平落差甚大的不同国家和社区被提出。这些创议的主要目标是要提高大众对基本收入的认识、对政治人物与政策制定者施压，以及鼓励人们加入这场“运动”。而那些试点计划的主要目标是要试验基本收入计划的各种替代性设计，并评估这些试点计划的实际成果和计划倡议者及批评者的说法有何落差，如基本收入对“公害”消费的实际影响，或是对劳动市场参与率的实际影响等。

这一章将先检视最近几个公民创议，接着再探讨各试点计划的价值，在这个过程中，我们将概要检视过去完成的几个试点计划，以及在我撰写本书之际还处于规划阶段的试点计划。

基本收入地球网络

“基本收入地球网络”的前身“基本收入欧洲网络”（BIEN），是在1986年九月于比利时新鲁汶举办的一场会议中正式成立。托马斯·莫尔的《乌托邦》最早也是在1516年于鲁汶发表，不过，这只是巧合而非刻意筹划；2016年庆祝《乌托邦》发行五百周年的大会，正好也和BIEN的成立十三周年庆同时在新鲁汶举行。

目前BIEN的会员已遍布世界，他们针对“社会上的每一个人都应该有权领取基本收入”的简单概念所导引出的众多议题，提出了非常大量的研究和著作。BIEN利用会员订阅费用的资金，每两年举办一场国际大会，第一场是1988年在安特卫普举办，而2016年的大会在首尔举办。

2017年年初，有三十四个位于阿根廷、澳大利亚、奥地利、比利时、巴西、保加利亚、加拿大、中国、芬兰、法国、德国、冰岛、印度、爱尔兰、意大利、日本、墨西哥、荷兰、新西兰、挪威、波兰、葡萄牙、魁北克（加拿大）、苏格兰（英国）、斯洛维尼亚、韩国、非洲南部几个国家、西班牙、瑞典、瑞士、中国台湾、英国（有两个网络，包括公民收入信托与英国基本收入协会）以及美国等相关的网络在提倡基本收入，BIEN敢大声地说，尽管在某些时期政治圈对这个概念相当不屑，但我们还是继续维持相关辩论的热度，试图借由各方的议论来消除各项理智论述的缺陷、应对反对意见、鼓励进行成本计算，并收集来自世界各地的证据。最初，不同国家提报了当地多种语言的相关时事通讯，目前这些讯息都已张贴在网络的《基本收入新闻》（Basic Income News）上，另外，BIEN也发行同侪评鉴期刊《基本收入研究》（*Basic Income Studies*）。

然而，到目前为止，BIEN 最主要的活动还是两年一度的会员大会。1986 年在鲁汶举办成立大会后，我们便在西欧的几个大城市轮流举办大会，1988 年于安特卫普，接着在佛罗伦萨、巴黎、阿姆斯特丹、维也纳、柏林、日内瓦和 2004 年的巴塞罗那举办。巴塞罗那那一场是在世界社会论坛（World Social Forum）的赞助下举办，吸引了当时正在参加其他活动的数百名额外参与者来共襄盛举。

巴塞罗那大会闭幕时，会员们以压倒性的票数，投票通过将 BIEN 转型为一个全球网络，并正式同意往后的大会采取一年在欧洲、一年在欧洲以外举办的轮替模式。于是，后续的大会分别在开普敦、都柏林、圣保罗、慕尼黑和蒙特利尔举办。然而，2016 年的首尔大会（与会者来自世界各地）让这个不成文的规定默默被搁置。外界愈来愈热烈的关注以及超过三十个国家网络成立的事实，促使首尔大会做出分别将在 2017 年 9 月于里斯本与 2018 年年中在芬兰坦佩雷举办大会的决定。

数百篇分析基本收入的各层面研究报告在这些大会上被提出与讨论。虽然我们是一开始就参与每一场大会的“元老”，但还是陆续从这些大会中吸收到很多新知。虽然只有极小部分的研究报告公开发表，但有历史观的学者应该都能从中找到很多瑰宝。[1]BIEN 打从一开始就抱持开放心态，并鼓励各方勇于表达和基本收入有关的各式观点，而正是这样的精神让这个网络得以继续蓬勃发展。

2016 年 6 月的瑞士公投

瑞士在 2016 年 6 月针对基本收入所举办的公投，引来国际上激烈且广泛的辩论和媒体关注。表面上这场公投失败了，但我们有充分理由相信，这场公投最后还是发扬了原本的宗旨。这场公投最初是由区区几名热情的支持者发起，他们没有资金或组织，但最后这些零星的力量，却像滚雪球般地转变为一系列令人欣喜的行动，这些行动对于未来的基本收入运动而言，绝对是非常好的基础。

瑞士独特的“直接民主”形式，让不同群体的公民得以针对特定的政策发起全国性公投。只要在创议提出后一年内收集到 10 万个支持提案的瑞士公民有效签名连署，就能举办公投。虽然基本收入的发起人缺乏任何历史悠久政党的资金援助或支持，他们还是顺利在瑞士各地争取到 141000 个人的签名连署，其中 129000 个是有效签名。

由于资金稀少且没有政党援助，那些发起人根本没有能力在电视、广播节目或报纸上公开宣传。为解决这样的不利处境，他们诉诸某些机智的手法，成功获得非常可观的大众关注，包括来自瑞士与世界各地。其中一项了不起的作为是，在瑞士银行业者拒绝合作的情况下，这场活动还是成功募集到 800 万个金色五分钱硬币——每一个硬币代表一个瑞士居民；活动人员将这些硬币从瑞士国家银行（Swiss National Bank）一路撒到国家议会大厦外，记录下此景象的影片获得广泛的浏览。

另外，他们用一幅创下吉尼斯世界纪录的巨型海报来吸引世人的目光，这份海报几乎覆满了日内瓦最大的广场，海报上以夸张的文字提问："如果有人照顾你的收入，你会做什么?"这张海报的航拍照后来成了这场公投的象征。而在诉求这场公投的各色街头游行队伍中，很多孩子打扮成机器人的模样。活动发起人甚至安排在某一天早晨，利用他们原已非常有限的资金，在苏黎世车站发送 10 瑞士法郎的钞票给往来通勤者，也有效制造了一些新闻。

不过，这些小花招的效果好坏参半。首先，这些花招虽达到了吸引大众目光的主要目标，却也导致竞选活动失焦，因为那些花招似乎暗示基本收入将让人无需工作，也让人以为活动人士相信机器人即将取代人类在各种就业机会上的角色。另外，这些花招也多半聚焦在城市相关的议题，问题是，当初他们在农村的选情处于一边倒的不利状态。

然而，关键的失误并不是出在竞选活动的种种作为。关键的失误在于竞选团队提出的瑞士宪法修正文字中，没有提及基本收入的具体金额；他们原本是打算把这个数字留给议会决定。不过，在竞选活动刚展开时，有两个人写了一本小书，倡议发放每个月 2500 瑞士法郎（大约 1700 英镑或 2500 美元）的基本收入。虽然这个数字并非竞选阵营授权提出，却被公投反对者拿来大做文章，他们宣称竞选阵营打算发放高得不切实际且财政无力负担的基本收入。很快地，国际媒体也开始报道这场公投的目的是要"每个月发给每个瑞士人 2500 瑞士法郎，换算英镑为一年两万英镑以上”。另外，尽管根据公投提案，移民领取基本收入的资格条件限制将由议会决定，但反对阵营却利用恐吓战术，宣称基本收入将导致瑞士的移民暴增。

竞选阵营提议的瑞士宪法修正文字如下：

> 第一一〇条（a）无条件限制之基本收入
>
> 本邦联应确保实施无条件限制之基本收入。
>
> 基本收入应能让全体居民在保有人类尊严的状态下生活，且能参与公共生活。
>
> 法律应特别规范基本收入之财源及基本收入水准之设定。

到最后，接近四分之一（23%）的投票者支持这项创议，投票率为46.4%。虽然这个结果被海外形容为瑞士人彻底拒绝接受以基本收入作为社会政策，但竞选团队的领导人物却认为选举结果代表他们是成功的。事实上，这样的观点合情合理，原因是这个竞选团队已在瑞士各地的媒体、咖啡馆和家庭内部引爆了一场严肃的对话。有更多人了解到基本收入的意义。而且，这一场辩论与公投的结果被报道到世界各地，以瑞士的公投来说这是相当罕见的状况，毕竟公投在瑞士可说是司空见惯。

虽然农村地区只有不到五分之一的投票者支持这项创议，但主要城镇与大城市的状况却全然不同。以日内瓦来说，这个提案获得35%选民的支持，在苏黎世更是获得54%的支持。

在公投结束后一个星期所做的一份意见调查，有三分之二以上的受访者认为这场投票代表与实施基本收入有关的长期对话的开端，连很多投票反对这项创议的人都表示，未来应该重新考虑这个创议。所以，基本收入的中期展望显然比以前改善。诚如早就预见到公投会失败的某个竞选团队领导人物所言："瑞士的辩论就像是某个主要活动的电影预告片，而电影预告片的结语通常是：即将上映，敬请期待……"[2]

现在论断瑞士的公投是个失败（指的是导致这个目标倒退）还是最终实施基本收入的垫脚石，或许有点言之过早。不过，瑞士有句俗话：所有重大改革都不是靠一次公投就能搞定，通常要两次。

UBIE 创议

大约就在瑞士公投竞选活动如火如荼展开且动能逐渐加温之际，一群来自欧洲各地的基本收入热情支持者——其中很多人是 BIEN 的会员——决定发起欧盟的"人民创议"（people's initiative）。2014 年欧洲无条件基本收入运动（Unconditional Basic Income Europe，简称 UBIE）的目的是要在一年内争取到 100 万名欧盟公民的签名连署，一旦成功，欧洲议会就有义务检视在欧盟实施某种基本收入的可行性。

虽然这个活动一样没有资金来源，最初也缺乏有效的组织结构，但最终还是成功动员了数千个来自 27 个欧盟国家的维权主义者，促成几个国家基本收入网络的成立与其他多项成果。最后，这个活动共取得超过 30 万个连署，为下一场活动奠定了一个坚固的基础，估计下一场活动很可能在短期内展开，或许就在 2018 年。

与此同时，UBIE 与 BIEN 目前也正积极提倡年度国际基本收入周（International Basic Income Week）活动，2016 年已是第九届的这项活动，提供了一个和基本收入有关的公开辩论与简报平台，目的是希望为支持者补充能量，并让外界认识并更广泛了解基本收入。

过去的试点计划

我们在第十章检视了发展中国家的现金转移与基本收入试点计划。不过，各工业国家也早已常态实施不同种类的现金转移（包括目标锁定型，如社会救助、退休金，以及全民现金转移，如很多国家实施的儿童补助金），所以，这一节将完全聚焦在北美两个与基本收入具体相关的实验。

在曼尼托巴省多芬镇进行的实验

曼尼托巴省基本年度收入实验（Manitoba Basic Annual Income Experiment，简称 Mincome）和温尼伯市的一项试点计划同时实施，前者尽管其实是一个负所得税计划，而非全面性的基本收入计划，还是基本收入支持者心目中的传奇。这个实验的资金是由联邦与省政府共同负担，于 1975 ~ 1977 年间，在曼尼托巴省的多芬镇（Dauphin，Manitoba）实施，当时的执政党为自由党（Liberals），不过，保守党上台后，并没有等待数据评估结果出炉，就径自暂时中止这项计划。几近四十年后，研究人员在加拿大的国家档案馆里翻出了1800个布满灰尘的硬纸箱，里面装着相关的原始档案，伊芙琳·弗杰特（Evelyn Forget）与其他几个人煞费苦心地将这些资料整理好，并进行了局部分析。[3]

Mincome是某些人所谓“全民普同主义下的目标锁定计划”（targeting within universalism）[4]，因为所有镇民都可选择要不要领取Mincome款项，这项收入是全民且无条件限制的。任何人都能登记参加这个计划，如果登记者的家庭收入基于任何原因低于指定的门槛，他就有资格领取这笔收入。没有劳动收入的人可取得全额保证付款，发放金额仅略低于家庭收入中位数的一半。而有劳动收入的人，每赚一加元的薪资可领取的Mincome金额就降低50分，当薪资达到39000加元（约等于当时的家庭收入中位数）就不能领取Mincome。

有超过二千人——大约是多芬人口的五分之一——在那三年实验中的某个时点领到这项津贴。虽然Mincome的用意是要测试“保证年度收入”会对就业产生什么影响，相关的数据也让研究人员得以观察它对各种福利对策的影响。领取Mincome的家庭在住院治疗、发生意外与受伤（包括家庭暴力所致的伤害）等方面的纪录降低，且严重精神失常的发生率也低于未领取这项津贴的类似家庭。青少年从高中辍学的概率降低，尤其是少男。在此同时，已有全职工作的人的工作时数并没有明显变化，但学生和有幼儿的妈妈从事有薪职务的时数则减少，换言之，这项津贴这让他们得以花更多时间在功课上或照顾小孩。[5]

多芬是 Mincome 实验的“足量供应点”（saturation site），也就是当地所有居民原则上都有资格领取这笔款项，所以当地的状况也适合观察群体效应。继续去上学的少年会选择继续求学，部分要归功于同侪的影响力。领取这项额外收入的家庭的学生原本是最可能中途辍学的群体，但领取这项收入后，他们离开学校去找工作的压力就小了。不过，未领取该项收入的家庭的学生，也比较容易因为领取该收入的家庭的同学继续求学而不中途辍学，这是全民型津贴会产生同侪影响力的例子之一。

此外，Mincome 不像现有的福利计划，一般认为它产生污名化效果的程度没那么高，而且这似乎也影响到人与人之间的社群互动；Mincome 领取人比领取福利的人更能适应社会生活，他们使用时间的方式和其他拥有较高社会经济地位的非参与者的方式类似，所以，比起福利领取人，Mincome 领取人不太会感到困窘，也不至于无法和没有领取 Mincome 或福利的人自在相处。[6]

偶然的试点计划：切罗基印度安人与赌场

1933 年，北卡罗莱纳州杜克大学的研究人员展开“大烟山青少年研究”（The Great Smoky Mountains Study of Youth），这项研究是为了追踪 1420 个低收入家庭学龄孩童的心理健康而设计。研究展开四年后，东切罗基印第安人在他们的保护区内开了一家赌场，部落领袖决定将每年的一半赌场利润平均分配给所有部落成员。在这项研究进行期间，这笔款项大约达到每人每年 4000 美元，这使得家庭收入平均提高近五分之一

（这项统计不包括对孩童的支付，对孩童的支付是直接存到银行，等到他们年满 18 岁再交付）。

这项无条件发放的“基本收入”，事后偶然成为某个独特的纵贯性试点计划（longitudinal pilot）的基础。研究中有大约四分之一的孩童是部落成员，所以，有长达十年的时间，研究人员得以比较那些部落孩童的发展和整个研究中的其他孩童有何不同。最后的结果非常引人注目。基本收入领取家庭的子女（使其他要素不变）在学校的表现较好，而且青少年犯罪案率“戏剧性减少”。他们的行为与情绪失常发生率降低，“认真负责”与“平易近人”评分都上升，而事实也证明，具备这两项特质的人在长期保有特定职务与维护个人关系方面，都有较正面的长期人生结果。[7]“认真负责”是做事有条理、负责任且努力工作的倾向，而“平易近人”是合作且不自私的行为倾向。

孩童似乎也受惠于双亲之间更良性的关系（部分是因为财务压力降低，父母亲为了金钱而争吵的状况也改善），而双亲关系的改善也使亲子关系得以改善，另外，父母亲的毒品与酒精服用量也减少。最令人振奋的是，一开始最受剥夺且最没安全感的孩子们的变化最显而易见。总之，基本收入让最需要它的人获得最多帮助。

纳米比亚与印度的试点计划

诚如上一章讨论的，纳米比亚与印度的基本收入试点计划提供了一套令人信服的记录。虽然将随机对照实验奉为圭臬的纯粹主义者可能不见得满意相关的方法论，但这些试点计划结合了量化与质化的数据，让人得以更充分解读向全体社群发放某种基本收入的影响。另外，这些试点计划的设计和“正牌”的基本收入非常接近，而且就短期试点计划来说，它们的设计非常可行。发放的款项相当基本，且每个月对每一个个人无条件发放现金。所以，这些试点计划不仅让人得以观察到个人、家庭所受到的影响，还能感受到群体效应。

目前进行中与计划要推行的试点计划

各方的一系列宣示让2017年仿佛成了“试点计划年”，这个现象最初在基本收入支持者之间制造了某种陶醉感。然而不久后，陶醉便转为失望。因为在别有用心的动机影响下，胆怯与便宜行事的态度开始占上风。试点计划的目标理当是要厘清基本收入是否会产生倡议者所宣称的那些效果，包括改善贫富分配不均与经济不安全感，以及促进个人自由与社群凝聚力等，这代表试点计划必须实验真正的基本收入原则，包括全民、无条件限制、定期发放给社群每一个个人。遗憾的是，基于各种不同原因，多数预定推行的基本收入试点计划并不是采用这样的设计。以下是2017年年初时的发展情况。

芬兰国家保险局的试点计划

2015年，刚当选的芬兰总理尤哈·席比拉（Juha Sipilä）宣布，将在所谓的“实验治理”（experimental governance）中实行一项基本收入试点计划。他分配两千万欧元的专款供这项专案使用。2016年3月，负责这项试点计划的国家保险局

KELA 将它的目标归纳如下：

> 这个基本收入实验是考虑到工作生活的变迁而针对芬兰社会保障制度改革所设计的对策之一，目的是要让更多人愿意参与诱因式的社会保障、降低官僚编制，同时简化目前的繁复津贴制度，以追求更有持续性的整体政府财政未来。

在这个试点计划的设计定案前，KELA 发表了一篇涵盖各种不同选项的评论报告，并归纳出该试点计划在 2017 ~ 2018 年实施前必须克服的立法与法律挑战。[8] 这些挑战包括芬兰宪法与欧盟法律中禁止群体福利分配差别待遇的规定。

他们很快就排除全面性基本收入试点计划，理由是成本过高。取而代之地，2017 年 1 月开始，它对一个由两千名登记失业、年龄介于 25 ~ 58 岁，且领取 KELA 失业相关津贴的人组成的随机样本，发放每人每月 560 欧元（约 620 美元）的免税收入。除了这 560 欧元，他们将可以继续领取现有的所有津贴，例如住宅补助金等，这是为了确保这些人的财务不会比领取基本收入以前差。被选上的参与者被强制参加实验，而研究人员会在两年的实验后，比较这个群体和另外随机选择的两千名失业人士的行为决策与事后发展。

和失业津贴相反的是，就算失业者在这两年实验期间找到工作，这笔基本收入也不会被取消。不过，这个实验目前设计的目的本质上只是要测试无条件支付对就业诱因的影响。所以，社会事务与健康部（Ministry of Social Affairs and Health）才会声明："这个基本收入实验的主要目标和促进就业有关。"[9] 拟定这项计划的 KELA 工作团队领导人也向媒体表示："它将鼓励担心失去失业津贴或其他津贴的人接受一些短期的就业机会。"

这种形式的支付将变成某种具累退税效果的工资补贴金。领取这笔款项并找到工作的人，财务状况不仅会比继续失业的人好，也会比做相同工作的人好。而若领取人因领取这项基本收入而打算接受较低的工资，或许还会产生取代效果，换言之，他们会取代目前在做这些工作的人，或导致那些人承受工资降低的压力。

就政治可行性来说，当局其实可以推行更有野心的计划，因为根据芬兰的民意调查，有接近 70% 的芬兰人支持基本收入的概念，而且支持比原先设定金额更高的基本收入。根据这个试点计划的推算，如果对所有人口发放基本收入，总金额比现有的政府社会津贴支出还低，这凸显出财政当局有多么畏首畏尾。根据非常粗略的推算，就算每个月发给每个芬兰人 560 欧元，一年的成本也大约只要 360 亿欧元，而芬兰政府目前光是花在现金津贴的资金，就要大约 420 亿欧元。

基本收入不是（也不该是）社会工程（social engineering，意指国家几乎明目张胆地意图引诱人民做出国家认为理所应该的行为）的一种手段。如果基本收入试点计划的既定目标是要诱使失业者接受低薪的短期工作，而相关的支付实际上并没有促使更多失业者接受那类工作，那么"基本收入"会不会被判定“失败”?

基本收入倡议者真心的愿望之一是：人们能因领取基本收入而更能掌控自己的时间，并依循每个人自身的意愿，选择是否转向非“劳动”的“工作”——那或许包括无薪的照护工作、社区义工、重新接受训练或教育等。我们无法用上述试点计划提议来评估这些宝贵的可能结果。然而，值得一提的是，芬兰政府为这个实验而提拨的多数资金都被保留下来，供将在2018年展开的一个试点计划使用，可喜的是，这个计划更有内容且可能更符合基本收入原则。

荷兰的自治市

2016年，世界各地对推行基本收入试点计划的兴趣愈来愈高昂，以荷兰来说，很多自治市寻求利用一项刚颁布的法律来争取利益，这项新法律让地方主管机关有机会实验创新的社会政策。这项2015年的《参与法案》（*Participation Act*）提高了领取福利援助金的劳动福利条件门槛，它要求领取人必须去应征（并接受）工作、登记加入“返回工作职场”计划，并从事义务性的“自愿”工作。这项法案也赋予管理社会救助的地方议会设定其具体条件限制（例如从事志工或照护工作以换取津贴）的权利，同时也允许地方议会进行实验。

到2016年下半年，许多荷兰自治市——以乌得勒支（Utrecht）、格罗宁根（Groningen）、蒂尔堡（Tilburg）和瓦赫宁恩（Wageningen）等为首——都拟定了各种形式的基本收入实验计划。然而，最大的挑战在于如何取得中央政府的许可，毕竟右翼的自由民主人民党（People's Party for Freedom and Democracy，简称 VVD，为联合政府的元老级成员）过去一向对基本收入的概念敬谢不敏。2016 年 9 月，政府表示最多共只会允许二十五个自治市——共 22000 个福利申领人——从 2017 年 1 月起展开试点计划。另外，它还针对这些两年期试点计划的实施方式，设定非常严格的条件限制。这导致很多原本相当热情的地方主管机关纷纷打退堂鼓。所以，到 2017 年年初，只有八个自治市还在规划试点计划，其他自治市则在等待 2017 年 3 月的大选结果出炉。

最初，这些试点计划的支持者是希望观察一旦通过支付无条件限制的津贴，让领取人能在不受惩罚的情况下获得额外的收入，使行为限制条件取消且贫困陷阱移除后，将会出现什么状况。他们的主要假设是，针对领取津贴的资格权利而设定的"劳动福利"条件，以及针对未能达到条件限制的案例实施惩罚等都是不必要的，因为那都是破坏个人自由的作为，而且会衍生不安全感与恶意。一般来说，人都想借由赚取收入的方式来改善自己的生活，但又不希望是被迫的。

然而，预定在 2017 年实施的试点计划，却不会实验任何和基本收入相近的内容。中央政府并没有放手让地方主管机关进行实验，而是决定强制采用它本身的设计，这个设计大致上是依循原本为乌得勒支拟定的一个繁复提案——也就是所谓的"Weten Wat Werkt"（知道什么才是行得通的）。[10]这个提案将未来领取人样本分成六个群组，目的是要测试不同程度的条件限制对接受工作机会与退出福利名单的诱因的影响。

第一个群组将领到正常的津贴（即单身者973欧元，夫妻为1390欧元），就算领取人不寻找就业机会，也不会遭到正式惩罚。第二个群组将受制于额外的义务与检核，目的是要“让他们重新融入劳动市场”。第三个群组获准将薪资超过福利收入的部分保留一半下来，单身者最多一个月可保留199欧元，已婚者的夫妻则各保留142欧元。第四个群组是前述三组的某种混合体，而最后两个群组是对照组，其中一个群组住在自治市，另一组不是，他们还是沿用现有的福利体制。计划的参与采取自愿制，不过一旦参加便不能退出。

即使是以这个提案自身的条件来说，光是它的繁复内容，就已对评估作业构成极端严峻的挑战。更糟的是，荷兰政府还进一步破坏这些实验的价值，因为它规定该自治市必须在实验展开六个月后，检核第一组的人是否自愿努力寻找就业机会。如果官僚们研判某人不够努力找工作，那个人就会被排除在实验以外，并恢复适用一般的“劳动福利”条件限制。所以，惩罚不仅没有取消，还成为一个很大的威胁。可以想见，这个大杂烩般的设计引来非常多的批评。格罗宁根、蒂尔堡、乌得勒支和瓦赫宁恩等地四所合作大学的社会科学家写信给荷兰议会，表达他们根本无法进行任何科学评估，诚如卢德·马菲尔斯（Ruud Muffels）教授指出的：

> 被深入研究的是惩罚的效果，我实在不知道你们想要找出什么种类的资讯。另外，试点计划结果的解读也将会非常复杂。如果自由会衍生后果——参与者可能因为他不

“够积极”寻找有薪就业机会而在一年后被禁止参与实验，这种形式的研究方法根本就不能试验。[11]

另一个批判者也哀叹：

我们想要一个建立在信任而非镇压之上的单纯试点计划。我们想要让津贴的申领人拥有更多自由、更多选择、更大的购买力。现在这套规定非常复杂，状况令人迷惑，导致我们难以形成相关的实验，更难以了解最后的结果。

所以说，荷兰的几个实验既不是基本收入计划，更和自由价值观矛盾，那些实验比较像社会工程领域的某种温和专制主义演习。此外，相关的限制导致原本兴致勃勃的多数地方主管机关打消参与念头或暂停参与。一个主要的难处是，这项试点计划要求某个被实验的群组遵守比现有制度更严厉的就业相关条件限制，这样的规定容易导致人们不愿参与，因为没有人能事先知道自己将被分配到哪一个群组。

加拿大安大略省

长期以来，加拿大似乎很可能成为第一个实施基本收入的国家。早在1971年，参议院的一个委员会就建议通过负所得税的方式，实施“保证最低收入”（guaranteed minimum income），1985年，一个皇家委员会（即麦克唐纳委员会〔Macdonald Commission〕）也提出同样的建议。2015～2016年间，几个加拿大省份的政治人物暗示他们有意愿支持基本收入实验，包括艾伯塔省（Alberta）、不列颠哥伦比亚省（British Columbia）、爱德华王子岛（Prince Edward Island）与魁北克省。2016 年赢得大选的自由党也在它后续的一场政党大会中通过一项动议，支持“最低保证收入”（minimum guaranteed income）。

安大略省的进度是最快的，省政府已专案提拨大约 2500 万加元，计划打造一个为期三年的基本收入试点专案，该省政府表示，这个专案的目标是要“测试‘基本收入有助于更有效率实现收入援助目标，同时改善安大略人的健康、就业与住宅成果’这个愈来愈普遍的观点”。长期以来倡议基本收入不遗余力的前保守党参议员休·席格尔（Hugh Segal）获邀研拟一份探讨各种选项的审议报告[12]，这份报告后来被作为 2016 年年底一份政府咨询文件的基础。[13]某种形态的试点计划预期将在 2017 年年中开始实施。

诚如席格尔在他的报告中承认的，如果是想要借由这次试验来厘清怎样的基本收入计划才是适当的，那么，这个试点计划不可能满足那个目标的所有条件，不过，这个计划看起来比荷兰与芬兰的实验更大有可为。这个实验的主要目的是要测试各种不同版本的基本收入，而前述咨询文件已建议了三种设计：一个以取代目前根据安大略省劳动计划（Ontario Works）与安大略省伤残援助计划（Ontario Disability Support Program）而实施的主要社会津贴为目的的基本收入；一种作为负所得税的基本收入；以及一种对工作年龄（18～64 岁）的个人发放且对额外薪资设限的基本收入。此外，政府希望测试两种津贴水准，并对所有薪资收入应用两种退税率。所有评估都会以一个随机对照实验与三个“足量供应点”研究为依据，以便测试基本收入对社区层次的影响。

如果这个试点计划采纳以上所有原则，显然就有过度复杂的风险，尤其它和更早之前的 Mincome 实验类似，将只会让收入低于某个水准的人获得增额收入。此外，限定只有达到工作年龄的成年人才拥有领取资格的规定，将导致两个最没有收入的群体被排除在外——老年人和孩童，这是非常重大的缺点，毕竟每五名加拿大孩童中，就有一人生活在贫困状态，这个比率是 OECD 国家最高的。另外，根据限制，居住至少一年者才算是合格的领取人，但以试点计划来说，这项限制还算合理。

虽然有上述缺点，但到目前为止，在有意于 2017 年实施的试点计划中，安大略省的基本收入试点计划是看起来最大有可为的一个。该试点计划没有行为条件限制，而且基本收入将发放给个人（虽然还不知道这笔基本收入是会一一发给每一个个人，还是根据家庭人数计算并一起发放），并对伤残与被指名的照料者发放增额收入。席格尔建议采用每人每月 1320 加元的收入保证，那个金额大约是该省贫困线的 75%，另外，它还增额发放 500 加元给伤残者，预定最少发放三年。

加州的 Y Combinator 计划

2016 年，新创企业孵化器 Y Combinator 宣布要在加州的奥克兰实施一个小规模的基本收入试点计划，它提拨了两千万美元，另外可能还有其他捐助者会共襄盛举，为这笔基金添加更多活水。2016 年 9 月，它先展开一项“先导试点计划”，用以测试后勤业务与研究设计，另外，一个为期 3 ~ 4 年的试点计划将在 2017 年年中展开。[14]

年轻创业投资家山姆·阿特曼是 Y Combinator 的总裁，他说，由于人工智能有可能消灭传统的就业机会，并使贫富差距的程度恶化，所以，他想赞助一笔基金来研究基本收入的可行性。他主要并不是想研究基本收入对就业的影响，因为他本来就假设未来的就业机会不多。相对地，他想要厘清一般人在基本需求受到充分照料的情况下会选择做些什么事。“一般人会成天坐着玩电子游戏吗？还是会去创造新事务？……当一般人不再害怕没有能力糊口时，他们会实现更大的成就并让整个社会获得更多利益吗？”[15]

在撰写本书之际，这个专案的设计与计划发放的基本收入金额还有待精密设定。最初的概念是要为奥克兰当地一百个随机被选中的贫困区家庭提供为期五年的无条件基本收入。不过，以这些前提为基础的试点计划，将无法展现出潜在的群体效应。所以，后来专案团队决定改行两个社区型试点计划，根据这两个计划，每一个成年人都会领到为期 2 ~ 3 年的基本收入，这样的设计就比较像正规的基本收入试验。

另一个棘手的问题是：这个试点计划的基本收入金额应该设在什么水准？如果发放金额远高于全州或全国等普及型计划可能会发放的水准，一般人就会认为基本收入在财政上行不通。相对地，发放金额即使较低，一样可能产生显著的正面影响，而且不会被视为不切实际的空想。虽然该专案团队决定在试点计划实施期间不对外公开，我们未来在解读这个可能有效且有用的实验的最终结果时，还是必须牢记这些要素。

肯尼亚的“直接给”（GiveDirectly）实验

加州群众集资慈善机构 GiveDirectly 因它在东非进行的多项活动广为人知，例如在当地为低收入者提供大额的一次性资助或逐月的无条件现金转移。它采用随机对照试验方法论来评估这些活动的成果，最后发现了和其他现金转移研究类似的结果：领取人表示自己的生活水准提高、投资较多生财资产、粮食安全改善，“心理安康”也获得改善。[16]人们变得比较快乐，对生活比较满意，压力减轻，也较不沮丧。

2017 年初，GiveDirectly 决定动用 3000 万美元来推行它号称的“史上最大基本收入实验”。它将沿用 RCT 方法论，将肯尼亚两个郡的村庄分成三个群组：有 40 个村庄的所有成年居民会在为期 12 年间，每个月领到一笔基本收入；80 个村庄的所有成年居民会在两年期间内，每个月领到和上一组相同金额的基本收入；另外 80 个村庄的所有成年居民会一次领到一整笔相当于两年期基本收入的金额。总体来说，大约有 26000 人将领到一天大约价值 75 美元的现金转移。另外，他们也将从代表对照组的一百个类似村庄收集数据。

GiveDirectly 声明它的主要目标是要消灭“极端贫困”，这是一个值得追求的目标，但并非实施基本收入制度的主要理由。在本书撰写之际，计划要测试的几个假设尚未定案，不过，这项研究计划还有其他目标，其中之一是要检视长期的基本收入对风险承担（如开创新事业）的影响，另一个则是要观察基本收入对整个村庄的经济影响。

由于这几个预定实施的实验规模非常大，所以可能会扭曲实验地区的社会与经济背景，并进而产生反效果。目前这项专案已遭遇到一个问题：某个郡的参与率过低，当地的居民拒绝这种没有附带条件的援助，他们认为这种天上掉下来的好处一定和异端邪说或邪恶崇拜有关。尽管如此，这项实验和欧洲方面倡议的几个试点计划不同，它将能借由对社区内所有个人发放无条件全民基本收入的方式，来测试“正牌”基本收入的成效。所以，我们必须期待相关研究人员（其顾问是由美国信誉卓著大学的知名经济学家担任）能真正对症下药，找出关键的答案。

此外，另一个设于比利时的群众集资慈善机构 Eight，也即将在 2017 年 1 月于乌干达展开一个小型的基本收入试点计划。这个计划将对波尔托堡（Fort Portal）一个村庄的所有居民发放一个月大约 18 美元（孩童发放 9 美元）的无条件现金转移，为期两年，当地大约有五十个家户。计划实施者将就最后的结果和一份事先完成的背景调查进行比较。Eight（取这个名称，是因为每周 8 欧元就能为乌干达的一个成年人和两名孩童提供基本收入）表示，它将观察基本收入对女孩与妇女的教育参与率、居民获得医疗照护的状况、参与民主机构以及地方经济发展等的影响。它还希望后续能将之扩大实施到更多村庄。

非营利组织 Cashrelief 也计划在印度进行一个类似的实验，它希望能对某个贫困村的所有居民发放为期两年的基本收入。它将监控这个实验对领取人的收入、资产和健康及教育支出的影响，同时也将观察是否产生群体效应。

2008~2014 年间，巴西本地一家非营利机构 ReCivitas 协会，便每个月对圣保罗州（São Paulo state）的小型贫困村瓜丁加维荷（Quatinga Velho）的一百个居民发放大约 9 美元的基本收入，相关的财源是由民间捐助人提供。2016 年 1 月，它发起另一个以捐赠基金支应的基本收入启动专案（Basic Income Startup），该专案将对个人发放一笔“终身”基本收入，而且只要捐款每增加一千美元，就会额外发给另一个人这项终身基本收入。ReCivitas 期待这个概念能被复制到巴西其他地方乃至世界各地。[17]

虽然瓜丁加维荷村显然受惠于这项基本收入，但严格来说，这项实验并非一个试点计划，因为该协会并不打算进行任何事后评估。发起人表示，他们早已相信基本收入的效用，所以实施重于一切。在时任参议员的爱德华多·苏普利席（Eduardo Suplicy）等人不屈不挠的游说下，巴西总统卢拉（Lula）终于在 2004 年签署了一项承诺巴西将导入基本收入的法律。

群众募资型基本收入

近年来各方发起多项群众募资计划，默默地为某些经过挑选的个人提供基本收入，作为某种形式的示范。德国的“我的基本收入”（Mein Grundeinkommen）专案在2014年成立，它以抽签的方式，无条件对超过五十个人发放12000欧元，供其一年间花用；以荷兰来说，经济与社区创新协会（Society for Innovations in Economics and Community，简称MIES）在2015年基于某个男人在社区从事的无薪工作——一项被称为花园城市（Garden City）的著名自治农业专案，而对他发放它的第一笔基本收入。除了从事广告文案工作相关的收入，这个男人还领到约一千美元。有人问他拿到这笔基本收入后买的第一样东西是什么，他回答：“我买了时间。”

在美国，基本收入倡议者斯科特·桑坦斯（Scott Santens）通过群众募资平台Patreon取得了他自己的基本收入，这个平台的目标是一些艺术家、音乐家、博客作者、摄影师与其他创作者，它共吸引到143个出资者，包括创投资本家、脸书工程师和女权主义活动家等。桑坦斯每个月可领到一千美元的基本收入，这让他得以成为为所有人争取基本收入的全职维权主义者和工作者。

另一个和基本收入有关的创议是大硬币基金会（Grantcoin Foundation）的数字货币补助金。2016年，有数百个来自七十个国家的申请人领到可通过电子模式交易的补助金，虽然目前为止金额还算是微不足道。那种加密货币（cryptocurrency）计划还处于非常初期阶段，所以要评断这些计划是否可作为次级基本收入计划的主角，实言之过早。不过，我们应该密切观察这类计划的发展。

其他各地的状况

2016年年底，有几个国家的政党与运动也提议实施基本收入试点计划。以英国来说，杰里米·柯宾（Jeremy Corbyn）连任工党党魁后，影子财政大臣（Shadow Chancellor of the Exchequer）约翰·麦克唐纳（John McDonnel）在2016年的政党大会中，宣布工党将考虑在2020年大选的宣言中倡议基本收入，第一步将是先提出一份试点计划提案。在苏格兰，执政的苏格兰民族党（National Party）通过一项支持基本收入的动议，法夫（Fife）和格拉斯哥（Glasgow）的参议员也在讨论是否推行地方试点计划。

在新西兰，在野党工党也表态支持基本收入试点计划；在美国，哥伦比亚特区的市议会已通过一项呼吁在华盛顿哥伦比亚特区实施试点计划的动议，而旧金山目前也在研究一项试点计划，倡议者还组成一个政治行动委员会——基本收入国民运动（National Campaign for Basic Income），以支持地方、州和全国层级的创议。2016年12月时，一群美国企业家、学术界人士、维权主义者等共同发起了经济安全感专案（Economic Security Project），宣示要达成“将概念性讨论转化为实质行动”的目标；在中国台湾，新政党台湾共和党（Taiwan Republican Party）正努力提倡基本收入；而在韩国，几个显赫的自由派政治人物，包括总统候选人暨城南市市长李在明（Lee Jae-myung）都支持基本收入。

在冰岛，近来突然崛起的海盗党（Pirate Party，该党在2016年10月的大选获得第三高票）基于现有制度下的严重贫困陷阱而支持举办试点计划；德国海盗党（Pirate Party，在2013年联邦选举中获得2%的选票）虽属边缘政党，它也支持基本收入，而新政党基本收入联盟（Bündnis Grundeinkommen）也在2016年9月成立，它的唯一目标就是导入无条件基本收入。

瑞士洛桑市在2016年4月通过一项要求议会实施某基本收入试点计划的动议，在法国，参议院建议进行试验，而且目前也有人推动在阿基坦区（Aquitaine region）进行一项基本收入实验。

2016年年底，由反体制的五星运动（Five Star Movement）执政的意大利港口城市利沃诺（Livorno），展开了一个小规模基本收入实验，这项实验每个月无条件发放500欧元给该市最贫困的一百个家庭，它还计划在2017年扩大至更多家庭。据报道，另外两个由五星运动执政的城市西西里的拉古萨（Ragusa in Sicily）与那不勒斯（Naples）也正考虑实施类似的计划。

试点计划结束后又该怎么做?

基本收入试点计划主要是要测试有关基本收入之行为影响的种种说法，以及驳斥这些说法的主张，并协助将基本收入合法化为一项可行的政策。不过，就定义来说，试点计划只是一种短期的变革，而这引发两个疑问：如果实施一个长期的“永久性”变革计划，它产生的影响会不会和短期试点计划的影响不同？试点计划结束后，它的影响会不会逐渐消失或甚至被逆转？

目前可解答上述疑问的实验性文件相对稀少，何况若投注资源来追踪这些研究，最后反而可能会导致理想的变革行动遭到延宕。尽管如此，还是有某些暂时性的证据显示，即使是短期性的基本收入试点计划，都可能在计划结束后产生延续性的影响。相关的延续影响包括：打破禁忌——一旦禁忌被打破就不容易恢复；让某些人得以摆脱财务钳制，例如处于被债务奴役或受虐关系的人；让某些人有勇气承担经济或社会风险，并鼓励他们勇往直前。

以第十章提到的印度试点计划来说，试点计划结束后六个月所做的一份“延续影响调查”发现，某些变化还是继续发酵，最值得一提的是这个计划在解放年轻女性方面的影响。也有几个现金转移计划发现，正面的经济效应事后仍有延续，部分是因为一般人利用这些转移支付来购买工具和设备或家畜，以增加赚钱的机会，但也因为这些计划让人们愿意开放心胸，对未来怀抱期望，并接受新的可能性。[18]斯里兰卡的一份研究发现，在接受转移支付五年后，男性的年度收入增加 64% 至 94% 。[19]另一个针对乌干达试点计划所做的调查发现，领取一次性补助金四年后，领取补助金的青年的平均收入比未领取者高 41% 。[20]

这个现象激发了一个想法：如果短期试点计划真的能产生正面的效应，而且如果有充分理由相信即使只领取 18 个月的基本收入，也能产生延续性的效应，那何不在各地轮流施行一系列的本地计划？也就是说，在一至两个区域实施基本收入后，接着转移到其他随机挑选的区域实施，依此类推，直到整个国家的每个地区都实施过基本收入为止。无疑地，某些政治人物会对这样的计划抱持犹豫态度，但至少就财政考量来说，这个方法比较容易落实。

并非每一份研究都显示基本收入停止发放后，还会继续呈现有利的发展。只不过，在评估长期的结果时，还是必须将转移金额和发放期间的长短列入考量。某些批评者辩称，短期的现金转移试点计划并未达到它宣称的“打破代际贫困循环”的目标。但这样的评估目标未免也太高、太难实现了。

结论

试点计划无法测试与评估推行基本收入的根本正当理由——社会正义、自由和经济安全感——正因如此，某些基本收入支持者认为试点计划是浪费时间和金钱。毕竟我们不能以可观察行为（observable behaviours）的经验性试验（empirical test）来厘清基本收入是否应实施。因为如果我们将基本收入视为一种权利，那么，质疑它是否能“产生效用”，就毫无意义可言，这和质疑奴隶制度是否应该废除一样没意义。尽管如此，设计良善的试点计划还是能达到以下几个有用的目的：评估与基本收入有关的各种主张和批评、争取政界的接受度，以及找出实施基本收入后可能衍生的潜在问题等。

就理想状态来说，基本收入试点计划应该由州或地方政府执行，且应该以货币的形式支付，不应该由慈善团体或以人民不熟悉且不合法的通货发放，因为那种通货和现实状况格格不入。然而，尽管试点计划受到重重限制，但目前为止已完成的试点计划证明，基本收入在许多方面都会衍生正面的效应。只要不把试点计划用来作为政治不作为的借口，那么，试点计划就应该是一股良性动力，至少我们可以通过试点计划看出哪些干预行动能让基本收入获得最成功的结果。目前真正的挑战还是在于政治决心是否足够。

在基本收入试点计划的这个易变阶段，最大的危险或许在于试点计划有可能会演变成社会工程，被用来测试某些源自于行为经济学的道德可疑战术（morally dubious tactics）。一旦将试点计划的目标设定为测试“工作诱因”，而且还对它设下各式各样的条件限制，那么“基本收入”一词就可能成为被用来包装某种劳动福利计划的华丽外衣。

所有“基本收入”实验都必须和基本收入的严格意义一致，才能达到正确试验的目的；基本收入的支付必须是全民、无条件且对个人发放的（见附录）。一开始就被用来作为某种诱因的计划，很可能被轻易降格为一个隐含各式各样惩罚与权利剥夺工具的计划。相似地，抽签和群众募资计划有可能引来旁人的嫉妒和怨恨，最后导致外界被转移焦点，不再关注堪称基本收入主要特点的群体效应。

实施试点计划的动机应该是要强化自由、社会正义和经济安全感，而若要测试行为层面，可能需要进行其他干预。如果一个试点计划在自由方面让步，而且侵犯到社会正义与经济安全感原则，就应该拒绝实施。

第十二章

CHAPTER XII

政治挑战——如何从这里到那里

“我们的基本功能是要发展现有政策的各种替代方案，接着保持那些方案的活力和有效性，直到政治不可能变成政治必然为止。”

——米尔顿·弗里德曼

富兰克林·罗斯福总统（President Franklin D. Roosevelt）有一个为人津津乐道的故事。有一次，一个州议会代表团带着一份政策提案到白宫谒见罗斯福总统。他听完简报后说：“好，我已经被你们说服。现在你们可以回去开始施压，敦促我实施这个政策。”如果没有长期不断的政治压力，根本的社会变迁鲜少会发生。在众多政治人物当中，有智慧的领袖少之又少，政策领袖也不多，只不过，他们总是会等到某些政策开始运行后，再用尽全力将一切功劳归给自己。总之，政治人物当中鲜少人有勇气出面带头。

压力至关重要。20 世纪 70 年代初期，美国错失了一个促进基本收入的大好机会，而那次事件的一个教诲是——大众的压力在某个关键时刻爆发，促使民主党内较保守的势力得以扼杀那个创议。

如今实施基本收入制度的主要障碍和政治考量有关，而非经济或哲学考量。然而，这样的状况正快速改变。很多新政党已将基本收入列入它们的宣言，某些历史悠久的政党也纷纷努力将基本收入纳入其政党平台，或者承诺将实施试点计划。这些政党包括英国与新西兰的工党、苏格兰的民族党，多数国家（包括英国、加拿大、捷克共和国、芬兰、爱尔兰、日本、荷兰、挪威和美国）的绿党，以及各国的海盗党，其中最值得一提的是冰岛的海盗党。

以英国来说，保守党对此还是显得兴趣缺乏，工党领袖杰里米·柯宾和工党的影子财政部长约翰·麦克唐纳则支持试行这个概念，而柯宾之前的工党主席艾德·米利班德（Ed Miliband）亦然；加拿大执政党自由党已将基本收入纳入其政策平台，还有几个省的省长挺身支持基本收入；诚如先前提到的，芬兰总理已专案提拨一笔资金作为试点计划的财源，在法国，资深政治人物的言谈之间也支持基本收入，包括前总理曼努埃尔·瓦尔斯（Manuel Valls），另外，社会主义党也推选了基本收入倡议者贝诺瓦·阿蒙（Benoît Hamon）担任该党在2017年4月总统大选中的总统候选人；西班牙的“我们可以党”（Podemos）的某些派系要求必须实施基本收入；另外，丹麦的另选党（Alternativet）与波兰的协力党（Razem）亦然。总之，各地人民组成了代表危产阶级的新政党。这一切反映出一种认同基本收入合法性的全新意念，因此，我们不能再将基本收入视为与世俗格格不入的乌托邦思想。

与此同时，随着政治对话变得愈来愈开放，多项意见调查显示有愈来愈多人知道基本收入的意义。2016 年，位于柏林的达利亚研究公司（Dalia Research）所进行的一份跨欧盟意见调查发现，有超过三分之二的受访者支持基本收入，只有 24% 的受访者反对，剩下的则不置可否。

最重要的是，各种主张实施基本收入的提案开始被纳入政治议程，因为其他理当能提供社会保障的政策几经试验后，多半因其各自的问题而失败，而且迟迟无法解决愈来愈严重的贫富差距及经济不安全感等问题。非但如此，这些政策还涉及愈来愈卑鄙的政府干预，一如各式各样电视节目与肯·洛奇（Ken Loach）执导的《我是布莱克》（*I，Daniel Blake*）等惊悚电影所揭露的状况。财力调查、惩罚、将弱势者妖魔化为“懒虫”（或更难听的字眼）等社会保障政策并没有成功，相反地，那种政策让所有人蒙羞。

当初提倡这类偏执政策的政党多半对基本收入抱持防备态度，不过，由于他们提出的政策处方不断失败，而且充其量只能解决 20 世纪的问题，完全无法应对 21 世纪的新挑战，所以，他们最后当然也落得名誉扫地，不再受信任。

他们可以用愈来愈严格的惩罚、不走合法诉讼程序、“轻推”政策以及劳动福利计划等来逃避他们应负的政治使命，因为以前在绝大多数人眼中，只有极少数的“其他人”是这类计划锁定的救助目标。不过，当那极少数“其他人”成为一大群人——换言之，有更多人靠近那个群体的标准或快变得和他们一样，救助政策的不足与不公平就变得一览无遗。

因此，随着捍卫现有政策的力量和这些政策所展现出来的趋势，因负面证据与事态的累积而逐渐式微，基本收入概念的合法性可能比以前任何时刻都更强大。这是进步的两项必要条件，不过，只有这两个条件并不保证必然能实现进步。

转型障碍

"如果我要到那里，我不会从这里开始。"

——爱尔兰笑话

要迈向以基本收入作为收入分配新制度支柱的未来，必须先找到一个方法解决现有制度过于错综复杂的问题（过去一个多世纪以来，这个制度的结果显得特别徒劳无功）。举个例子，美国政府共管理一百二十六个联邦福利计划，而这些计划对于资格权利、条件限制、发放期间或撤销规定等，都没有通用的规定，另外，美国的五十个州还各自有额外的计划。而以英国来说，苏格兰民族党议员罗尼·考恩（Ronnie Cowan）在2016年9月一场有关基本收入的下议院辩论中，贴切形容了现有制度：

> 如果有人给我们每人一张纸，要求每个人设计一套福利制度，没有人——真的是没有人——会设计出我们现行的制度。现有的那些制度需要成千上万张纸才设计得出来，而且最后的结果将会成为一盘由众多堕落专案、执行成效不彰且不认真的概念，以及极端复杂的制度所组成的

大杂烩，最后导致最需要它的人大失所望。[1]

要解决这个乱象，需要一个积极追求可持续性策略、能承受必然挫折且政治决心坚强的政府。时运不济的英国前就业及退休保障部部长伊恩·邓肯·史密斯（Iain Duncan Smith）尝试将多项财力调查津贴简化并合并为单一全民福利救济金的过程中所遭遇的阵痛，或许可作为某种殷鉴，供世人了解怎样推动基本收入才是最好（或最不好）的。

尤金·德·威斯佩拉尔（Jurgen De Wispelaere）与乔什·安东尼奥·诺古尔拉（José Antonio Noguera）将相关的政治障碍区分成三个重叠的挑战，这样的分析很有帮助。[2] 首先是取得政治可行性的挑战。一定要建立支持基本收入的政治联盟，而且这些联盟的势力必须非常强大，不能只是基于一时权宜的心态而组成的乌合之众。支持基本收入的人必须将基本收入纳为自身意识形态或策略议程中的一环，而政治联盟的成员必须拥有参与可持续性政治运动的能量，有时甚至得暂时放下彼此对基本收入的分歧，如对设计特色或分阶段改革时间表等方面。我们建议自由至上主义者和进步主义者——或说平等主义者——在面对基本收入议题时，都应该强调彼此都支持的概念，同时设法淡化双方的分歧。

第二个挑战是阐述制度可行性的挑战。如果一般认为实施基本收入有造成行政混乱的风险，不想走出舒适圈的官僚有可能利用这一点大做文章，让整个改革失去合法性。所以，改革者一定要设法防止那种情况发生。

第三个挑战是实现心理可行性的挑战。政策制定者必须取得广泛大众对基本收入的社会接受度，或者至少要让大众有意愿公平试验这种改革。这势必代表政策当局必须展开一场有智慧的游说活动，解释相关改革的价值与其原则。改革者必须能够先排除反对者势必将针对缺乏“互惠”、财政负担能力、诱发懒惰、“不劳而获”以及发钱给没资格领取或不贫穷的人等问题而提出的嘲弄。

就这个方面来说，最重要的是改革者必须勇敢正视以下问题：一般公民的税赋可能因基本收入的发放而加重，换言之，一般人将因帮某些依赖他们维生的人买单而被牺牲。右翼媒体可能会刊登穷人因基本收入而恣意享受生活的报道，并进而将那类报道用来作为“基本收入鼓励穷人利用‘纳税人’血汗钱从事放荡行为”的证据。悲哀的是，统计证据将不足以抑制那种偏激报章杂志的行为。我们可以在势必会发生那类偶发事件的学习过程中，纳入某种先发制人的策略，借以防杜那种情况。不过，更好的做法是说明基本收入的财源来自“资本”或各种形式的租金，而非增税，因为这么一来，媒体就无法将基本收入污名化为政府为了帮某甲买单而对某乙课税的政策。

这些挑战透露了一件事：将基本收入打造为某种社会红利与争取社会正义、自由与基本安全感的较好工具（而非解决贫困问题的工具），在政治上会比较站得住脚。另外，我们可以用另一个修辞学上的正当理由来支持基本收入：它是应对科技进展对职业与就业市场的潜在大规模破坏的策略性防范准备（strategic preparedness）；这种策略性准备和军事防御政策、灾难防范准备以及减缓气候变迁的对策等类似。历史上充斥着政治人物反应过慢的案例，而这是提早采取合理行动的好机会。

大众的压力

若要引领政治辩论向前推进，也必须辨识出哪些群体最可能支持基本收入，哪些又最可能反对。当局必须说服前者将基本收入列为其大众运动的优先事项，并说服他们与其他支持者合作。当今这些支持群体包括代表伤残者、性别平权主义者、游民、各种生态利害团体的非政府组织、某些工会、学生与青年、艺术家甚至医疗机构。

反对者包括很多社会民主主义者、改革社会主义者以及传统的工会主义者，他们到现在还是相信，若要创造更好的社会，就必须让每个人都拥有一个全职的工作。他们对所有通过舍弃无用劳动来让人民拥有更多自由的政策抱持猜疑态度，也怀疑基本收入的倡议者居心不良，认为这些倡议者打算摧毁福利国家或福利国家仅剩的资源。不管自由至上主义阵营的基本收入支持者怀抱什么愿望，我们还是必须尊重反对者的这种心境，只不过，也要坚定地加以反驳。

一种回应这些疑虑的方式，是向他们证明上述的担忧心理没有根据。诚如心理学实验所示，如果基本安全感能鼓励人们变得更讲求利他主义以及社会连带主义（彼此间更休戚与共），基本收入制度应该就能强化全体大众的决心，努力捍卫具有社会连带效果的社会政策。当然，光是那个影响并不足够。独立于基本收入之外，我们也必须为特定公共服务或津贴的优点辩护。没有理由假设获得基本收入保障的人就不会想要捍卫公共服务。

以美国来说，2016 年 6 月全国基本收入运动（National Campaign for Basic Income，简称 NCBI）创始后，公共辩论就进入了一个全新的阶段。NCBI 补强了现有的美国基本收入保证网络（US Basic Income Guarantee Network，简称 USBIG，该网络主要是促进研究与资讯传递），它是根据美国税法成立的“527”机构，这类机构可以为了达到影响选举与政策制定的目标而成立政治联盟，并参与直接的政治行动。[3]

前美国工会领袖安迪·斯特恩也若有所思地说，倡议基本收入的相关势力有可能积蓄和 20 世纪 30 年代汤森社（Townsend Clubs）动员支持社会安全制度相当的政治压力。[4]他希望某些市长和和州长能要求取得筹办试点计划的联邦豁免权。代表美国一万九千个城市和城镇的国家城市联盟（National League of Cities）的一份报告也建议各个城市研究基本收入。[5]

与此同时，一个初具影响力的运动——珍惜黑人生命运动（Black Lives Matter，由超过五十个组织联盟而成）——在 2016 年 8 月发表了一个“官方平台”，提出多项要求，包括全民基本收入（UBI）的实施。它也主张应发放额外的金额（某种增额 UBI）给美国的黑人，作为对殖民主义、奴隶制与现代大众监狱大量监禁年轻黑人现象的伤害赔偿。虽然该平台并未为这个具体的要求背书（因为实务上非常难以公平管理），但它终究要求当局赔偿过去的种种不公不义，这和第二章提到的米德尔斯堡故事大致上有着异曲同工之妙。

在欧洲，来自大众的压力较大，而这股压力因新政党、持续迎接新成员的全国性网络与诸如年度基本收入周活动等新创议的兴起而变得更强大。工会和危产群体也开始发声，要求发放基本收入。2016 年 6 月，英国的总工会实体——工会大会（Trades Union Congress，简称 TUC）投票支持以下为基本收入原则背书的动议：

> 本大会相信 TUC 应该支持一个以对个人支付的全民基本收入制度为基础并与现行各式公共服务和儿童保育规定互补的进步制度，相较愈来愈有惩罚性且惯于污名化津贴申请者的现行制度，新制度更易于管理和让人们依循。惩罚性的管理使人因琐碎的原因而陷入贫困。大会认识到需要补充津贴来帮助低收入且高住房花费的人群解决住房危机，并且伤残者将一直需要补充津贴。将现有制度转型为任何纳入上述原则的新制度，应当要让较低收入人群的日子变得更好过。

这则获投票通过的动议或许不算是一个完全的背书，但它指出了一个位居领导地位的“劳动主义”实体如何小心翼翼地往基本收入的目标前进，并正确理解保留其他公共服务与补充收入之必要性。TUC 的力量与影响力或许大不如前，但它的这个转变对英国境内倡议或支持基本收入原则的众多实体来说，实在是一股令人欣喜的助力。

我呼吁所有支持基本收入的实体都加入这样一个施压团体。荷兰的所谓“基础团队”（Basisteams）或许堪称一个大有可为的模型，该国的地方团体承诺向它们所处的社区宣扬基本收入的相关信息。眼前的问题绝非我们对基本收入的认识不足。就目前的状况来说，最重大的挑战是如何从前面篇幅的众多理论基础中，找出实施基本收入的最佳正当理由，而另一个挑战则是要如何行使必要的大众压力，就这方面来说，过去从未成为王牌的某个理论基础目前有可能开始发挥它的影响力。

迫切的政治要务

> 世界上最强大的莫过于一个达到天时地利人和状态的概念。
>
> ——维克多·雨果（Victor Hugo），
> 《犯罪史》（*The History of A Crime*）

有史以来第一次，基本收入相关政策终于成了迫切的政治要务。这样的政策有可能减轻经济与社会不安全感的慢性病症——这种病症是导致英国脱欧、特朗普当选美国总统等民粹造反运动，以及欧洲及世界各地民族主义者与极右派运动兴起的根本因素。不过，众人可能很快就会发现，本土文化保护者民粹主义并没有有效方法可解决缺乏安全感的问题。限制移民与设置贸易障碍，最后反将伤害民粹主义者声称他们所代表的那些人。

这样的状况可能为基本收入开启全新的政治可能性。到目前为止，新中间路线阵营的胆怯让他们不愿思考基本收入的可行性。举个例子，败选的民主党候选人希拉里·克林顿（Hillary Clinton）在美国总统大选前演说时表示，她还没做好“朝基本收入迈进”的准备。相反地，在民主党提名阶段被她击败的伯尼·桑德斯（Bernie Sanders）则表示，他对这个概念怀抱“绝对的认同感”。

在此同时，特朗普总统承诺让就业机会回流美国并阻止美国企业将就业机会转移到海外，使他赢得总统选举。然而，保护主义对策的实施将导致生产成本上升，自动化进程因而将加速，下一个替罪羊将是“让美国工人失去美国就业机会”的机器人。到时候，或许基本收入的概念又会默默地成为政策选项之一。

虽然有很多理由对所谓“科技反乌托邦”之类的预测抱持怀疑的态度（这样的预测已促使很多高科技财阀出面支持基本收入），但这样的预测可能是一个策动大众压力与政治行动的强烈要素。不管就业机会是否将减少，机器人大军无疑会导致缺乏安全感与贫富差距的情况变得雪上加霜。基本收入或社会红利制度至少将能部分矫正那个问题，目前也有愈来愈多的评论家认同这个观点。[6] 举个例子，世界经济论坛创办人与执行董事长暨《第四次工业革命》（The Fourth Industrial Revolution）一书作者克劳斯·施瓦布（Klaus Schwab）表示，以基本收入来作为应对劳动市场崩裂的对策，“表面上说得通”。[7]

奥巴马总统曾在他总统任期结束前不久的一场访问中表

示，全民基本收入将成为“未来十至二十年间最众所周知的一个辩论主题”，他提到：“毋庸置疑……随着 AI（人工职能）的整合度进一步提升，社会可能变得更加富裕，生产与分配之间、工作量与收入高低之间的联结会变得愈来愈薄弱。”[8]

基本收入在道德与哲学上的正当理由一向广受肯定——即社会正义、自由与经济安全感，这三者是所有文明社会启蒙价值的根本要素，它们明显息息相关，而且最终来说，这些都来自人类的“共情情操”。“共情”这种情操能够区别进步心灵与退步心灵，是来自人的境况（human condition）的一种强烈的信仰。它是设身处地为他人着想的能力，而且它认同只要不蓄意或粗心伤害他人，每个人都有权依照自身的愿望生活。在当前独裁主义与温和专制主义当道的情况下，捍卫这些价值观或许非常困难。而且，我们必须体认到，这也代表对强大的“食利者资本主义”（因 20 世纪 80 年代以来占有主流地位的政策和基本意识形态而兴起）的一种根本改革。

在那样的背景之下，进行任何重大社会改革的最大挑战之一，就是厘清要如何找出一个能大幅改变现有局面的可行方法。的确，我们需要发挥非常大的想象力，才有办法假想出一个更好的未来，因此，当局可以不负责任地把转型过程中可能遭遇到的障碍宣传为无法突破的。但相信不用多久，危产阶级与他们周遭的人愈来愈高涨的政治愤怒，有可能让基本收入成为所有积极寻求连任的政府不得不履行的迫切政治要务。某些人或许会希望政治人物能怀抱更高尚的动机来推动基本收入，但事实将证明，抱持权宜心态的成分可能非常明显。

循序渐进?

所以，如何才能顺利脱离今日这种复杂、主要以财力调查为基础且设下众多行为条件限制的制度，改用一个以基本收入为支柱的社会保障制度?[9] 我们唯一确切知道的是，没有任何理想或最佳方法可达成这个目标。不管是在哪一个社会，这个方法部分取决于经济体系的结构与旧福利制度的结构。我们建议的方法包括：为每一个人建立“部分基本收入”，最初先从某个低基础开始，或者先针对某些精选的群体实施基本收入，再渐进式地扩大适用到其他人。

有人为南非详细研拟了第二个策略。[10]悲哀的是，那些建议并没有获得遵行。不过，几个拉丁美洲国家的现金转移计划应该也是依据上述循序渐进的默契在执行，其中最值得一提的是巴西通过它的“家庭津贴”实施的计划（目前这个计划的领取人数超过八千万人)，另外还有墨西哥的“机会计划”。这些计划促进了非提拨型现金转移的转汇，且使得支付现金(而不是采用较温和专制主义型的补贴）的做法得以合法化。

更广泛来说，主要的选项要不是完全取代现有的社会保障(某些人这么建议，尤其是美国的自由至上主义者)，就是得在现有的社会保障计划之外，建立一个基本收入或“社会红利”制度，再逐步将这两者融合成为一个多面向的社会保障制度——其中基本收入是最低保障。[11]以工业国家来说，第二个做法的未来发展性相对较乐观。

到时候，财力调查与行为调查式津贴计划将随着时间而分阶段退场，而原本分配到这些计划的资金，就可用来作为基本收入或社会红利的基金。换言之，目前领取津贴的人一定不会过得比领取津贴以前差；财力调查式津贴将继续发放（不过，若将社会红利计入，未来仰赖这类津贴的家庭数将稳定减少），直到红利发放金额达到这些津贴可被取代的水平为止。

以英国及其他住宅市场遭到扭曲的其他国家来说，财力调查式住宅相关补贴可能必须继续发放，换言之，应该个别解决房市的问题。然而，失业者行为调查以及伤残者工作能力调查则应该迅速废除。应该考量伤残者较高的生活成本与较少的赚钱机会，发给补充津贴。

政治人物可以引用托马斯·潘恩的论述，来说明为什么要实施社会红利制度（开办初期的发放金额必须相当节制）：这等于是将整个社会与我们祖先所创造的社会财富返还给我们——包括来自私人所有权或因开发有形、金融与知识产权而产生的租金收入。

就第二层补贴来说，可以在社会红利之外，加发一种“稳定补助金”（stabilization grant），这种补助金可以随着经济现状起伏，在经济衰退期发放多一点，而在景气繁荣期少发一点，一如第五章所描述。

社会红利和加发稳定补助金的部分，可以根据国民收入与经济成长率的变化进行调整，相关金额的高低由独立的基本收入委员会或社会红利委员会来设定。这种委员会的成员可以聘请各个议会里的中间派议员来担任，这样社会红利政策就能免于受党派政治的影响，同时降低该政策被用来达成政党政治目的的风险。

第三层津贴将是“社会保险”津贴，用以应对诸如生病、非自愿失业与怀孕等或有风险。然而，和现有提拨制度不同的是，这类津贴支付将和过往的保险金提拨纪录无关。取而代之地，为了重新建立社会连带主义的休戚与共风气，收入高于基本收入水平（或另行制定高一点的最低水平）的每一个人，都将缴纳特定百分比的收入来作为社会保险的提拨款。

这些提拨款可以依据现行方式，拨入某个社会保险基金，也可以纳入总税收，但在税收报表上以一个独立项目加以列示。通过这个方式，较不可能使用那类津贴的人，将会交叉补贴可能较需要的人，换言之，这和社会保险计划的原始概念相同。最后，在这层津贴之上，还可以再纳入一些民间自愿性计划，包括企业退休金计划等，供想要获得额外保险的人使用。

面临快速、深刻且连续的技术变革冲击，21 世纪的开放市场经济体系无论是在经济、社会或政治上都饱受威胁，而上述制度将是一个首尾一贯的实用制度，它不会太过基进，也不会太过笨重，有助于对抗 21 世纪开放市场经济体系必然产生的经济不安全感问题。

公民红利……或保障红利?

将基本收入概念塑造为社会红利可能是未来政治上较可行的路线，理由有两个：第一个理由是改革本身的高度复杂性，第二个理由是，要克服外界对财政负担能力及基本收入对工作与劳动的影响的成见，可以说极度困难。若能导入初期发放金额较低（该金额无法满足多数人的物质需求）的全民社会红利制度，它就不太会因经济不可行等理由而被驳回，而且让政治人物有时间慢慢凝聚共识，并进一步支持更积极的方案。

和财力调查式津贴不同的是，基本收入的普及性本身有可能吸引到广泛的政治支持。它的目标相当符合“激进”（radical）这个词的优良本意——它希望改善贫富差距、缺乏正义与经济不安全感等问题，并以各种极端不同的哲学传统出身的思想家都能认同的方法来促进共和主义式自由。另外，它不考虑众人不同的最终目标（目标不同乃因政治与意识形态差异而起），所以应该也很务实。而且，它将能回避长期以来不断反驳却依旧无法平息的标准反对意见——最显而易见的是“财政无法负担基本收入，而且将降低劳动与工作的诱因”。

改革者可以先表明他们带领社会走向尽可能消弭经济不安全感的长期理想，并补充接下来必须等待新的民选代表来完成这项计划。借由这个手段，就能反制批评基本收入鲁莽且不可信的保守或反动声浪。

成立民主主权基金或资本基金——有点像将资本部分社会化——可以让这条社会红利路线变得更加稳固，只不过，我们可以找出另一个能避免升高意识形态怒气的用语，例如共享资本存托（Commons Capital Depository）[12]。这个基金可以通过向食利者的收入课税（或共享）的方式建立，另外可以再借由碳税、金融交易税和其他“绿色”财政政策等来扩大基金的规模。除了这两个结构性改革，还可以向每个公民与有资格的合法居民发放一种“社会红利卡”。到那个时点，我们可能就能向威廉·莫里斯的遗志眨眨眼，以另一个名义达成目标。

政治人物必须找出一个或几个适用于不同群体的基本收入框架建构方法，用以迎战媒体与当权者的迂回批评（其中多数人打从一出生所获得的财富就超过基本收入的相当金额）。反对者一定会继续使用互惠主义之类的诡辩——当然，所有人都不该怀抱不劳而获的想法，问题是，他们有针对继承而来的财富提出这样的要求吗?

他们当然还是会继续描绘基本收入领取人懒惰、依赖、向人乞讨等之类的形象，同时愉悦地报道懒惰富人们的狂欢聚会。另外，如果有任何政策制定者或政治人物提议由富人缴纳更多税金，或放弃某些租税特权来筹集基本收入的财源，他们就会马上不平地跳脚，但若政策当局为了帮有钱人减税而降低社会津贴与公共服务等支出，他们又闷不吭声。

这种双重标准和先前对社会进步（social progressive）概念的批评相互呼应。不过，基本收入的倡议者应该更有信心接受挑战。我们必须强调这是演化，而非“革命”。此外，几乎所有人都开始体认到，20世纪的收入分配制度已经瓦解，所以，除非进行根本的变革，否则将会有愈来愈多人承受慢性的社会与经济不安全感的折磨，而这一切都暗示着政治的不稳定以及朝极端偏移的趋势。

支持基本收入的除了以上几个有益的理由，另外还有几个令人悸动的理由：基本收入有促进全面自由及社会正义的潜力，也可能促使人更重视工作与休闲的价值，克服劳动与消费的支配力量。

“这是变革的时代（The times they are a-changin）”，鲍勃·迪伦（Bob Dylan）如此唱着。的确，时间会改变成功的概率。诚如托马斯·潘恩在他1776年的划时代著作《常识》的引言中所表达的名句：“时间比说理更能令人回心转意。”实施基本收入或社会红利的时候已然来临。

附　录

APPENDIX

如何实施基本收入试点计划

虽然某些基本收入倡议者如菲利普·范·帕雷斯认为没必要实施试点计划，但从很多方面来说，试点计划可能是有用的，它的好处包括评估：

a. 实施的流程

b. 对态度的影响

c. 对行为的影响

d. 其他能强化正面效应并减弱或避免潜在负面效应的制度或政策变革

要求实施一项政策前必须先有实证结果实属公允，但设计、管理每一个实验及分析实验所产生的数据的人，都必须怀抱谦卑的心。每一个试点计划都各有缺点，没有一个试点计划是完美的，也不可能完美。而且，试点计划的瑕疵不该成为改革的障碍。试点计划比较适合用来揭露某个干预行动如何与为何无法产生作用，而非是否能产生作用。[1]

以下这个显而易见的历史实例可清楚阐明上述的危险。在19世纪奴隶制时代即将被终结的那段日子，某些辩解者主张没有证据可证明解放奴隶将为经济、生产或奴隶本身带来可持续的利益。黑人和废奴主义者对此的答复是：自由应先来到，因此应该提供可用的资源让解放运动产生效用。

尽管如此，我们还是必须判断每一个试点计划是否有助于证实或否定各种假说、成见和直觉。而如果要扩大实施试点计划，就应该尽可能遵守客观原则，以下是客观原则的汇总：

相关的支付必须是适当金额的基本收入

要测试“正牌”基本收入的成效，试点计划的支付金额必须具备以下几个特色：

• 支付金额必须是基本的，对领取人而言必须称得上有意义，够充足，但又不能高到足以提供全面的安全感。

• 这笔收入必须以现金或能轻易转换成现金的形式支付，例如通过银行账户、智慧卡或手机等形式支付。这项支付必须是定期、可预测且稳定的，最好是每个月支付，且延续一段时间。这项支付不应该整笔发放，主要的原因是这么做会产生“意志力薄弱”效应。

• 基本收入应该是全民的，发放给所有一开始就经常性居住在试点计划社区的人。全民发放的好处是能观察到群体效应，包括非经济性效应，另外，基本收入也必须是不可撤销的。

• 因此，基本收入不应该是目标锁定型的支付。基本收入不该只发放给被视为“穷人”的人，不管穷人的定义为何。基本收入的目的是要作为一种权利，而权利应该是一视同仁的。此外，财力调查不公平且倾向于发生谬误，而目标锁定则会制造贫困陷阱。

• 因此，基本收入的发放不能有选择性。若只发放给某个“理应得到”的群体而不发给另一个群体，可能会让被选上的群体承受要和其他群体分享的压力，结果导致基本收入的效应遭到稀释。只发放给为人母者的收入可能会使家庭内部的关系趋于紧张。

• 基本收入必须是无条件限制的，不能要求领取人从事某些事先具体设定的行为。

• 基本收入必须发放给个人，而且平均支付给每一个男性或女性。基本收入保障是一种个人权利，所以不应该适用“家庭”或“家户”概念，因为家庭或家户的规模与组成模式，有可能受这项政策本身的影响。对孩童或因为伤残或缺陷的缘故而没有谋生能力的成年人发放的基本收入，可以指定某个代理人（surrogate，如孩童由妈妈代领）来代表他们领取。

• 试点计划展开或实施期间，都不应该进行任何其他政策变革，唯有如此，才能公正评估该试点计划的影响。

如果某个基本收入试点计划基于资源限制或其他因素，只采用上述部分条件来测试某些特质的有效性，或许是可接受的，但研究人员在评估结果时，必须体认到该试点计划的设计和全面或正式的基本收入设计有所差异。

试点计划的设计必须清晰且具可持续特质

试点计划的设计一定要清晰，且必须具备能可持续实施的特质，这是必要的条件，但也很容易被忽略——这是某个设计会被采纳，而其他替代的可行设计却未被采纳的原因。上述第一个原则提到的所有层面都应该适用这个原则，尤其是基本收入的金额以及试点计划的延续期间。试点计划开始设计后，就必须详细记录该设计的所有特质。为了确保可持续性，必须要有一个清晰的工作计划与适当的预算规划。

设计必须维持固定不变

一旦一个试点计划开始实施，除非必要，否则不应该随意更改它的设计。

试点计划的规模必须大小适中

如果试点计划的规模非常大，就不可能合理地善加管理，但如果规模过小，又无法成为一个真正的基本收入实验。行为与态度变化有可能是趋势性的，某些人改变，某些人会犹豫，某些人则不改变。假设效果（hypothetical effects）通常只对选择样本（青少年、伤残人士等）中的某些人有意义。所以，试点计划必须涵盖具备各种潜在利害特质的足够人数，统计人员才有办法有效推估计划本身的影响（或没有影响）。样本规模应该要至少涵盖一千人，样本更大会更好，这是一个普遍准则。

延续期间必须够长

显然试点计划的持续期间不能太过短暂，否则它会变得像一次性的资本补助金。基本收入的影响会随着人们的学习与适应而逐渐浮现，这需要时间慢慢酝酿。不过，刚开始领取补助金时，或许会产生某种冲击效应（impact effect），而随着个人开始习惯领取基本收入后，又会产生同化效应（assimilation effect）。另外还可能在某些层面分别产生渐退效应（wearing off effect），还有学习效应（learning effect）。基于上述种种理由，试点计划的持续期间应该超过一年，两年堪称合理，不过，某些人可能会主张应实施更久。

专案疲劳（project fatigue）要素是务实的考量之一，这个要素很容易因最初的满腔热忱而被忽略。然而，所有试点计划都牵涉到定期的评估，所以必须建立并维护一整个研究人员和现场调查人员团队。另外还会有受访者疲劳（respondent fatigue）问题，因为在评估试点计划的成果时，必须询问受访者很多问题，或以某种方式观察这些受访人，因此难免产生受访者疲劳现象。就这个层面与其他几个层面来说，求好心切的态度反而有可能会坏了大事。

试点计划必须可复制且可扩大实施

试点计划的设计必须是可复制且可扩大实施的，换言之，类似的试点计划必须有可能在其他地方实施，而且原则上应该要可以将试点计划扩大实施到一个较大的社区，甚至普遍在全国各地实施。

应该采用随机对照组

要判断基本收入的影响，就必须针对各项结果进行比较，包括比较领取基本收入前后（也就是“治疗”开始的前后）的行为与态度是否有差异，同时也要和“对照组”比较，所谓对照组就是没有获得这项“治疗”或处于政策实施范围以外的类似群体。进行对照的主要目的是要确保各项结果导因于基本收入的发放，而非外部变化所造成。

虽然目前随机对照试验成为时尚，但用于评估基本收入的成效时，这种试验还是无法突破一些极限。顾名思义，随机对照试验的根本原则是，获得“治疗”的人应该以“随机”的方式，从较广大的人口中挑选，且对照组里的人也应该“随机”选出。这通常代表要列出某个区域的家庭，并从中撷取出一个样本，让某个家庭（或某个家庭里的个人）获得领取基本收入的机会，而邻居则未必能获得这个机会。

这么做除了有衍生社区内与家庭内部紧张关系的风险，另一个可能的结果是家庭与家庭之间还有家庭成员之间，有可能以非随机的方式分享基本收入。这样的发展将否定基本收入的普及性，稀释它的影响，同时导致结果更难以有效评估。以印度中央邦的试点计划来说，实验者在某个广大区域内随机选择20个类似的村庄，其中8个村庄的每个居民都领到基本收入，而剩下的12个村庄则没有任何居民领取基本收入。唯有这样的做法才让实验者得以探讨各种不同的影响，包括个体层面以及群体层面——包括态度与行为的改变。

必须进行背景调查

为达到正确评估的目的，必须先进行社区背景人口普查或调查，才能就试点计划将要评估的所有层面，取得潜在受访者的详细资讯。（如果预定选择的样本很大，人口普查就不可行。）另一份以收集社区结构性特质的数据为目的的社区背景调查（人口结构、基础建设、与学校和医疗院所的距离等），可补足上述背景调查的不足。这两种调查的目的都是要找出基本收入的影响产生前就已存在的条件限制、行为和态度。

在收集背景调查的数据时，最好不要向现金转移的目标领取人说明相关的计划，虽然如果他们知道这些计划，在接受调查时可能会比较合作。

由于评估者事先不会知道基本收入将产生什么样的效应，而且无法肯定地预见到所有的可能影响，所以背景调查必须收集非常丰富的数据。应该在第一笔补助金发放前一个月就先进行背景调查，这样才能掌握试点计划实施时既有的普遍形态。

和背景人口普查有关的关键之一是受访者的选择。不同受访者对某些议题的回应可能会有差异，例如访问“一家之主”收入到的回应，有可能不同于另一个家庭成员的回应。所以，我们必须牢记，由于基本收入本质上是对个人发放，故受访者的回答有可能因性别、年龄和其他个人因素而不同。

就理想状态来说，最好是分别针对家庭与每个家庭成员收集背景真实数据。但这么做可能不切实际，而且就现场调查与数据处理的角度来说，成本可能会过高。然而，被选为受访者的女性人数必须要和男性相等。中央邦试点计划就分别针对每个家庭访问了一位女性和一位男性受访者。

完成背景调查后，我们建议进行一个公开的资讯宣导活动，透过这个活动来解释试点计划实施过程中将会有什么事发生，以便克服人们的疑虑，并确保受访者了解自己将会经历什么样的事情——包括将定期领到一笔收入，且不会被设定支出或行为条件等。

必须进行定期评估调查

试点计划的目的是要测试各种效应，而要达到这个目的，必须在计划当中纳入一系列调查项目，首先是背景调查。另一份调查应该是在试点计划展开后约六个月进行，这样才有足够的时间侦测试点计划对人们行为与态度的影响，接着，每隔六个月左右（取决于试点计划的时间长短）再进行进一步的期中调查。在试点计划结束后，最好是在最后一笔现金转移发放后一个月内，针对当初接受背景调查的那些人和家庭，再进行一次期末评估调查。每一份调查的问卷都应该尽可能采用与背景调查类似的内容，参考期间也应该相似。

应该使用关键情报提供者

虽然评估流程应该以领取基本收入的个人为焦点，但最好也让关键情报提供者参与。应该向地方主管机关、本地的教师、医疗院所人员以及其他了解社区的人收集额外的资讯，请他们提供无法向受访者取得的资讯，以及基本收入对行为的可能影响等。优质的试点计划评估报告，必须以一份结构清晰且以中立方式向关键情报提供者提问的问卷为基础。另外，如果试点计划涵盖好几个社区，这些被选上的区域必须具备类似的结构，尤其考虑到评估作业必须比较基本收入发放区域与对照区域之间的状况，所以，这些区域的结构必须相似，比较才有意义。不过，评估作业的设计应该也要考虑到试点计划实施期间的可能外部变化，例如新学校的兴建或诸如灌溉等计划的导入等，因为这些变化有可能导致一个社区出现结构性转变，导致它和其他社区不再相似。基于这个理由，最好是在每个评估时点进行一份简单的社区调查，以检视是否发生可能会对结果造成影响的结构性转变。

分析报告应该分析多层面的影响

试点计划应该要纳入能衡量与评估它对个人、家庭以及社区之影响（例如经济乘数效果）的适当技术。只观察试点计划对个人的影响，可能会产生误导效果（最显著的例子是只观察对受益者的影响但不考虑无谓影响〔deadweight effects，若某人没有获得补贴，他可能已找到了一份工作〕与替代效应〔displacement effects，一个受补贴的人可能替代一个非受补贴的人〕的劳动补贴计划）。

某些最丰富的影响或许是在社区层面，如果不同时加以研究，评估报告有可能会做出以下结论：“由于对个人层面的影响为好（或坏），所以基本收入为好（或坏）。”问题是，基本收入有可能会对个人的行为和人与人之间的互动产生群体层面的回馈效应，其中，基本收入倡议者的主张之一是，基本收入将能促进社区内的利他主义和社会责任。

评估报告应该涵盖态度与行为影响评估

照理说，基本收入会影响行为、生理与情绪上的“幸福感”和态度。所以，一个试点计划的目标不仅是要观察可直接衡量的行为影响，还要纳入额外的疑问，而且要尽可能以中立的方式提问。为了顺利完成量化评估，应该要求受访者在李克特式量表（likert scale）的五个可能的答案中进行选择（例如 1. 非常不同意；2. 不同意；3. 不置可否；4. 同意；5. 非常同意）。

各项假设应该在试点计划实施以前就先详细设定完成

在试点计划开始实施以及背景调查完成前，应该先列出未来将要试验的详细假设清单。以过去很多案例来说，相关单位通常只凭着几个模糊的期待就展开试点计划，那或许导因于他们是在“赶鸭子上架”的情况下实施试点计划，但也或许是因众多彼此矛盾的正面与反面论述所造成的结果。另一个较少被提出的问题是，很多试点计划开始实施时，只有一两个假设等待试验，随机对照试验通常是如此。

让我们看看几个标准的假设：

a. 基本收入能让家庭为子女提供更多食物，从而使营养状况及健康状况改善。

b. 基本收入能纾解家庭责成孩童从事劳动的压力，从而使孩童上学的概率上升。

c. 基本收入让家庭得以偿还债务。

这些假设需要使用到来自背景调查与社区背景调查的基准

数据（benchmarkdata）。

接着再看看另一组假设：

d. 支付给某甲的基本收入，会促使某乙减少投注在赚取收入的活动的时间，且（或）促使某乙改变他（她）的消费。

e. 基本收入计划实施后，以建议领取人如何花费这笔收入为目的的地方团体将会成立。

f. 基本收入会促使社群对领取人施压，迫使领取人和社群以外的非领取人分享。

要得知这些间接与外部效应，可能需要领取人、家庭以及家庭以外的人提供资讯。虽然这对家庭背景调查的设计来说隐含许多寓意，它也需要社区层面的基准和监测调查（monitoring survey），而且必须结合试点计划实施期间内所做的家庭与社区评估调查。

接着是和本地经济与本地社区所受影响有关的假设，例如：

g. 基本收入计划能使收入分配状况改善，纾解贫富差距问题，而且不仅是通过单纯增加现金转移的方式达到这些目的。

h. 基本收入促使本地金融机构成立，从而促进金融中介机构的成长。

i. 基本收入计划促进了地方商业发展，从而使社区的就业机会增加。

举个例子，假设g是适当评估一套基本收入制度是否有价值的关键。如果试点计划的设计无法评估它本身对收入分配的影响，就无法评估基本收入的某个关键价值。然而，如果社区里只有少数人能领取基本收入，就完全不可能试验这个关键的假设。所以，基本收入一定要对所有居民发放。

成本与预算估列必须讲求实际

在试点计划展开时制定务实的成本估算是很重要的。要达到正确评估的目的，需要良好的财源筹措与技术专长。而且，除了计算基本收入本身、管理和评估作业等的成本，还另外应针对偶然事件提存一些资金。只要是牵涉到调查作业的实证研究，唯一可确定的规则就是："错误一定会发生"，那不尽然是因为试点计划的设计或实施产生谬误，而是因为整个过程中难免会发生一些意料之外的事件与逆境。

样本必须尽可能固定不变

基本收入试点计划有一个必要但非常难以维护的原则：样本必须尽可能维持固定不变。

不管社会拒绝发放基本收入给新移民会多么令人感到遗憾，所有在试点计划开始实施时未被纳入的人，都不应该在后来获得领取的资格，除了新生儿之外。在试点计划开始后才进入社区的移民或海外归国者，不能纳入领取人范围。然而，最好还是将他们纳入调查，因为他们的存在可能会对态度与行为产生应纳入考量的影响。

外移人口是另一个议题，解决方案取决于要测试的假设是什么。以中央邦的试点计划来说，搬走的人不再能领取基本收入。然而，计划在肯尼亚实施的GiveDirectly试点计划，则打算继续发放基本收入给一开始住在基本收入村庄但之后外移的人口，因为该计划要测试的假设之一是“基本收入能鼓励人们搬迁，以寻找有薪工作”。显然在为期较长的试点计划中，势必会有一些人身变故，所以维持样本固定不变的原则鲜少贯彻，不过，重点是要尽可能维持固定不变。

转移机制必须加以监督

发展中国家所有现金转移计划的最大挑战之一是：缺乏熟练的金融机构，以及人们对银行业务普遍无知。现金转移势必牵涉到某种学习功能，而公共机构方面的失败可能会扭曲基本收入对行为与态度的影响（例如，如果领取人很难将被汇入银行账户的现金提出）。

发放现金的方法有几个，但没有一个是十全十美的。重要的议题在于确保领取人能在不经由中介机构（人）参与的情况下直接领到这笔钱。然而，我们必须牢记一点：试点计划必须具备“可复制”与“可扩大实施”等特质，所以另一个问题是，以成本、透明度和使用者友善度来说，哪一个发放现金的方法是能扩大且复制到全国的最理想选项？[2]

虽然现金发放方法的选择将取决于本地情况，但多数试点计划将需要预先在发放成本和发放时间等方面做好万全的准备，才能帮助领取人顺利领到这笔钱，相关的方法包括协助领取人开立银行账户、提供生物辨识智能卡或甚至行动电话，同时设法确保那笔钱能快速且轻易在本地提领等。然而，以监督的目的来说，所有交易都应该通过银行体系进行，而且可能应该通过法律来规范这个要求。

应该考虑“代言人”效应

所有通情达理的基本收入倡议者都不认为基本收入将是万灵丹。很多获得基本收入的弱势群体还是难以摆脱弱势状态，一样容易被欺压或剥削。要对抗那种弱势状态，那些弱势群体需要代言人，而这些代言人必须有能力为他们挺身而出，并有效地“发声”。笔者长期以来一直认为，除非基本收入的领取人拥有个别的代言人以及某种形态的集体代言人代为捍卫他们的利益，否则基本收入的效用难以最大化。

社会政策试点计划专案绝对必须将代言人效应列入考虑。代言人可能在实验展开前就已存在，也可能是在实验期间因干预而产生的结果。以纳米比亚的基本收入试点计划来说，在实施后几个月内，村民就自主组成一个委员会，由该委员会针对资金的良善用途提供建议，同时保护较弱势的人，让想占他们便宜的人难以得逞。那对最后的结果产生了多大程度的影响？评估团队对相关的正面影响有着强烈的印象，但可惜他们无法明确说明这个影响究竟有多重要。

其他现金转移试点计划也获得了正面的代言人效应：尼加拉瓜的一份研究发现，在拥有相对高比重的“社区领袖”的地区，有条件现金转移的影响比较强大。[3] 那类代言人只是可在试点计划中测量的代言人之一，在选择采样区域以及设计评估工具时，还应该将其他类型的代言人列入考量。

BIEN 相关机构清单

国际	基本收入地球网络(BIEN):http://basicincome.org/
欧洲	无条件基本收入欧洲(UBIE):http://basicincome - europe.org/ubie/
南部非洲	南部非洲发展共同体(SADC)*基本收入补助金运动(SADCBIG):http://spii.org.za/sadcbigcampaign/(*南部非洲发展共同体〔Southern African Development Community〕涵盖十五个国家,包括安哥拉、博茨瓦那、刚果民主共和国、莱索托、马达加斯加、马拉维、毛里求斯、莫桑比克、纳米比亚、塞舌尔、南非、斯威士兰、坦桑尼亚、赞比亚以及津巴布韦。)
阿根廷	Red Argentina de Ingreso Ciudadano(简称 RedAIC):http://www.ingresociudadano.org.ar/
澳大利亚	澳大利亚基本收入保障(简称 BIGA):http://www.basicincome.qut.edu.au/
奥地利	Netzwerk Grundeinkommen und sozialer Zusammenhalt-BIEN 奥地利,http://www.grundeinkommen.at/
比利时	比利时基本收入网络:https://basicincome.be/
巴西	Rede Brasileira de Renda Básica de Cidadania:http://eduardosuplicy.com.br/renda - basica - de - cidadania/

加拿大	Réseau canadien pour le revenu garanti 加拿大基本收入网络:http://www.basicincomecanada.org/
中国	BIEN 中国:http://www.bienchina.com/
丹麦	BIEN 丹麦:http://basisindkomst.dk/
芬兰	BIEN 芬兰:http://perustulo.org/
法国	Mouvement français pour un revenu de base:http://www.revenudebase.info/
德国	Netzwerk Grundeinkommen:https://www.grundeinkommen.de/
冰岛	BIEN 冰岛:https://www.facebook.com/groups/1820421514854251/
印度	印度基本收入网络(简称 INBI):http://basicincomeindia.weebly.com/
爱尔兰	爱尔兰基本收入网络:http://www.basicincomeireland.com/
意大利	意大利基本收入网络(BIN 意大利):http://www.bin-italia.org/
日本	BIEN 日本:http://tyamamor.doshisha.ac.jp/bienj/bienj_top.html
墨西哥	Red Mexicana Ingreso Ciudadano Universal:ingresociudadano@gmail.com
纳米比亚	基本收入补助金联盟:http://www.bignam.org/index.html
荷兰	Vereniging Basisinkomen:http://basisinkomen.nl/
新西兰	新西兰基本收入网络(简称 BINZ):http://www.basicincomenz.net/
挪威	BIEN 挪威:http://www.borgerlonn.no/

葡萄牙	Rendimento Básico:http://www.rendimentobasico.pt/
魁北克	魁北克基本收入网络:https://revenudebase.quebec/
苏格兰	公民基本收入网络(CBIN)Scotland:https://cbin.scot/
斯洛文尼亚	Sekcija UTD:http://utd.zofijini.net/
韩国	韩国基本收入网络(简称 BIKN):http://basicincomekorea.org/
西班牙	Red Renta Básica:http://www.redrentabasica.org/rb/
瑞士	BIEN 瑞士(简称 BIEN 称//):http://bien.ch/en
中国台湾	UBI TAIWAN 台湾地区无条件基本收入协会:https://www.facebook.com/TaiwanUBI/
英国	公民收入信托:http://citizensincome.org/,UK 基本收入网络:http://www.basicincome.org.uk/
美国	美国基本收入保障网络(简称 USBIG):http://www.usbig.net/index.php

致 谢

尽管有可能冒昧遗漏曾经影响过我的贵人，我还是要在此感谢长期以来和我并肩为基本收入奋战的几个人，依据姓氏的字母顺序排列，他们分别是大卫·卡塞萨斯（David Casassas）、萨拉特·达瓦拉（Sarath Davala）、安德莉雅·弗马加利（Andrea Fumagalli）、露易丝·海格（Louise Haagh）、让·希利（Seán Healy）、迈克尔·霍华德（Michael Howard）、瑞娜娜·贾哈瓦拉（Renana Jhabvala）、比尔·乔丹（Bill Jordan）、安妮·米勒（Annie Miller）、英格丽·范·尼柯尔克（Ingrid van Niekerk）、克劳斯·奥弗（Claus Offe）、菲利普·范·派瑞斯（Philippe van Parijs）、布里吉德·雷诺兹（Brigid Reynolds）、亚历山大·德·鲁（Alexander de Roo）、英诺·施密特（Enno Schmidt，感谢他不辞辛劳地在瑞士公投上所投注的努力）、爱德华多·萨普利希（Eduardo Suplicy，我不只感谢他多次演奏《随风飘摇》〔Blowin' in the Wind〕）、马尔科姆·托瑞（Malcolm Torry）、沃尔特·范·特里尔（Walter van Trier）、扬尼克·范德布鲁特（Yannick Vanderborght）、罗伯特·范德温（Robert van der Veen）、卡尔·魏德奎斯特（Karl

Widerquist）、弗朗西斯·威廉姆斯（Frances Williams）、约尔根·德·韦斯普莱尔（Jurgen De Wispelaere）以及山森彻（Toru Yamamori）。

万分感谢以上所有人。

注 释

第一章 基本收入的意义与历史起源

1. J. Cunliffe and G. Erreygers (eds.) (2004), *The Origins of Universal Grants: An Anthology of Historical Writings on Basic Capital and Basic Income*. Basingstoke: Palgrave Macmillan, p. xi.
2. B. Ackerman and A. Alstott (1999), *The Stakeholder Society*. New Haven: Yale University Press. B. Ackerman and A. Alstott (2006), 'Why stakeholding?', in E. O. Wright (ed.), *Redesigning Distribution: Basic Income and Stakeholder Grants as Cornerstones for an Egalitarian Capitalism*. London and New York: Verso, pp. 43 – 65.
3. G. Standing (2006), 'CIG, COAG and COG: A comment on a debate', in Wright (ed.), *Redesigning Distribution*, pp. 175 – 95.
4. L. Bershidsky (2016), 'Letting the hungry steal food is no solution', Bloomberg, 4 May.
5. T. Paine ([1795] 2005), 'Agrarian justice', in Common Sense and Other Writings. New York: Barnes & Noble, pp. 321 – 45.
6. B. Russell (1920), Roads to Freedom: Socialism, Anarchism and Syndicalism. London: Allen & Unwin. E. M. Milner and D. Milner (1918), Scheme for a State Bonus. London: Simpkin, Marshall & Co. B. Pickard (1919), A Reasonable Revolution. Being a Discussion of the State Bonus Scheme-A Proposal for a National Minimum Income. London: Allen & Unwin. G. D. H. Cole (1929), The Next Ten Years in British Social and Economic Policy. London: Macmillan.

7. W. van Trier (1995), 'Every One a King', PhD dissertation. Leuven: Departement de Sociologie, Katholieke Universiteit Leuven.
8. Russell, Roads to Freedom, pp. 80 – 81, 127.
9. M. L. King (1967), Where Do We Go From Here? Chaos or Community? New York: Harper & Row.
10. For a selection of statements and analyses, see J. E. Meade (1972), 'Poverty in the welfare state', Oxford Economic Papers, 24(3), pp. 289 – 326. J. E. Meade (1989), Agathotopia: The Economics of Partnership. Aberdeen: Aberdeen University Press. J. Tobin (1966), 'The case for an income guarantee', Public Interest, 4 (Summer), pp. 31 – 41.
11. M. Samson and G. Standing (eds.) (2003), A Basic Income Grant for South Africa. Cape Town: University of Cape Town Press.
12. For example, A. Beattie (2016), 'A simple basic income delivers little benefit to complex lives', Financial Times, 3 June.

第二章　以基本收入实现社会正义

1. T. Paine ([1795] 2005), 'Agrarian justice', in Common Sense and Other Writings. New York: Barnes & Noble, p. 332.
2. Ibid., p. 334.
3. Ibid., p. 335.
4. Ibid., p. 339.
5. H. George (1879), Progress and Poverty. New York: Schalkenbach Foundation.
6. G. Standing (2016), The Corruption of Capitalism: Why Rentiers Thrive and Work Does Not Pay. London: Biteback.
7. Outlined in G. Standing (2014), A Precariat Charter: From Denizens to Citizens. London and New York: Bloomsbury.
8. T. Shildrick, R. MacDonald, C. Webster and K. Garthwaite (2012), Poverty and Insecurity: Life in Low-Pay, No-Pay Britain. Bristol: Policy Press.

9. Standing, The Corruption of Capitalism.
10. P. van Parijs (1995), Real Freedom for All: What (If Anything) Can Justify Capitalism? Oxford: Clarendon Press.
11. Besides the writer's arguments for this approach, see P. Barnes (2014), With Liberty and Dividends for All: How to Save Our Middle Class When Jobs Don't Pay Enough. San Francisco: Berrett-Koehler.
12. J. Rawls (1971), A Theory of Justice. Cambridge: Cambridge University Press.
13. N. Frohlich and J. A. Oppenheimer (1992), Choosing Justice: An Experimental Approach to Ethical Theory. Berkeley: University of California Press.
14. International Labour Organization (2004), Economic Security for a Better World. Geneva: ILO.
15. Citizens' Climate Lobby (2016), 'Carbon fee and dividend policy'. http://citizensclimatelobby.org/carbon-fee-and-dividend/.
16. T. Meireis (2004), '"Calling": A Christian argument for basic income', in G. Standing (ed.), Promoting Income Security as a Right. London: Anthem Press, pp. 147-64. M. Torry (2016), Citizen's Basic Income: A Christian Social Policy. London: Darton, Longman & Todd.
17. C.M.A.Clark (2006), 'Wealth as abundance and scarcity: Perspectives from Catholic social thought and economic theory', in H. Alford, C. M. A. Clark, S. A. Cortright and M. J. Naughton (eds.), Rediscovering Abundance. Notre Dame: University of Notre Dame Press, pp. 28-56.
18. Pope Francis (2015), 'Encyclical letter Laudato Si of the Holy Father Francis on care for our common home', Vatican, 24 May.

第三章 基本收入与自由

1. G. Standing (2014), A Precariat Charter: From Denizens to Citizens. London and New York: Bloomsbury.
2. R. Nozick (1974), Anarchy, State and Utopia. New York: Basic

Books. C. Murray (2006), In Our Hands: A Plan to Replace the Welfare State. Washington, DC: AEI Press. C. Murray (2012), Guaranteed Income as a Replacement for the Welfare State. Oxford: The Foundation for Law, Justice and Society. P. van Parijs (1995), Real Freedom for All: What (If Anything) Can Justify Capitalism? Oxford: Clarendon Press. K. Widerquist (2006), 'Property and the Power to Say No: A Freedom-Based Argument for Basic Income', PhD dissertation. Oxford: University of Oxford.

3. E. Anderson (2001), 'Optional freedoms', in P. van Parijs (ed.), What's Wrong With a Free Lunch? Boston: Beacon Press, pp. 75–9.
4. M. Tanner (2015), The Pros and Cons of a Guaranteed National Income. Washington, DC: Cato Institute. M. Zwolinski (2015), 'Property rights, coercion and the welfare state: The libertarian case for a basic income for all', Independent Review, 19(4). J. Buchanan (1997), 'Can democracy promote the general welfare?', Social Philosophy and Policy, 14(2), pp. 165–79.
5. C. Murray (2014), 'Libertarian Charles Murray: The welfare state has denuded our civic culture', PBS Newshour, 10 April.
6. Murray, Guaranteed Income.
7. B. Linley (2016), 'Gary Johnson is open to universal basic income and that's not bad', Libertarian Republic, 20 July.
8. T. Prochazka (2016), 'US libertarian presidential candidate "open" to basic income', Basic Income News, 18 July.
9. Zwolinski, 'Property rights, coercion and the welfare state'.
10. Cited in interview, T. Prochazka (2016), 'Zwolinski: Basic income helps "protect freedom"', Basic Income News, 24 August.
11. R. H. Thaler and C. R. Sunstein (2008), Nudge: Improving Decisions about Health, Wealth and Happiness. New Haven, CT: Yale University Press.
12. P. Pettit (1997), Republicanism: A Theory of Freedom and Government. Oxford: Oxford University Press. P. Pettit (2007), 'A republican right to basic income?', Basic Income Studies, 2(2), pp. 1–8. P. Pettit (2014), Just Freedom: A Moral Compass for a Complex

World. New York: Norton. D. Ravientos and D. Casassas (2005), 'Republicanism and basic income: The articulation of the public sphere from the repoliticization of the private sphere', in G. Standing (ed.), Promoting Income Security as a Right. London: Anthem Press, pp. 231 – 54.

13. D. Casassas (2016), 'Basic income and social emancipation: A new road to socialism', paper presented at the 16th BIEN Congress, Seoul, 7 – 9 July 2016.
14. K. Kipping (2016), 'Unconditional basic income as affixed rate of democracy: Safeguarding the social freedom and economic power of all people', paper presented at the 16th BIEN Congress, Seoul, 7 – 9 July.
15. For elaboration of this, see G.Standing(2009), Work after Globalization: Building Occupational Citizenship. Cheltenham: Elgar, Chapter 9.
16. S. Davala, R. Jhabvala, S. K. Mehta and G. Standing (2015), Basic Income: A Transformative Policy for India. London and New Delhi: Bloomsbury.
17. G. Standing (2015), 'Why basic income's emancipatory value exceeds its monetary value', Basic Income Studies, 10(2), pp. 1 – 31.
18. C. Pateman (2006), 'Democratizing citizenship: Some advantages of a basic income', in E. O. Wright (ed.), Redesigning Distribution. London and New York: Verso, pp. 101 – 19.

第四章 改善贫困、贫富差距与不安全

1. K. J. Edin and H. L. Schaefer (2015), $2.00 a Day: Living on Almost Nothing in America. Boston: Houghton Mifflin Harcourt.
2. A. Case and A. Deaton (2015), 'Rising morbidity and mortality in midlife among white non-Hispanic Americans in the 21st century', Proceedings of the National Academy of Sciences of the United States of America (PNAS), 112(49), pp. 15078 – 83.
3. G. Standing (2011), The Precariat: The New Dangerous Class. London:

Bloomsbury.

4. G. Standing (2014), A Precariat Charter: From Denizens to Citizens. London: Bloomsbury. G. Standing (2016), The Corruption of Capitalism: Why Rentiers Thrive and Work Does Not Pay. London: Biteback.
5. D. Calnitsky (2016), '"More normal than welfare": The Mincome experiment, stigma, and community experience', Canadian Review of Sociology, 53(1), pp. 26–71.
6. E. Martinson (2016), 'View from a Reg reader: My take on the basic income', Register, 29 December.
7. H. Reed and S. Lansley (2016), Universal Basic Income: An Idea Whose Time Has Come? London: Compass.
8. C. Blattman and P. Niehaus (2014), 'Show them the money: Why giving cash helps alleviate poverty', Foreign Affairs, May/June. https://www.foreignaffairs.com/articles/show-them-money.
9. The Economist (2010), 'Homelessness: Cutting out the middle men', The Economist, 4 November.
10. G. J. Whitehurst (2016), 'Family support or school readiness? Contrasting models of public spending on children's early care and learning', Economic Studies at Brookings, Evidence Speaks Reports, 1 (16), 28 April.
11. J. Surowiecki (2014), 'Home free', New Yorker, 22 September.
12. J. Furman (2016), 'Is this time different? The opportunities and challenges of artificial intelligence', remarks by the Chairman of the Council of Economic Advisers at AI Now: The Social and Economic Implications of Artificial Intelligence Technologies in the Near Term, New York University, 7 July.
13. Remarks by Christopher Pissarides at the 2016 World Economic Forum meeting in Davos, January 2016. https://www.youtube.com/watch?v=UnNs2MYVQoE.
14. Standing, A Precariat Charter.
15. M.L.King (1967), Where Do We Go From Here: Chaos or Community? Boston: Beacon Press.

16. N. Gabler (2016), 'The secret shame of middle-class Americans', The Atlantic, May.
17. G. Tsipursky (2016), 'Free money is not so funny anymore: Confessions of a (former) skeptic of basic income', Salon, 21 August.
18. S. Mullainathan and E. Shafir (2013), Scarcity: Why Having Too Little Means So Much. London: Allen Lane.
19. World Bank (2015), World Development Report 2015: Mind, Society and Behaviour. Washington, DC: World Bank.
20. M. Velasquez-Manoff (2014), 'What happens when the poor receive a stipend', New York Times, 18 January.
21. N. N. Taleb (2012), Antifragile: How to Live in a World We Don't Understand. New York: Random House.
22. M. Abu Sharkh and I. Stepanikova (2005), Ready to Mobilize? How Economic Security Fosters Pro-Activism Attitudes Instead of Apathy. Socio-Economic Security Programme Working Paper; Geneva: International Labour Organization.
23. G. Herman (2016), 'Unions are changing and that should give us cause for hope', Union Solidarity International, 2016. https://usilive.org/opinions/36811/.

第五章 支持基本收入的经济理由

1. G. Standing (2016), The Corruption of Capitalism: Why Rentiers Thrive and Work Does Not Pay. London: Biteback. G. Crocker (2015), The Economic Necessity of Basic Income. Mimeo. https://mpra.ub.uni-muenchen.de/62941/1/MPRA_paper_62941.pdf.
2. B. Nooteboom (1987), 'Basic income as a basis for small business', International Small Business Journal, 5(3), pp. 10 – 18.
3. M. Bianchi and M. Bobba (2013), 'Liquidity, risk, and occupational choices', Review of Economic Studies, 80(2), pp. 491 – 511. C. Blattman (2013), 'Can entrepreneurship transform the lives of the poor (and how)?', chrisblattman.com, 30 May.

4. S. Davala, R. Jhabvala, S. K. Mehta and G. Standing (2015), Basic Income: A Transformative Policy for India. London and New Delhi: Bloomsbury.
5. S. Sorenson and K. Garman (2013), 'How to tackle U. S. employees' stagnating engagement'. Gallup, 11 June.
6. G. Standing (2011), 'Responding to the crisis: Economic stabilization grants', Policy & Politics, 39(1), pp. 9 – 25.
7. T. McDonald and S. Morling (2011), 'The Australian economy and the global downturn. Part 1: Reasons for resilience', Economic Roundup Issue 2. Canberra: Treasury, Australian Government.
8. Standing, 'Responding to the crisis'. A. Kaletsky (2012), 'How about quantitative easing for the people?', Reuters, 1 August. G. Standing (2014), A Precariat Charter: From Denizens to Citizens. London: Bloomsbury. M. Blyth and E. Lonergan (2014), 'Print less but transfer more: Why central banks should give money directly to the people', Foreign Affairs, September/ October. V. Chick et al. (2015), 'Better ways to boost eurozone economy and employment', letter to Financial Times, 27 March. A. Turner (2015), Between Debt and the Devil: Money, Credit, and Fixing Global Finance. Princeton, NJ: Princeton University Press.
9. On the latter, see J. Authers and R. Wigglesworth (2016), 'Pensions: Low yields, high stress', Financial Times, 22 August. On the general failings of QE, see Standing, The Corruption of Capitalism, Chapter 3.
10. M. Friedman (1969), 'The optimum quantity of money', in The Optimum Quantity of Money and Other Essays. Chicago: Aldine, pp. 1 – 50.
11. P. van Parijs (2013), 'The Euro-Dividend', Social Europe, 3 July. https://www. socialeurope. eu/2013/07/the – euro – dividend.
12. M. Ford (2015), Rise of the Robots: Technology and the Threat of a Jobless Future. New York: Basic Books. N. Srnicek and A. Williams (2015), Inventing the Future: Postcapitalism and a World without Work. London: Verso. P. Mason (2015), Postcapitalism: A Guide to Our Future. London: Allen Lane.

13. B. Gross (2016), 'Culture clash', Investment Outlook, Janus Capital Group, 4 May.
14. N. Hines (2016), 'Robots could make universal basic income a necessity', Inverse, 11 August. J. Furman (2016), 'Is this time different? The opportunities and challenges of artificial intelligence', remarks by the Chairman of the Council of Economic Advisers at AI Now: The Social and Economic Implications of Artificial Intelligence Technologies in the Near Term, New York University, 7 July. Executive Office of the President (2016), Artificial Intelligence, Automation, and the Economy. Washington, DC: White House, December.
15. A. Stern (2016), Raising the Floor: How a Universal Basic Income Can Renew Our Economy and Rebuild the American Dream. New York: PublicAffairs.
16. Cited in N. Lee (2016), 'How will you survive when the robots take your job?', Engadget, 19 August.
17. C. B. Frey and M. A. Osborne (2013), 'The future of employment: How susceptible are jobs to computerization?' Oxford: University of Oxford. http://www.oxfordmartin.ox.ac.uk/downloads/academic/The_Future_of_Employment.pdf.
18. M. Arntz, T. Gregory and U. Zierahn (2016), 'The risk of automation for jobs in OECD countries: A comparative analysis'. OECD Social, Employment and Migration Working Papers No. 189. Paris: Organisation for Economic Co-operation and Development.
19. K. Schwab (2016), The Fourth Industrial Revolution. Geneva: World Economic Forum.
20. The Economist (2016), 'Basically flawed' and 'Sighing for paradise to come', The Economist, 4 June, pp. 12, 21-24.
21. Cited in Lee, 'How will you survive?'
22. C. Weller (2016), 'The inside story of one man's mission to give Americans unconditional free money', Business Insider UK, 27 June.
23. Standing, The Corruption of Capitalism.
24. T. Berners-Lee, interviewed by The Economist (2016), 'The Economist asks: Can the open web survive?', Economist podcast, 27 May.

25. A. C. Kaufman (2015), 'Stephen Hawking says we should really be scared of capitalism, not robots', Huffington Post, 8 October.
26. A. Berg, E. F. Buffie and L. -F. Zanna (2016), 'Robots, growth, and inequality', Finance & Development, 53(3).
27. N. Yeretsian (2016), 'New academic research shows that basic income improves health', Basic Income News, 11 November.
28. A. Aizer, S. Eli, J. Ferrie and A. Lleras-Muney (2016), 'The long-run impact of cash transfers to poor families', American Economic Review, 106(4), pp. 935 – 71.
29. E. L. Forget (2011), 'The town with no poverty: Using health administration data to revisit outcomes of a Canadian guaranteed annual income field experiment'. Winnipeg: University of Manitoba. https://public. econ. duke. edu ~ erw/197/forget – cea%20(2). pdf.
30. R. Akee, E. Simeonova, E. J. Costello and W. Copeland (2015), 'How does household income affect child personality traits and behaviors?'. NBER Working Paper No. 21562. Cambridge, MA: National Bureau of Economic Research. http://www. nber. org/papers/w21562.

第六章 反对基本收入的标准意见

1. A. Hirschmann (1991), The Rhetoric of Reaction: Perversity, Futility, Jeopardy. Cambridge, MA: Harvard University Press.
2. Private communication (2016).
3. I. V. Sawhill (2016), 'Money for nothing: Why universal basic income is a step too far', Brookings, 15 June.
4. V. Navarro (2016), 'Is the nation-state and the welfare state dead? A critique of Varoufakis', Social Europe, 4 August.
5. W. Korpi and J. Palme (1998), 'The paradox of redistribution and strategies of equality: Welfare state institutions, inequality, and poverty in the Western countries', American Sociological Review, 63(5), pp. 661 – 87.
6. G. Standing (2016), The Corruption of Capitalism: Why Rentiers Thrive

and Work Does Not Pay. London: Biteback.

7. K. Marx ([1844] 1970), Economic and Philosophic Manuscripts of 1844. London: Lawrence & Wishart, p. 149.
8. Kenya CT-OBC Evaluation Team (2012), 'The impact of the Kenya Cash Transfer Program for Orphans and Vulnerable Children on household spending', Journal of Development Effectiveness, 4(1), pp. 38 – 49.
9. S. Davala, R. Jhabvala, S. K. Mehta and G. Standing (2015), Basic Income: A Transformative Policy for India. London and New Delhi: Bloomsbury, pp. 96 – 7.
10. M. Friedman (1962), Capitalism and Freedom. Chicago: University of Chicago Press. H. L Minsky (1969), 'The macroeconomics of a negative income tax', in H. L. Minsky (2013), Ending Poverty: Jobs, Not Welfare. Annandale-on-Hudson, NY: Levy Economics Institute, Bard College.
11. Davala et al., Basic Income.
12. G. Crocker (2015), The Economic Necessity of Basic Income. Mimeo. https://mpra.ub.uni – muenchen.de/62941/1/MPRA_paper_62941.pdf.
13. G. Dench, K. Gavron and M. Young (2006), The New East End: Kinship, Race and Conflict. London: Profile Books.
14. T. Cowen (2016), 'My second thoughts about universal basic income', Bloomberg, 27 October.
15. A. Stern (2016), Raising the Floor: How a Universal Basic Income Can Renew Our Economy and Rebuild the American Dream. New York: PublicAffairs.
16. G. Standing (2014), A Precariat Charter: From Denizens to Citizens. London: Bloomsbury.

第七章　基本收入的财政负担能力问题

1. T. Harford (2016), 'Could an income for all provide the ultimate safety net?', Financial Times, 29 April.
2. J. Kay (2016), 'With a basic income, the numbers just do not add

up', Financial Times, 31 May.

3. M. Sandbu (2016), 'Free lunch: An affordable utopia', Financial Times, 7 June.
4. The Economist (2016), 'Daily chart: Universal basic income in the OECD', The Economist, 3 June. http://www.economist.com/blogs/graphicdetail/2016/06/daily-chart-1.
5. K. Farnsworth (2015), 'The British corporate welfare state: Public provision for private businesses', SPERI Paper No. 24. Sheffield: University of Sheffield.
6. T. DeHaven (2012), 'Corporate welfare in the federal budget', Policy Analysis No. 703. Washington, DC: Cato Institute.
7. G. Standing (2016), The Corruption of Capitalism: Why Rentiers Thrive and Work Does Not Pay. London: Biteback.
8. Guardian (2017), 'The Guardian view on basic income: A worthwhile debate, not yet a policy', Guardian, 1 February.
9. Sandbu, 'Free lunch'.
10. Non-taxpayers with incomes below the tax threshold would be relatively likely to vote for 'left' parties. J. Gingrich (2014), 'Structuring the vote: Welfare institutions and value-based vote choices', in S. Kumlin and I. Stadelmann-Steffen (eds.), How Welfare States Shape the Democratic Public: Policy Feedback, Participation, Voting and Attitudes. Cheltenham: Elgar, p. 109.
11. V. Houlder (2016), 'Cost of UK tax breaks rises to £117bn', Financial Times, 10 January.
12. Congressional Budget Office (2013), 'The distribution of major tax expenditures in the individual income tax system', Congressional Budget Office, 29 May. A. Holt (2016), 'Critics of universal basic income just don't understand how the policy would actually work', Quartz, 6 June.
13. H. Parker (1989), Instead of the Dole: An Enquiry into Integration of the Tax and Benefit System. London: Routledge.
14. H. Reed and S. Lansley (2016), Universal Basic Income: An Idea Whose Time Has Come? London: Compass.

15. Sandbu, 'Free lunch'.
16. M. Torry (2015), 'Two Feasible Ways to Implement a Revenue Neutral Citizen's Income scheme', ISER Working Paper EM6/15. Colchester: Institute for Social and Economic Research, University of Essex, April. www. iser. essex. ac. uk/research/publications/working – papers/euromod/em6 – 15. M. Torry (2016), 'An Evaluation of a Strictly Revenue Neutral Citizen's Income Scheme', ISER Working Paper EM5/16. Colchester: Institute for Social and Economic Research, University of Essex, June. https://www. iser. essex. ac. uk/research/publications/working – papers/euromod/em5 – 16.
17. A. Painter and C. Thoung (2015), Creative Citizen, Creative State-The Principled and Pragmatic Case for a Universal Basic Income. London: Royal Society of Arts.
18. A. Painter (2015), 'In support of a universal basic income-Introducing the RSA basic income model', Royal Society of Arts blog, 16 December.
19. Reed and Lansley, Universal Basic Income.
20. J. Birch (2012), 'The problem of rent: Why Beveridge failed to tackle the cost of housing', Guardian, 22 November.
21. G. Morgan and S. Guthrie (2011), The Big Kahuna: Turning Tax and Welfare in New Zealand on Its Head. Auckland, New Zealand: Public Interest Publishing.
22. A. Stern (2016), Raising the Floor: How a Universal Basic Income Can Renew Our Economy and Rebuild the American Dream. New York: PublicAffairs.
23. C. Holtz (2016), 'The Panama Papers prove it: America can afford a universal basic income', Guardian, 8 April. http://www. theguardian. com/commentisfree/2016/apr/07/panama – papers – taxes – universal – basicincome – public – services.
24. J. S. Henry (2012), The Price of Offshore Revisited. Chesham, UK: Tax Justice Network.
25. G. Mankiw (2016), 'A quick note on a universal basic income', Greg Mankiw's Blog, 12 July. http://gregmankiw. blogspot. ch/2016/07/a –

quicknote – on – universal – basic – income. html

26. A. Manning (2015), 'Top rate of income tax', Centre for Economic Performance Paper EA029. London: London School of Economics. http://cep. lse. ac. uk/pubs/download/EA029. pdf.
27. See, for example, J. Burke Murphy (2016), 'Basic income, sustainable consumption and the "degrowth" movement', Basic Income News, 13 August.
28. K. Ummel (2016), 'Impact of CCL's proposed carbon fee and dividend policy: A high-resolution analysis of the financial effect on U. S. households', Working Paper v1. 4. Coronado, CA: Citizens' Climate Lobby, April. https://citizensclimatelobby. org/wp – content/uploads/2016/05/Ummel – Impact – of – CCL – CFD – Policy – v1_4. pdf.
29. The Economist (2016), 'Sighing for paradise to come', The Economist, 4 June, p. 24.
30. C. Rhodes (2017), 'Funding basic income through data mining', Basic Income News, 29 January.
31. SamfundsTanken (2016), 'UBInow: Unconditional basic income implementation in Denmark', SamfundsTanken. dk. http://samfundstanken. dk/ubinow. pdf.
32. J. E. Meade (1989), Agathotopia: The Economics of Partnership. Aberdeen: Aberdeen University Press.
33. K. Widerquist and M. Howard (ed.) (2012), Alaska's Permanent Fund Dividend: Examining Its Suitability as a Model. New York and London: Palgrave Macmillan. K. Widerquist and M. Howard (ed.) (2012), Exporting the Alaska Model: Adopting the Permanent Fund Dividend for Reform around the World. New York and London: Palgrave Macmillan.
34. P. Barnes (2014), Liberty and Dividends for All: How to Save Our Middle Class When Jobs Don't Pay Enough. Oakland, CA: Berrett-Koehler.
35. S. Lansley (2015), 'Tackling the power of capital: The role of social wealth funds', Compass Thinkpiece No. 81. London: Compass.
36. S. Lansley (2016), A Sharing Economy. How Social Wealth Funds Can

Tackle Inequality and Balance the Books. Bristol: Policy Press, Chapter 2.

37. Standing, The Corruption of Capitalism.
38. UK Treasury (2016), Shale Wealth Fund: Consultation. London: HM Treasury.
39. Standing, The Corruption of Capitalism.

第八章 基本收入对工作与劳动的意义

1. M. Tanner (2015), The Pros and Cons of a Guaranteed National Income. Washington, DC: Cato Institute, p. 19.
2. Office for National Statistics (2016), 'Changes in the value and division of unpaid care work in the UK: 2000 to 2015', ONS, 10 November.
3. S. Green Carmichael (2015), 'The research is clear: Long hours backfire for people and for companies', Harvard Business Review, 19 August.
4. G. Burtless (1986), 'The work response to a guaranteed income: A survey of experimental evidence', in A. H. Munnell (ed.), Lessons from the Income Maintenance Experiments, Conference Series 30. Boston, MA: Federal Reserve Bank of Boston and Brookings Institution, pp. 22 – 59.
5. K. Widerquist (2005), 'What (if anything) can we learn from the Negative Income Tax experiments?', Journal of Socio-Economics, 34 (1), pp. 49 – 81.
6. For example, Tanner, Pros and Cons.
7. S. Kennedy (2016), 'Are basic income proposals crazy?', Institute for Policy Studies, 8 September. http://inequality. org/basic – income – proposals – crazy/.
8. E. A. Hanushek (1987), 'Non-labor-supply responses to the income maintenance experiments', in Munnell (ed.), Lessons from the Income Maintenance Experiments, pp. 106 – 30.
9. N. Hines (2016), 'Robots could make universal basic income a

necessity', Inverse, 11 August.

10. M. Naim (2016), 'As robots take our jobs, guaranteed income might ease the pain', HuffPost, 18 July.
11. P.-E. Gobry (2014), ' "Progressives" hot new poverty-fighting idea has just one basic problem: Science', The Week, 21 July.
12. B. R. Bergmann (2006), 'A Swedish-style welfare state or basic income: Which should have priority?', in E. O. Wright (ed.), Redesigning Distribution: Basic Income and Stakeholder Grants as Cornerstones for an Egalitarian Capitalism. London and New York: Verso, pp. 130 – 42.
13. R. Paulsen (2008), 'Economically forced to work: A critical reconsideration of the lottery question', Basic Income Studies, 3(2), pp. 1 – 20.
14. FERinfos (2016), 'Revenu de base inconditionnel: Les Suisses continueraient de travailler', FERinfos, February, p. 9.
15. Among others, N. Frohlich and J. A. Oppenheimer (1992), Choosing Justice: An Experimental Approach to Ethical Theory. Berkeley: University of California Press.
16. C. Haarmann, et al. (2008), Towards a Basic Income Grant for All: Basic Income Pilot Project Assessment Report. Windhoek: Basic Income Grant Coalition and Namibia NGO Forum.
17. S. Davala, R. Jhabvala, S. K. Mehta and G. Standing (2015), Basic Income: A Transformative Policy for India. London and New Delhi: Bloomsbury.
18. G. Standing (2016), The Corruption of Capitalism: Why Rentiers Thrive and Work Does Not Pay. London: Biteback.
19. V. Navarro (2016), 'Why the universal basic income is not the best public intervention to reduce poverty or income inequality', Social Europe, 24 May. V. Navarro (2016), 'Is the nation-state and its welfare state dead? A critique of Varoufakis', Social Europe, 4 August.
20. I. Robeyns (2000), 'Hush money or emancipation fee? A gender analysis of basic income', in R.-J. van der Veen and L. Groot (eds.),

Basic Income on the Agenda: Policy Objectives and Political Chances. Amsterdam: Amsterdam University Press, pp. 121 – 36. Bergmann, 'A Swedish-style welfare state or basic income'.

21. C. Pateman (2006), 'Democratizing citizenship: Some advantages of a basic income', in Wright (ed.), Redesigning Distribution, pp. 101 – 19. A. McKay (2001), 'Why a citizen's basic income? A question of gender equality or gender bias', Work, Employment and Society, 21 (2), pp. 337 – 48. A. Alstott (2001), 'Good for women', in P. van Parijs, J. Cohen and J. Rogers (eds.), What's Wrong with a Free Lunch? Boston: Beacon Press, pp. 75 – 9. K. Weeks (2016), 'A feminist case for basic income: An interview with Kathi Weeks', Critical Legal Thinking, 27 August.
22. T. Yamamori (2016), 'What can we learn from a grassroots feminist UBI movement? Revisiting Keynes' prophecy', paper presented at the 16th BIEN Congress, Seoul, 7 – 9 July.
23. Among others: Pateman, 'Democratising citizenship'. R. Mulligan (2013), 'Universal basic income and recognition theory: A tangible step towards an ideal', Basic Income Studies, 8(2), pp. 153 – 72. T. Henderson (2016), 'Redistribution, recognition and emancipation: A feminist perspective on the case for basic income in Australia', paper presented at the 16th BIEN Congress, Seoul, 7 – 9 July.
24. IDHC (2004), Charter of Emerging Human Rights. Barcelona: Institut de Drets Humans de Catalunya.
25. G. Standing (2009), Work after Globalization: Building Occupational Citizenship. Cheltenham: Elgar.
26. A. B. Atkinson (1996), 'The case for a participation income', Political Quarterly, 67 (1), pp. 67 – 70. A. B. Atkinson (2015), Inequality: What Can Be Done? Cambridge, MA, and London: Harvard University Press.
27. A. Gorz (1992), 'On the difference between society and community and why basic income cannot by itself confer full membership', in P. van Parijs (ed.), Arguing for Basic Income. London: Verso.
28. A. Painter (2015), 'In support of a universal basic income-Introducing

the RSA basic income model', Royal Society of Arts blog, 16 December.

29. J. Dodge (2016), 'Universal basic income wouldn't make people lazy-it would change the nature of work', Quartz, 25 August.
30. M. Whitlock (2016), 'How Britain's Olympic success makes the case for a basic income', Huffpost Sport UK, 31 August.
31. J. O'Farrell (2016), 'A no-strings basic income? If it works for the royal family, it can work for us all', Guardian, 7 January.
32. E. Green (2016), 'What America lost as women entered the workforce', Atlantic, 19 September.
33. K. W. Knight, E. A. Rosa and J. B. Schor (2013), 'Could working less reduce pressures on the environment? A cross-national panel analysis of OECD countries, 1970 – 2007', Global Environmental Change, 23 (4), pp. 691 – 700.
34. D. Graeber (2016), 'Why capitalism creates pointless jobs', Evonomics, 27 September.
35. J. Burke Murphy (2016), 'Basic income, sustainable consumption and the "DeGrowth" movement', Basic Income News, 13 August.
36. G. Standing (2014), A Precariat Charter: From Denizens to Citizens. London: Bloomsbury, Article 19.
37. Ibid, Article 1.

第九章　基本收入的替代方案

1. G. Standing (2016), The Corruption of Capitalism: Why Rentiers Thrive and Work Does Not Pay. London: Biteback.
2. F. Lawrence (2016), 'Beyond parody: HMRC cleaners left worse off after introduction of the national living wage', Guardian, 28 July.
3. L. M. Mead (1986), Beyond Entitlement: The Social Obligations of Citizenship. New York: Free Press.
4. M. Torry (2016), Citizen's Basic Income: A Christian Social Policy. London: Darton, Longman & Todd, p. 44.

5. Department for Work and Pensions (2016), 'Income-related benefits: Estimates of take-up', DWP, 28 June.
6. D. Matthews (2014), '76 percent of people who qualify for housing aid don't get it', Vox, 31 May. http://www. vox. com/2014/5/31/5764262/76 – percent – ofpeople – who – qualify – for – housing – aid – dont – get – it.
7. Center on Budget and Policy Priorities (2016), 'Chart book: TANF at 20', cbbb. org, 5 August.
8. G. Standing (2014), A Precariat Charter: From Denizens to Citizens. London: Bloomsbury.
9. M. Tanner and C. Hughes (2013), 'The work versus welfare trade-off: 2013', Cato Institute White Paper, cato. org, 19 August. http://object. cato. org/sites/cato. org/files/pubs/pdf/the_work_versus_welfare_trade – off_2013_wp. pdf.
10. R. Berthoud (2007), Work-Rich and Work-Poor: Three Decades of Change. York: Joseph Rowntree Foundation.
11. J. Dreze and A. Sen (2014), An Uncertain Glory: India and Its Contradictions. Princeton, NJ: Princeton University Press. This argument can be dealt with through the provision of food buffer stocks, which could be released when prices rise due to temporary shortages. The danger is that they act as disincentives to local farm production.
12. D. K. Evans and A. Popova (2014), Cash Transfers and Temptation Goods: A Review of the Global Evidence. World Bank Policy Research Working Paper WPS6886, Washington, DC: World Bank.
13. S. Bailey and S. Pongracz (2015), Humanitarian Cash Transfers: Cost, Value for Money and Economic Impact. London: Overseas Development Institute.
14. S. S. Bhalla (2014), 'Dismantling the welfare state', Livemint, 11 June.
15. M. Hidrobo et al. (2014), 'Cash, food, or vouchers? Evidence from a randomized experiment in northern Ecuador', Journal of Development Economics, 107, March, pp. 144 –56.

16. Bailey and Pongracz, Humanitarian Cash Transfers.
17. Hidrobo et al., 'Cash, food, or vouchers?'.
18. S. Santens (2016), 'The progressive case for replacing the welfare state with basic income', TechCrunch, 9 September.
19. S. Mathema (2013), 'Undue concentration of housing choice voucher holders: A literature review'. Poverty and Race Research Action Council (PRRAC). http://www.prrac.org/pdf/Undue_Concentration_of_Vouchers_-_lit_review_6-13.pdf.
20. Bhalla, 'Dismantling the welfare state'.
21. Hidrobo et al., 'Cash, food, or vouchers?'.
22. P. Gregg and R. Layard (2009), A Job Guarantee. London: Centre for Economic Performance Working Paper, London School of Economics. http://cep.lse.ac.uk/textonly/_new/staff/layard/pdf/001JGProposal-16-03-09.pdf.
23. P. Harvey (2005), 'The right to work and basic income guarantees: Competing or complementary goals?', Rutgers Journal of Law and Urban Policy, 2(1), pp. 8-59. P. Harvey (2013), 'More for less: The job guarantee strategy', Basic Income Studies, 7(2), pp. 3-18. W. Quigley (2003), Ending Poverty as We Know It: Guaranteeing a Right to a Job at a Living Wage. Philadelphia, PA: Temple University Press. H. L. Minsky (1969), 'The macroeconomics of a Negative Income Tax', in H. L. Minsky (2013), Ending Poverty: Jobs, Not Welfare. Annandale-on-Hudson, NY: Levy Economics Institute, Bard College.
24. K. McFarland (2016), 'Basic income, job guarantees and the non-monetary value of jobs: Response to Davenport and Kirby', Basic Income News, 5 September.
25. E. Mian (2016), 'Basic income is a terrible, inequitable solution to technological disruption', TheLong + Short, 21 July.
26. A. Coote and J. Franklin (eds.) (2013), Time on Our Side: Why We All Need a Shorter Working Week. London: New Economics Foundation.
27. G. Standing (1990), 'The road to workfare: Alternative to welfare or

threat to occupation?', International Labour Review, 129(6), pp. 677 – 91. This is elaborated in Standing, A Precariat Charter, Article 20.

28. The Economist (2016), 'Welfare reform: A patchy record at 20', The Economist, 20 August, pp. 11 – 12.
29. J. L. Collins (2008), 'The specter of slavery: Workfare and the economic citizenship of poor women', in J. L. Collins, M. di Leonardo and B. Williams (eds.), New Landscapes of Inequality: Neoliberalism and the Erosion of Democracy in America. Santa Fe, NM: SAR Press, pp. 131 – 52.
30. J. Ferguson (2015), 'Prepare for tax hikes', MoneyWeek, 11 March.
31. A. Nichols and J. Rothstein (2016), 'The Earned Income Tax Credit (EITC)', in R. A. Moffitt (ed.), Economics of Means-Tested Income Transfers. Cambridge, MA: National Bureau of Economic Research, pp. 137 – 218. M. Brewer and J. Browne (2006), The Effect of the Working Families' Tax Credit on Labour Market Participation, Briefing Note No. 69. London: Institute for Fiscal Studies.
32. M. Tanner (2015), The Pros and Cons of a Guaranteed National Income. Washington, DC: Cato Institute, p. 17.
33. K. Rawlinson (2014), 'Thousands chased by HMRC debt collectors due to overpaid tax credits', Guardian, 30 May.
34. J. Rothstein (2009), Is the EITC Equivalent to an NIT? Conditional Transfers and Tax Incidence. Washington, DC: National Bureau of Economic Research, Working Paper No. 14966, May.
35. The Economist (2015), 'Credit where taxes are due', The Economist, 4 July.
36. For an excellent critique, see J. Millar and F. Bennett (2016), 'Universal credit: Assumptions, contradictions and virtual reality', Social Policy and Society, online 10 May. DOI: 10. 1017/S1474746416000154.
37. Cited in A. Painter (2016), 'The age of insecurity is not coming. It's already here'. Royal Society of Arts blog, 2 May.
38. Department for Work and Pensions (2015), Universal Credit at Work. London: Department for Work and Pensions. https://www. gov. uk/

government/uploads/system/uploads/attachment _ data/file/483029/universal – credit – at – work – december – 2015. pdf.

39. F. Field and A. Forsey (2016), Fixing Broken Britain? An Audit of Working-Age Welfare Reform Since 2010. London: Civitas, p. 73.
40. P. Harrison-Evans (2016), 'A universal basic income: What would it mean for charities?', New Philanthropy Capital, 16 August. http://www. thinknpc. org/blog/a – universal – basic – income – what – would – itmean – for – charities/.
41. Tanner, Pros and Cons, p. 14.

第十章 基本收入与经济发展

1. World Bank (2015), The State of Social Safety Nets 2015. Washington, DC: World Bank.
2. G. Standing (2008), 'How cash transfers promote the case for basic income', Basic Income Studies, 3(1), pp. 1 – 30.
3. R. Jhabvala and G. Standing (2010), 'Targeting to the "poor": Clogged pipes and bureaucratic blinkers', Economic and Political Weekly, 45 (26 – 7), 26 June, pp. 239 – 46.
4. Australian Agency for International Development (2011), Targeting the Poorest: An Assessment of the Proxy Means Test Methodology. Canberra: AusAID, Department of Foreign Affairs and Trade.
5. P. Bardhan (2016), 'Universal basic income for India', Livemint, 12 October.
6. P. Niehaus, A. Atanassova, M. Bertrand and S. Mullainathan (2013), 'Targeting with agents', American Economic Journal: Economic Policy, 5(1), pp. 206 – 38.
7. G. Standing, J. Unni, R. Jhabvala and U. Rani (2010), Social Income and Insecurity: A Study in Gujarat. New Delhi: Routledge.
8. N. Caldes, D. Coady and J. A. Maluccio (2004), 'The cost of poverty alleviation transfer programs: A comparative analysis of three programs in Latin America', FCND Discussion Paper No. 174. Washington, DC:

Food Consumption and Nutrition Division, International Food Policy Research Institute.

9. K. Lindert, E. Skoufias and J. Shapiro (2006), 'Redistributing income to the poor and the rich: Public transfers in Latin America and the Caribbean'. Social Protection Discussion Paper No. 0605, Washington, DC: World Bank Institute. F.V. Soares, R. P. Ribas and R. G. Osorio (2007), 'Evaluating the impact of Brazil's Bolsa Familia: Cash transfer programmes in comparative perspective', IPC Evaluation Note No.1. Brasilia: International Poverty Centre, United Nations Development Programme.
10. M. Ravallion (2007), 'How relevant is targeting to the success of an anti-poverty programme?', World Bank Policy Research Working Paper No.4385. Washington, DC: World Bank.
11. World Bank, The State of Social Safety Nets 2015.
12. J. Hagen-Zanker, F. Bastagli, L. Harman, V. Barca, G. Sturge and T. Schmidt (2016), Understanding the Impact of Cash Transfers: The Evidence, ODI Briefing. London: Overseas Development Institute.
13. N. Benhassine, F.Devoto, E.Duflo, P.Dupas and V.Pouliquen (2015), 'Turning a shove into a nudge? A "labeled cash transfer" for education', American Economic Journal: Economic Policy, 7(3), pp. 86 - 125.
14. S. Baird, F. H. G. Ferreira, B. Ozler and M. Woolcock (2014), 'Conditional, unconditional and everything in between: A systematic review of the effects of cash transfer programmes on schooling outcomes', Journal of Development Effectiveness, 6(1), pp.1 - 43.
15. S. Baird, C. McIntosh and B. Ozler (2011), 'Cash or condition? Evidence from a cash transfer experiment', Quarterly Journal of Economics, 126(4), pp.1709 - 53.
16. F. Bastagli, J. Hagen-Zanker, L. Harman, G. Sturge, V. Barca, T. Schmidt and L. Pellerano (2016), Cash Transfers: What Does the Evidence Say? London: Overseas Development Institute.
17. D. K. Evans and A.Popova (2014), Cash Transfers and Temptation Goods: A Review of the Global Evidence, World Bank Policy Research

Working Paper WPS6886. Washington, DC: World Bank. J. Haushofer and J. Shapiro (2013), Household Response to Income Change: Evidence from an Unconditional Cash Transfer Program in Kenya. Princeton, NJ: Department of Psychology and Public Affairs, Princeton University. Kenya CT-OBC Evaluation Team (2012), 'The impact of the Kenya Cash Transfer Program for Orphans and Vulnerable Children on household spending', Journal of Development Effectiveness, 4(1), pp. 9 – 37. J. Hoddinott, S. Sandstrom and J. Upton (2014), 'The impact of cash and food transfers: Evidence from a randomized intervention in Niger', IFPRI Discussion Paper 01341, Washington, DC: International Food Policy Research Institute.

18. C. Haarmann et al. (2008), Towards a Basic Income Grant for All: Basic Income Grant Pilot Project Assessment Report. Windhoek: Basic Income Grant Coalition and Namibia NGO forum. L. Chioda, J. M. P. De Mello and R. R. Soares (2013), 'Spillovers from conditional cash transfer programs: Bolsa Familia and crime in urban Brazil'. http://siteresources.worldbank.org/INTRES/Resources/469232 – 1380041323304/Chioda _ deMello _ Soares _ BolsaFamilia _ April242013. pdf. Hagen – Zanker et al., Understanding the Impact of Cash Transfers. H. Mehlum, K. Moene and R. Torvik (2005), 'Crime induced poverty traps', Journal of Development Economics, 77, pp. 325 – 40.

19. J. M. Cunha, G. De Giorgi and S. Jayachandran (2011), 'The price effects of cash versus in-kind transfers'. NBER Working Paper No. 17456. Cambridge, MA: National Bureau of Economic Research.

20. O. Attanasio, E. Battistin, E. Fitzsimons, A. Mesnard and M. Vera-Hernandez (2005), 'How effective are conditional cash transfers? Evidence from Colombia'. IFS Briefing Note 54. London: Institute for Fiscal Studies.

21. R. Himaz (2008), 'Welfare grants and their impact on child health: The case of Sri Lanka', World Development, 36(10), pp. 1843 – 57.

22. C. Miller, M. Tsoka, and K. Reichert (2006), 'The impact of the social cash transfer scheme on food security in Malawi', Food Policy, 36(2), pp. 230 – 38.

23. F. Bastagli (2009), 'From social safety net to social policy? The role of conditional cash transfers in welfare state development in Latin America'. IPC-IG Working Paper No. 60. Brasilia: International Policy Centre for Inclusive Growth, United Nations Development Programme.
24. S. S. Lim, L. Dandona, J. A. Hoisington, S. L. James, M. C. Hogan and E. Gakidou (2010), 'India's Janani Suraksha Yojana, a conditional cash transfer programme to increase births in health facilities: An impact evaluation', Lancet, 375(9730), pp. 2009–23.
25. A number of countries operate targeted full or partial fee waiver schemes. For a review, see R. Bitran and U. Giedion (2003), 'Waivers and exemptions for health services in developing countries'. Social Protection Discussion Paper Series No. 308. Washington, DC: World Bank.
26. J. M. Aguero, M. R. Carter and I. Woolard (2007), The Impact of Unconditional Cash Transfers on Nutrition: The South African Child Support Grant. Brasilia: International Poverty Centre.
27. M. Adato and L. Bassett (2009), 'Social protection to support vulnerablechildren and families: The potential of cash transfers to protect education, health and nutrition', AIDS Care: Psychological and Socio-Medical Aspects of HIV-AIDS, 21(1), Supplement 1, pp. 60–75.
28. A. Fiszbein and N. Schady (2009), Conditional Cash Transfers: Reducing Present and Future Poverty. Washington, DC: World Bank. R. Slavin (2010), 'Can financial incentives enhance educational outcomes? Evidence from international experiments', Educational Research Review, 5(1), pp. 68–80.
29. Baird, McIntosh and Ozler, 'Cash or condition?'.
30. A. Case, V. Hosegood and F. Lund (2003), 'The reach of the South African child support grant: Evidence from Kwazulu-Natal', Centre for Social and Development Studies Working Paper 38. Durban: University of Natal. M. Samson, U. Lee, A. Ndlebe, K. MacQuene, I. van Niekerk, V. Gandhi, T. Harigaya and C. Abrahams (2004), 'The social and economic impact of South Africa's social security system:

Final report', EPRI Research Paper 37. Cape Town: Economic Policy Research Institute.

31. S. R. Khandker, M. Pitt and N. Fuwa (2003), 'Subsidy to promote girls' secondary education: The female stipend program in Bangladesh'. MPRA Paper No. 23688. Munich: Munich Personal RePEc Archive. http//mpra. ub. unimuenchen. de/23688. D. Filmer and N. Schady (2006), 'Getting girls into school: Evidence from a scholarship program in Cambodia', World Bank Policy Research Paper No. 3910. Washington, DC: World Bank.
32. S. Baird, C. McIntosh and B. Ozler (2009), 'Designing cost-effective cash transfer programs to boost schooling among young women in Sub-Saharan Africa', World Bank Policy Research Working Paper No. 5090. Washington, DC: World Bank, p. 22.
33. Hagen-Zanker et al. (2016), Understanding the Impact of Cash Transfers. Baird et al., 'Conditional, unconditional and everything in between'.
34. Hagen-Zanker et al., Understanding the Impact of Cash Transfers.
35. See, for example, ibid. A. V. Banerjee, R. Hanna, G. Kreindler and B. A. Olken (2015), 'Debunking the stereotype of the lazy welfare recipient: Evidence from cash transfer programs worldwide'. HKS Working Paper No. 076. Cambridge, MA: Harvard Kennedy School.
36. A. de Janvry, E. Sadoulet and B. Davis (2011), 'Cash transfer programs with income multipliers: Procampa in Mexico', World Development, 29(6), pp. 1043–56.
37. P. J. Gertler, S. W. Martinez and M. Rubio-Codina (2012), 'Investing cash transfers to raise long-term living standards', American Economic Journal: Applied Econometrics, 4(1), pp. 164–92.
38. S. Handa, L. Natali, D. Seidenfeld, G. Tembo and B. Davis (2016), 'Can unconditional cash transfers lead to sustainable poverty reduction? Evidence from two government-led programmes in Zambia'. Innocenti Working Papers No. IWP_2016_21. Florence, Italy: UNICEF Office of Research-Innocenti.
39. M. Angelucci and G. De Giorgi (2009), 'Indirect effects of an aid

program：How do cash transfers affect ineligibles' consumption?', American Economic Review, 99(1), pp. 486 – 508.

40. 笔者曾协助设计第一个试点计划的调查,并协助撰写第一份学术分析。
41. Haarmann et al., Towards a Basic Income Grant for All.
42. 笔者和 SEWA 在这些试点计划的所有阶段都密切合作,包括学术分析阶段。
43. S. Davala, R. Jhabvala, S. K. Mehta and G. Standing (2015), Basic Income：A Transformative Policy for India. London and New Delhi：Bloomsbury.
44. G. Standing (2015), 'Why basic income's emancipatory value exceeds its monetary value', Basic Income Studies, 10(2), pp. 193 – 223.
45. IMF (2013), Energy Subsidy Reform：Lessons and Implications. Washington, DC：International Monetary Fund.
46. IMF (2010), The Unequal Benefits of Fuel Subsidies：A Review of Evidence for Developing Countries. Washington, DC：International Monetary Fund.
47. Bardhan, 'Universal basic income for India'.
48. F. Cheng (2016), 'China：Macao gives an annual state bonus to all citizens', Basic Income News, 31 August.
49. F. Cheng (2016), 'Cooperative society and basic income：A case from China', Basic Income News, 10 November.
50. H. Tabatabai (2011), 'The basic income road to reforming Iran's price subsidies', Basic Income Studies, 6(1), pp. 1 – 23. H. Tabatabai (2012), 'Iran：A bumpy road towards basic income', in R. K. Caputo (ed.), Basic Income Guarantee and Politics. New York：Palgrave Macmillan, pp. 285 – 300.
51. A. Demirguc-Kunt, L. Klapper, D. Singer and P. Van Oudheusden (2015), 'The global Findex database 2014：Measuring financial inclusion around the world'. Policy Research Working Paper 7255. Washington, DC：World Bank.
52. A. Enami, N. Lustig and A. Taqdiri (2016), 'The role of fiscal policy in fighting poverty and reducing inequality in Iran：An application of the

Commitment to Equity (CEQ) Framework'. ERF Working Paper No. 1020. Giza, Egypt: Economic Research Forum.
53. G. Standing (2005), 'Tsunami recovery grants', Economic and Political Weekly, 40(6), 5 February, pp. 510 – 14.
54. J. Hoddinott, D. Gilligan, M. Hidrobo, A. Margolies, S. Roy, S. Sandstrom, B. Schwab and J. Upton (2013), Enhancing WFP's Capacity and Experience to Design, Implement, Monitor, and Evaluate Vouchers and Cash Transfer Programmes: Study Summary. Washington, DC: International Food Policy Research Institute.
55. C. Lehmann and D. T. R. Masterson (2014), Emergency Economies: The Impact of Cash Assistance in Lebanon. Beirut: International Rescue Committee.
56. UNHCR (2016), 'UNHCR to double funds for cash-based assistance to refugees by 2020'. Press Release, 31 October.
57. T. Cordella and H. Onder (2016), Sharing Oil Rents and Political Violence. Policy Research Working Paper 7869. Washington, DC: World Bank.
58. S. Devarajan and M. Giugale (2013), The Case for Direct Transfers of Resource Revenues in Africa. Working Paper 333. Washington, DC: Center for Global Development. T. Moss, C. Lambert and S. Majerowicz (2015), Oil-to-Cash: Fighting the Resource Curse through Cash Transfers. Washington, DC: Center for Global Development.
59. A. R. Mishra (2017), 'Jammu and Kashmir commits to idea of universal basic income', Livemint, 12 January.
60. Ministry of Finance (2017), Economic Survey 2016 – 17. New Delhi: Government of India, January, Chapter 9.

第十一章　基本收入创议与试点计划

1. For a set of the papers presented at the Geneva Congress of 2002, see G. Standing (ed.) (2004), Promoting Income Security as a Right: Europe and North America. London: Anthem Press. Other papers can be found

on the BIEN website: http://basicincome. org/research/.

2. J. Thornhill and R. Atkins (2016), 'Universal basic income: Money for nothing', Financial Times, 26 May.
3. E. Forget (2011), 'The town with no poverty: The health effects of a Canadian guaranteed annual income field experiment', Canadian Public Policy, 37(3), pp. 283 – 305. D. Calnitsky (2016), '"More normal than welfare": The Mincome experiment, stigma, and community experience', Canadian Review of Sociology, 53(1), pp. 26 – 71.
4. T. Skocpol (1991), 'Targeting within universalism: Politically viable policies to combat poverty in the United States', in C. Jencks and P. E. Peterson (eds.), The Urban Underclass. Washington, DC: Brookings Institution, pp. 411 – 36.
5. Forget, 'The town with no poverty'.
6. Calnitsky, '"More normal than welfare"'.
7. R. Akee, E. Simeonova, E. J. Costello and W. Copeland (2015), 'How does household income affect child personality traits and behaviors?'. NBER Working Paper 21562. Cambridge, MA: National Bureau of Economic Research. http://www. nber. org/papers/w21562.
8. L. Kalliomaa-Puha, A. -K. Tuovinen and O. Kangas (2016), 'The basic income experiment in Finland', Journal of Social Security Law, 23(2), pp. 75 – 91.
9. O. Kangas (2016), From Idea to Experiment: Report on Universal Basic Income Experiment in Finland. KELA Working Paper 106. Helsinki: KELA.
10. L. Groot and T. Verlaat (2016), 'The rationale behind the Utrecht andWagenengen experiments'. Utrecht: Utrecht University School of Economics, August.
11. Cited in F. Barnhoorn (2016), 'Netherlands: Design of BI experiments proposed', Basic Income News, 26 October.
12. H. D. Segal (2016), Finding a Better Way: A Basic Income Pilot Project for Ontario-A Discussion Paper. https://www. ontario. ca/page/findingbetter – way – basic – income – pilot – project – ontario.
13. Government of Ontario (2016), Consultation Guide for the Basic

Income Pilot Project. https://www. ontario. ca/page/consultation – guide – basic – incomepilot – project.

14. 笔者曾因这个专案而获邀加入国际顾问委员会(International Advisory Board)。
15. S. Altman (2016), 'Basic income', Y Combinator blog, 27 January. https://blog. ycombinator. com/basic – income/.
16. J. Haushofer and J. Shapiro (2016), 'The short-term impact of unconditional cash transfers to the poor: Experimental evidence from Kenya', Quarterly Journal of Economics, July.
17. K. McFarland (2016), 'Brazil: Basic income startup gives "lifetime basic incomes" to villagers', Basic Income News, 23 December.
18. The Economist (2012), 'Free exchange: Hope springs a trap', The Economist, 12 May.
19. S. De Mel, D. McKenzie and C. Woodruff (2012), 'One-time transfers of cash or capital have long-lasting effects on microenterprises in Sri Lanka', Science, 24 February.
20. C. Blattman, N. Fiala and S. Martinez (2013), 'The economic and social returns to cash transfers: Evidence from a Ugandan aid program'. CEGA Working Paper. Berkeley: Centre for Effective Global Action, University of California (Berkeley), April. http://cega. berkeley. edu/assets/cega _ events/53/WGAPE _ Sp2013 _ Blattman. pdf.

第十二章 政治挑战——如何从这里到那里

1. Hansard, 14 September 2016.
2. J. De Wispelaere and J. A. Noguera (2012), 'On the political feasibility of universal basic income: An analytic framework', in R. Caputo (ed.), Basic Income Guarantee and Politics: International Experiences and Perspectives on the Viability of Income Guarantee. New York and Basingstoke: Palgrave Macmillan, pp. 17 – 38.
3. Those interesting in joining can email: contact@ nc4bi. org.

4. A. Stern (2016), Raising the Floor: How a Universal Basic Income Can Renew Our Economy and Rebuild the American Dream. New York: PublicAffairs.
5. N. DuPuis, B. Rainwater and E. Stahl (2016), The Future of Work in Cities. Washington, DC: National League of Cities Center for City Solutions and Applied Research.
6. M. Bittman (2015), 'Why not Utopia?', New York Times, Sunday Review, 20 March.
7. H. Koch and J. Quoos (2017), 'Schwab: "Gewinner mussen mit Verlierern solidarisch sein"', Hamburger Abendblatt, 9 January.
8. S. Dadich (2016), 'Barack Obama, neural nets, self-driving cars and the future of the world', Wired, October. https://www.wired.com/2016/10/president-obama-mit-joi-ito-interview/.
9. The best general treatment is Caputo, Basic Income Guarantee and Politics.
10. V. Taylor et al. (2002), Report of the Commission on the Comprehensive Reform of Social Security. Cape Town: Department of Social Development, Government of South Africa. M. Samson and G. Standing (eds.) (2003), A Basic Income Grant for South Africa. Cape Town: University of Cape Town Press.
11. 英国的费边社(Fabian Society)已提议用发放给所有达到特定条件的个人税额抵减来逐步取代个人免税额,那将和财力调查式的统一福利救济金并行。虽然费边社尚未替全民无条件基本收入背书,却也承认这是实施基本收入的可能路线。A. Harrop (2016), For Us All: Redesigning Social Security for the 2020s. London: Fabian Society.
12. Y. Varoufakis (2016), 'The universal right to capital income', Project Syndicate, 31 October. https://www.project-syndicate.org/print/basic-income-funded-by-capital-income-by-yanis-varoufakis-2016-10.

附录:如何实行基本收入试点计划

1. 安格斯·迪顿在一篇随机对照试验的评论中强烈阐述这一点,诺贝尔经济学奖得主吉姆·赫克曼(Jim Heckman)也强调这一点的重要性。A. Deaton (2008), 'Instruments of development: Randomization in the tropics, and the search for the elusive keys to economic development', The Keynes Lecture, British Academy, 9 October. J. J. Heckman and J. A. Smith (1995), 'Assessing the case for social experiment', Journal of Economic Perspectives, 9(2), pp. 85 – 115.
2. For a discussion of the technical issues, see D. Johnson (2008), 'Case study of the use of smartcards to deliver government benefits in Andra Pradesh, India'. Sri City, Andhra Pradesh, India: Institute for Financial Management and Research, Centre for Micro Finance.
3. K. Macours and R. Vakis (2009), Changing Households' Investments and Aspirations Through Social Interactions: Evidence from a Randomized Transfer Program. Policy Research Working Paper. Washington, DC: World Bank.

图书在版编目（CIP）数据

基本收入/(英) 盖伊 · 斯坦丁著；陈仪译. -- 上海：上海文艺出版社, 2020
(企鹅 · 鹈鹕丛书)
ISBN 978-7-5321-7497-3
Ⅰ.①基… Ⅱ.①盖… ②陈… Ⅲ.①政治经济学－研究 Ⅳ.①F0
中国版本图书馆CIP数据核字（2020)第025884号

著作权合同登记图字：09-2018-467

出 品 人：陈　徽
责任编辑：肖海鸥 周士武

书　　名：基本收入
作　　者：(英) 盖伊 · 斯坦丁
译　　者：陈　仪
出　　版：上海世纪出版集团　上海文艺出版社
地　　址：上海绍兴路7号　200020
发　　行：上海世纪出版股份有限公司发行中心
上海福建中路193号　200001　www.ewen.co
印　　刷：苏州市越洋印刷有限公司
开　　本：787×1092　1/32
印　　张：11.5
插　　页：6
字　　数：238,000
印　　次：2020年6月第1版　2020年6月第1次印刷
I S B N：978-7-5321-7497-3/C.0072
定　　价：65.00元
告 读 者：如发现本书有质量问题请与印刷厂质量科联系　T：0512-68180628